천년의 숨결

전북 천년사랑

Jeonbuk Thousand Years Love

문화재 사진작가

李 漢 七

천년의 숨결
<전북 천년사랑>

나는 2019년 6월 <천년의 숨결>이라는 대한민국 국보 제1호에서 100호까지 사진전시회와 <천년의숨결>이라는 대한민국 국보집 출판을 했었다, 나의 국보 집 <천년의 숨결>은 국립중앙도서관에 ISP 979-11-5605-626-3(03910)로 등록되었고, 국립중앙도서관 출판시도서목록 CIP 제어 번호는 CIP2019020058로 국가 자료 공동목록 시스템에 등록되어 있다.

오늘의 <전북 천년사랑>집 출판과 전시회를 위한 사진 촬영은 지난 2019년 6월 발행한 국보 집<천년의 숨결> 국보를 촬영하면서부터 시작되어 지금까지 10여 년에 걸쳐 전라북도 14개 시, 군있는 대한민국 국가지정문화재 국보와 보물을 찾아다녔다. 네가 원하는 사진을 얻지 못했을 때는 만족할 때까지 두 번 또는 세 번씩 찾아가서 네가 원하는 사진을 얻고자 했지만 얻을 수가 없을 때는 한계를 느꼈다. 사진은 주위 환경과 자연의 도움이 없으면 좋은 결과물을 창출해 낼 수가 없다.

신비롭고 아름다운 국보와 보물이 있는 곳은 좋은 사진을 얻을 수가 있는 조건들이 열악했다. 또 한 사진 촬영의 규제가 따르는 곳과 국보와 보물의 보호 차원에서 과잉보호 되어있는 곳이 많다. 박물관에 있는 국보와 보물은 실내의 조명이 너무 어두워 촬영에 어려움이 있었다.

위와 같은 조건들이 힘들었던 과정이었고, 특히 코로나19로 대면이 어려워 힘들었지만 주어진 조건에서 긍정의 인내심으로 오늘의 결과물인 <전북 천년사랑>이라는 사진전시회와 <전북 천년사랑>집을 출판하게 되었다.

<전북 천년사랑> 집은 전라북도 14개 시, 군에 있는 국가지정문화재 중 국보 8점, 보물 114점(2021년 12월 현재)의 사진 750여 점을 사용하여, 국보와 보물에 대한 설명을 실었고, 또한 영문으로 국보와 보물에 대한 전반적인 설명을 실었습니다.

<전북 천년사랑>라는 의미는 우리에게 물려주신 위대한 문화재를 가볍고 쉽게 생각하고 그냥 봐서는 안된다는 이야기다. 문화재가 오늘에 이르기까지의 세월은 수백 년에서 천년이 넘는 모진 세월을 견디며 우리 곁에 있다는 것을 말하고 싶었고, 천년 전을 생각해 보면 그때 당시 과연 무엇으로 어떻게 이렇게 정교하면서도 아름답고 신비로움을 만들었을까?라는 생각을 해볼 때 상상의 나래는 무아지경에 이른다.

또 한 오늘까지 우리가 쉽게 접할 수가 있는 것은 나는 이렇게 생각해 본다. 선조님들의 살아있는 숨결이 오늘날까지 이어지기 때문일 것이라고, 생각하고 싶다. 그 이유로는 모든 생명체에는 살아있음을 증명하는 것은 숨을 쉬고 있기 때문일 것이다. 숨을 쉬지 않은 생명체는 죽어 존재를 찾아볼 수가 없기 때문이다. 그러나 선조님들이 물려주신 문화재는 천년이 넘도록 우리 곁에 남아 존재하고 있다는 것을 볼 때 위대한 유산을 물려주신 선조님들의 숨결은 살아 있다고 생각하지 않을 수가 없었다.

사진전의 주제 <전북 천년사랑>과 국보, 보물집<전북 천년사랑>에서 선조님들의 따스한 숨결을 느껴 보고 싶었다. 소중하고 신비롭고 아름다운 대한민국 국가지정 문화재는 앞으로 천년만년 아니 영원히 아름다움을 그대로 후손들에게 잘 물려주어 보존할 수 있도록 해야 할 것이다.

<전북 천년사랑>의 국보와 보물집과 문화재 사진전시회를 접한 학생들에게는 무한한 상상력을 일깨워 창의력에 도움이 될 것으로 생각하며 디자이너들에게는 문화재의 아름답고 신비로움 속에서 기발한 아이디어를 창출하여 디자인에 응용하는 사례도 많이 보았다. 선조님들이 물려주신 아름답고 신비로운 위대한 문화유산 우리의 문화재는 미래를 향한 꿈을 실현하는데 무한한 잠재력의 결정체라고 생각해 본다.

누구나 일상생활에서 벗어나 여행을 하게 되는데 고궁이나 사찰을 방문하게 되면 문화재를 쉽게 접할 수가 있다. <전북 천년사랑> 국보와 보물집과 사진전시회에서 보았던 문화재를 현지에서 실물로 보았을 때 선조님들의 숨결을 느끼고자 하는 마음으로 다가가면 아름다운 재미가 솔솔 느끼실 수가 있을 것이다. 자랑스러운 우리의 소중한 문화재 우리 모두가 잘 보존하여야 할 것이다.

<전북 천년사랑>의 내용 설명은 국가지정문화재를 총괄하는 문화재청의 설명을 참고하였다. 문화재에 대한 왜곡 되거나 과장되어 배우는 학생들이나 문화재를 사랑하는 모든 사람들에게 잘못된 정보를 공유하지 않도록 하기 위한 것이다.

<전북 천년사랑> 국보와 보물집과 사진전시회를 관람하신 분들에게 대한민국 문화재를 더욱더 사랑하는 마음과 문화재의 소중함을 알리고 보존하는데 조금이라도 힘이 되었으면 하는 바람을 가져 봅니다.

2022년 6월

문화재 사진작가
천년의 숨결 李 漢 七

A Thousand Years of Love in North Jeolla Province

In June of 2019, we held and eventually published a photo exhibit depicting a collection of photographs of South Korean National Treasures – No. 1 to 100. This collection was collectively named: "A Breath of a Thousand Years" and was proudly registered at the National Library of Korea as ISP 979-11-5605-626-3 (03910) as well as registered as official state documents in the national database as CIP2019020058.

The culmination of A Thousand Years of Love - North Jeolla Province is deeply rooted from the photo exhibit and publication of June 2019, and is also a fruition of my decades-long search into national treasures and treasures designated by the 14 cities and counties of North Jeolla Province.

In my endeavor, I faced many difficulties and roadblocks trying to obtain the perfect photographs for this project. On many occasions, I had to re-visit sites multiple times. In addition, as I fully realize that the quality of a photograph is only enhanced by its surroundings and the natural environment, there were times when I felt restrained due to factors outside of my control. For instance, the locales of some of the National Treasures are in such poor conditions for photo taking; Certain locations are subject to photo taking restrictions as these sites require constant monitoring and preservation; National Treasures that are located inside of museums are difficult to shoot due to poor lighting and visibility. In addition to the above, COVID-19 was another major roadblock that no one had anticipated. However, in spite of all these, it was through our continued positivity, patience and perseverance that I am proud to present to you today with the publication known as A Thousand Years of Love - North Jeolla Province.

A Thousand Years of Love - North Jeolla Province depicts and references eight (8) South Korean National Treasures and one-hundred and fourteen (114) treasures (as of December 2021) designated as state cultural properties from the surrounding 14 cities and counties of North Jeolla Province.

A Thousand Years of Love - North Jeolla Province is a collection of the great cultural heritage that was handed down to us by our ancestors. It is about remembering this heritage and remembering what remains with us today and continues to endure in spite of the hundreds and thousands of years that have passed. Looking back, I can only imagine the magnitude of how such sophisticated, beautiful and mysterious locations were built during this time. The cultural remnants that remain with us today are a clear reflection of the breath of life of our ancestors. All living things breathe and all living things eventually die. However, even through death, these cultural remnants remain alive thorough our collective breathes and memories. Just as they have remained with us for over a thousand years, we must ensure to preserve these for the coming generations.

I fully believe that this collection will assist students in cultivating their imaginations and moreover, that our cultural heritage has already helped today's designers cultivate ideas so that creative thought can be used and applied in today's designs. I also fully believe that it will continue to play a big role in helping fulfil our vast potential to reach our goals in the future.

As travel now plays an important role in our daily lives, we have the ability to instantly access our cultural monuments from the past with a quick drive or trip to an old palace or a temple. When visiting these sites in person, do not forget the breath of life of our ancestors. If you approach these trips with this in mind, I am certain you will have an even more enjoyable experience. Be very proud of our precious cultural properties, and let us do our very best to preserve and maintain them as well.

For further information on A Thousand Years of Love - North Jeolla Province, please refer to the Cultural Heritage Administration, which oversees state-designated cultural properties.

For those who have had the first-hand opportunity to experience the National Treasures, the Treasure House and the Photo Exhibit of North Jeolla Province, my sincere hope is that you will continue to preserve and share the importance of our heritage.

June 2022

Cultural Heritage Photographer thousand year old breath.

Lee Han Chil.

축 사

　전라북도 문화유산의 정수를 한권의 책으로 엮은 <전북 천년사랑> 국보, 보물 집 출판을 크게 축하합니다. 전라북도 14개 시, 군에 있는 대한민국 국가지정문화재 국보와 보물 114점을 앵글에 담아내고 한 권의 책으로 만들어가기까지는 엄청난 어려움과 고난이 함께 했을 것으로 생각합니다. 李漢七 문화재 사진작가는 10여 년의 긴 여정을 거쳐 탄생시킨 <전북 천년사랑>을 도민과 함께 만날 수 있게 된 점을 매우 뜻깊게 생각합니다.

　문화재란 인류가 선사시대로부터 지금에 이르기까지 활동을 하면서 생성된 문화 활동의 소산으로서, 유적과 유물로 우리와 마주하게 됩니다. 과거 없는 현재 없고, 현재 없는 미래가 있을 수가 없듯이 우리의 활동 흔적과 결과는 언제나 우리의 이정표가 되지 않을까요? 5000년의 역사 속에서 배어나는 선조들의 위대한 장인정신과 지혜로운 숨결이 오늘날까지 이어지고 있기에 오늘날 세계가 열광하는 K-컬처가 가능했으리라 생각합니다.

　李漢七 문화재 사진작가의 <전북 천년사랑>에는 선조들의 생활을 기록한 고문서로부터 건축물, 공예품, 석조물 등 다양한 국가지정문화재 국보와 보물이 수록되어 있습니다. 선조들이 물려주신 신비롭고 아름다운 문화재가 오늘에 이르기까지의 수백 년에서 수천 년이 넘는 모진 세월을 견디며 우리 곁에 함께한 선조들의 따스한 숨결이 우리 곁에 살아서 숨을 쉬고 있기 때문입니다. 우리의 문화유산은 미래를 향한 꿈을 실현하는데 무한한 잠재력의 결정체가 될 것이며 미래 세대에게 물려 줄 훌륭한 자산입니다.

　코로나19로 인하여 대면이 어려운 조건에서 귀한 결실을 맺은 작가님께 다시 한번 진심으로 축하를 보냅니다. 전북 문화유산의 소중함을 널리 알리고 보존하는데 이한칠 문화재 사진작가의 <전북 천년사랑> 국보, 보물 집이 큰 역할을 할 것으로 기대합니다.

2022년 6월

전라북도지사 송하진

Congratulatory message

Congratulations on the publication of Jeonbuk, Thousand Years of Love, a collection of national treasures, that integrates the essence of Jeollabuk-do's cultural heritage into one combined book. It must have required a large amount of hardship to capture the 114 national treasures of the Republic of Korea designated as national cultural properties in 14 cities and counties in Jeollabuk-do and compile them into one book. Also, it is very meaningful to me that this book, Jeonbuk, Thousand Years of Love, can be shared with the residents, as it was created following a long journey spanning over 10 years made by cultural property photographer Lee Han-chil.

Cultural assets are the products of the cultural heritage of humanity from prehistoric times to the present, and we encounter them in the form of relics and remains. Just as there is no present without a past and no future without a present, the traces and results of our activities will always be our milestones. As the great craftsmanship and wise breath of our ancestors that have been bred in the 5000-year history continue to this day, I believe the K-culture that the world is passionate about today has become possible.

The book contains various national treasures designated as cultural assets, from ancient documents describing the lives of our ancestors to buildings, crafts, and stonework. This is possible because the mysterious and beautiful cultural assets handed down by our ancestors have endured over hundreds of thousands of years, and the warm breath of our ancestors who have stayed with us still lives and breathes within us. Through our cultural heritage, we can realize our limitless potential in realizing our dreams for the future, and it is a wonderful asset that must be passed on to future generations.

Once again, I sincerely congratulate the writer for bearing fruit in such difficult conditions due to COVID-19, and I believe that this collection, Jeonbuk, Thousand Years of Love, will play a major role in promoting and preserving the preciousness of Jeonbuk's cultural heritage.

June 2022

Song Ha-jin
Governor of Jeollabuk-do Province

목차 전북 천년사랑

국보 왕궁 오층석탑

천년의 숨결 이 한 칠

전북 천년사랑

Jeonbuk Thousand Years Love

익산 왕궁리 오층석탑 사리장엄구 (益山 王宮里 五層石塔 舍利莊嚴具)
Reliquaries from the Five-story Stone Pagoda in Wanggung-ri, Iksan (National Treasure No. 123)

지 정 일 (Designated date)　　　　1966.07.26
소 재 지 (Location)　　　　　전북 전주시 완산구 쑥고개로 249, 국립전주박물관
시　　　대 (Era)　　　　　백제에서 통일신라

　　마한의 왕궁이 있던 자리로 알려진 터에 있는 익산 왕궁리 오층석탑(국보 제289호)을 보수하기 위해, 1965년 해체하면서 탑을 받치고 있던 기단부와 1층 지붕돌 윗면에서 발견된 유물들이다. 발견된 유물들은 백제에서 통일신라에 이르는 시기의 것들로 판단된다. 기단부 윗면에 品자형으로 뚫린 3개의 구멍 중 동쪽에서는 광배와 대좌를 갖추고 있는 금동여래입상 1구와 불교 의식 때 흔들어 소리를 내던 청동 요령 1개가 나왔고, 북쪽 구멍에서는 향류(香類)가, 또 다른 구멍은 이미 도굴된 상태였다. 1층 지붕돌 윗면 중앙에 뚫려있는 2개의 구멍에서는 각각 연꽃 봉오리 모양의 마개가 덮여있는 녹색의 유리 사리병과 금강경의 내용을 19장의 금판에 새겨 책처럼 2개의 금줄로 묶은 은제 도금금강경판이 있었다.이 유물들은 모두 2중으로 된 금동제 합 안에 봉안되어 있었다. 바깥쪽의 외합은 단순히 내합과 유물들을 보호하기 위한 기능으로 장식도 없고 칠도 벗겨져 있었다. 녹색의 사리병이 들어 있었던 내합은 뚜껑 윗면에 반쯤 핀 연꽃 봉오리와 주변에는 구슬무늬를 새겨 넣었고, 금강경판이 들어있던 내합은 뚜껑 윗면에 손잡이로 금고리를 달고 국화 문양을 새긴 것으로 모두 도금 상태가 완전하였다.

Reliquaries from the Five-story Stone Pagoda in Wanggung-ri, Iksan (National Treasure No. 123)

These relics were found on the stylobate and the top of the roof stone on the first floor when the pagoda was dismantled in 1965 to repair the five-story stone pagoda (National Treasure No. 289) in Wanggung-ri, Iksan, known as the site of Mahan's royal palace. The relics found are believed to be from the period from Baekje to Unified Silla.Among the three holes pierced in a pum-shaped shape on the upper part of the stylobate, one standing gilt-bronze Buddha with a halo and pedestal and one bronze trick that shook during Buddhist ceremonies came out, and the other hole was already stolen. In the two holes opened in the center of the upper side of the roof stone on the first floor, there was a green glass jar covered with a lotus bud-shaped cap and a silver gilt-bronze plate tied with two gold strings like a book.All of these relics were enclosed in a double gilt-bronze sum. The outer shell was simply a function to protect endosomes and relics, and there was no decoration and the paint was peeled off. The inner hat, which contained a green sarira bottle, was carved with a lotus bud half blooming on the top of the lid and a bead pattern around it, and the inner hat, which contained the Geumganggyeongpan, was carved with a safe as a handle on the top of the lid, and all of them were plated.

금제사리내함과
녹색의
유리사리병

금제사리내함과 녹색의 유리사리병

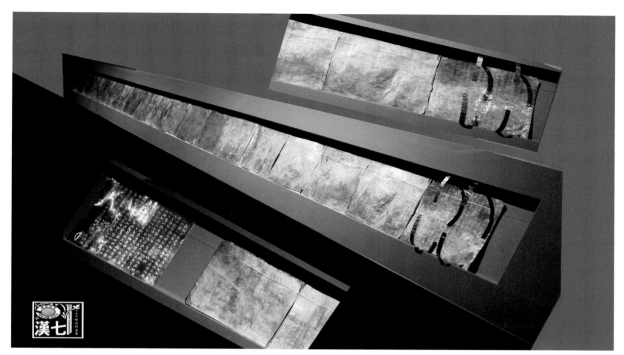

도금은제 금강경판(19매)

금동경판내함

금강경판이 들어있던 내합은 뚜껑 윗면에 손잡이로 금고리를 달고 국화 문양을 새긴 것으로 모두 도금 상태가 완전하였다.

주칠된금동사리외함

이 유물들은 모두 2중으로 된 금동제 합 안에 봉안되어 있었다. 바깥쪽의 외합은 단순히 내합과 유물들을 보호하기 위한 기능으로 장식도 없고 칠도 벗겨져 있었다. 녹색의 사리병이 들어 있었던 내합은 뚜껑 윗면에 반쯤 핀 연꽃 봉오리와 주변에는 구슬무늬를 새겨 넣었다.

이화 개국공신녹권 (李和 開國功臣錄券)
Certificate of Meritorious Subject Issued to Yi Hwa
(National Treasure No. 232)

지 정 일   1986.10.15
소 재 지   전라북도 전주시 완산구 쑥고개로 249 (효자동2가, 국립전주박물관)
시   대   조선 태조 1년(1392)

공신녹권은 나라에 공이 있는 인물에게 공신으로 임명하는 증서로, 개국 공신록권은 조선을 건국한 태조 이성계가 나라를 세우는 데 공헌한 신하들에게 내린 것이다. 이 문서는 조선 태조 1년(1392)에 조선 개국에 공을 세운 이화에게 내린 녹권이다. 이성계의 아버지 환조(桓祖)는 서자 2명이 있었는데 그 중 둘째 아들이 바로 이화이다. 크기를 보면 세로 35.3cm의 닥나무 종이 9장을 붙여 전체 길이가 604.9cm에 이르며, 본문 앞 여백의 바깥쪽을 장식하고 보호하기 위해 33cm의 명주와 안쪽을 보강한 명주는 부식되어 없어진 두루마리이다. 내용을 보면 녹권을 받는 사람의 성명에 이어 공신들의 공신 사례, 공신 및 그 부모, 처자 등에 대한 표상과 특전이 묵서로 기록되어 있다. 녹권의 첫머리와 접지 부분에'이조지인'이라고 도장을 찍었다. 이 문서는 이화의 후손이 없어 그의 이복형인 이원계의 가문에 의해 보관되어 오고 있다. 조선왕조에서는 처음으로 발급된 녹권이며, 개국공신 녹권으로는 최초로 발견된 것으로, 조선 태조의 건국 이유와 그 주역들의 공적을 파악하는 데 귀중한 자료이다

Certificate of Meritorious Subject Issued to Yi Hwa
(National Treasure No. 232)

Yi Hwa (1408) is the half-brother of King Taejo Lee Seong-gye, who contributed to the founding of the Joseon Dynasty in 1392 (Daejo 1) He became a contributor to the founding of the country and was sealed by Ui An-baek. This green area is 35.3 cm long and is made by attaching a total of eight paper sheets of paper with a total length of 604.9 cm. Jade birds were sealed everywhere they were connected. In addition to his contributions, awards and privileges were recorded in the Gongsin Green Area. The beginning and end are also stamped with jade. In the green area, King Taejo Lee Seong-gye's motivation for founding, determining the grade of meritorious deeds, procedures for rewards, details of rewards, treatment of meritorious subjects, and parents of meritorious subjects.Bongjak, Chujung, and the award of the son-in-law are recorded, and the names of various departments other than the contributor in charge of contributing to the contributor's contribution and reward are specified. Ewha Womans University is recorded in the sixth contributor. There were 43 people who contributed to the founding. There were 16 first-class contributors, 11 second-class contributors, and 16 third-class contributors, of which Bon Nokkwon was first discovered.

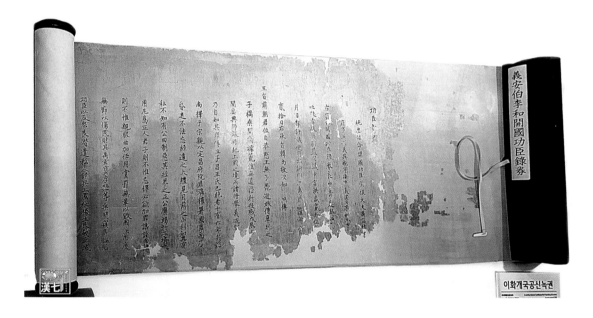

이화(李和 ~1408)는 태조 이성계의 이복형제로, 조선 개국에 공을 세워 1392년(태조1)에 개국공신에 오르고 의안백에 봉해졌다. 이 녹권은 세로 35.3 cm의 닥종이 저지 총 8매의 종이를 이어 붙여 만들었는데, 총길이 604.9 cm의 두루마리이다. 연결한 곳마다 옥새를 날인하였다. 공신녹권에는 그가 세운 공로와 더불어 포상과 특전도 기록되었다. 첫머리와 끝에도 옥쇄가 날인되어 있다. 녹권에는 태조 이성계의 개국 동기, 훈공에 관한 등급 결정, 포상에 관한 절차, 포상 내용, 공신에 대한 처우, 공신의 부모와 처자에 대한 봉작, 추중, 음직 노비 수여 사항 등이 기록되어 있으며, 공신의 논공과 포상을 전담한 공신도감 이외 여러 부서 명이 명시되어 있다. 이화는 1등 공신 제6인에 기록되어 있다. 개국공신으로 43명이 있었는데 일등공신 16명, 이등공신 11명, 삼등 공신 16명이 있었으나 이 가운데 본 녹권이 최초로 발견되었다.

조선태조어진 (朝鮮太祖御眞)
Portrait of King Taejo of Joseon (National Treasure No. 317)

지 정 일 (Designated date)   2012.06.29

소 재 지 (Location)   전라북도 전주시 완산구 태조로 44-0 (풍남동3가, 경기전) 어진박물관

시   대 (Era)   1872년(고종9)

   조선을 건국한 태조 이성계의 초상화로 가로 150㎝, 세로 218㎝이다. 태조의 초상화는 한 나라의 시조로서 국초부터 여러 곳에 특별하게 보관되어 총 26점이 있었으나 현재 전주 경기전에 있는 태조 초상화 1점만이 남아있다. 이 초상화는 임금이 쓰는 모자인 익선관과 곤룡포를 입고, 정면을 바라보며 용상에 앉아있는 전신상으로 명나라 태조 초상화와 유사하다. 곤룡포의 각진 윤곽선과 양다리 쪽에 삐져나온 옷의 형태는 조선 전기 공신상에서 볼 수 있는 특징이다. 고종 9년(1872)에 낡은 원본을 그대로 새로 옮겨 그린 것인데, 전체적으로 원본에 충실하게 그려 초상화 중 가장 표현하기 어려운 정면 상임에도 불구하고 훌륭하게 소화해 낸 작품으로 조선 전기 초상화 연구에 있어 귀중한 자료가 된다.

Portrait of King Taejo of Joseon (National Treasure No. 317)

It is a portrait of King Taejo Lee Seong-gye, who founded Joseon, and is 150cm wide and 218cm long. Taejo's portrait was the founder of a country and has been specially stored in various places since the beginning of the country, so there were a total of 26 portraits of Taejo, but only one portrait of Taejo remains in Gyeonggijeon Hall in Jeonju remains. This portrait is a full-body statue of King Taejo wearing a hat worn by the king, Ikseongwan and Gonryongpo, and sitting on a dragon statue facing forward, similar to the portrait of King Taejo of the Ming Dynasty. The angled contour of Gonryongpo and the shape of the clothes sticking out on both legs are characteristics that can be seen in the early Joseon Dynasty. In addition, the one laid on the floor was used in portraits of the king until King Sukjong, and it shows that it has risen considerably, indicating that it is an old style of painting. The colorful dragon pattern engraved on the chair is also seen in the statue of King Gongmin, and appears in portraits of kings from the end of Goryeo to the early Joseon Dynasty. The Ikseongwan expressed a three-dimensional effect by giving off color in the corrugated area, and despite the frontal shape, the face was expressed using a shading method. It was a new copy of the old original in the 9th year of King Gojong (1872) and was painted faithfully to the original, making it a valuable resource for the study of portraits in the early Joseon Dynasty. early Joseon Dynasty.

익선관

요대와룡무늬

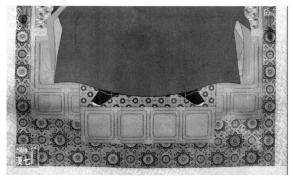

하부 무늬

　바닥에 깔린 것은 숙종 때까지 왕의 초상화에 사용된 것으로, 상당히 높게 올라간 것으로 보아 오래된 화법임을 알려준다. 의자에 새겨진 화려한 용무늬는 공민왕상에서도 보이는 것으로, 고려말에서 조선초까지 왕의 초상화에서 나타나고 있다. 익선관은 골진 부분에 색을 발하게 하여 입체감을 표현하였고, 정면 상임에도 불구하고 음영법을 사용하여 얼굴을 표현하였다.

지 정 일 (Designated date)   1963.01.21
소 재 지 (Location)   전북 전주시 완산구 풍남문3길 1 (전동)
시   대 (Era)   조선시대 후기

　옛 전주읍성의 남쪽 문으로 선조 30년(1597) 정유재란 때 파괴된 것을 영조 10년(1734) 성곽과 성문을 다시 지으면서 명견 루라 불렀다. '풍남문'이라는 이름은 영조 43년(1767) 화재로 불탄 것을 관찰사 홍낙인이 영조 44년(1768) 다시 지으면서 붙인 것이다. 순종 때 도시계획으로 성곽과 성문이 철거되면서 풍남문도 많은 손상을 입었는데 지금 있는 문은 1978년부터 시작된 3년간의 보수공사로 옛 모습을 되찾은 것이다. 규모는 1층이 앞면 3칸·옆면 3칸, 2층이 앞면 3칸·옆면 1칸이며, 지붕은 옆면에서 볼 때 여덟 팔(八)자 모양을 한 팔작지붕이다. 지붕 처마를 받치기 위해 장식하여 짜은 구조가 기둥 위에만 있다. 평면상에서 볼 때 1층 건물 너비에 비해 2층 너비가 갑자기 줄어들어 좁아 보이는 것은 1층 안쪽에 있는 기둥을 그대로 2층까지 올려 모서리 기둥으로 사용하였기 때문이다. 이 같은 수법은 우리나라 문루(門樓) 건축에서는 보기 드문 방식이다. 부재에 사용된 조각 모양과 1층 가운데칸 기둥 위에 용머리를 조각해 놓은 점들은 장식과 기교를 많이 사용한 조선 후기 건축의 특징이라고 할 수 있다. 옛 문루 건축 연구에 중요한 자료가 되는 문화재이다.

보물

Pungnammun Gate, Jeonju (Treasure No. 308)

Pungnammun Gate was the south gate of Jeonjueupseong Walled Town where the Jeollagamyeong Provincial Office was located during the Joseon period (1392–1910). Jeonjueupseong Walled Town is presumed to have been built during the late period of the Goryeo dynasty (918–1392), but was destroyed during the Japanese invasion in 1597. It was significantly reconstructed in 1734, but a huge fire burnt down the south and west gates in 1767. they were rebuilt the following year, and the south gate was given the name "Pungnammun" by the provincial governor Hong Nak–in (1729–1777). The name "pungnammun" means "the south gate of Pung." Jeonju was nicknamed Pung, after the chinese city of Feng, which is the hometown of the founder of the chinese Han dynasty. This reveals the sinocentric worldview at that time creating a parallel between Feng and Jeonju, for the ancestors of the founder of the Joseon dynasty were from Jeonju. Originally, there were four gates in each direction around the walled town, but the other three were demolished during urban development in the early 20th century.

　　풍남문은 조선 시대에 전라감영이 있었던 전주를 둘러싼 전주성의 남쪽 문이다. 원래 전주 성에는 동서남북 네 곳에 문이 있었지만 현재는 풍남문만 남았다. 전주성의 축성 연대를 정 확히 알 수 없지만, 고려 말에는 이미 축성되어 있었던 것으로 추정된다. 선조 30년(1597) 에 정유재란을 거치면서 절반이 넘게 허물어져 있던 전주성을 영조 10년(1734)에 크게 고 쳐 쌓았고, 이때 남문을 명견루(明見樓)라 하였다. 이후 영조 43년(1767)에 불타자 관찰사 홍낙인이 다시 짓고 풍남문이라 하였다. 풍남문이라는 이름은 중국 한나라를 세운 유방이 태 어난 풍패(豐沛)에서 따온 것이다. 조선 왕조의 발원지인 전주를 풍패에 비유하여 풍패향이 라 불렀으며, 풍패향 전주의 남문이라는 뜻으로 풍남문이라 하였다. 문루* 2층의 남쪽 면에 는 전주가 조선 왕조의 고향임을 의미하는 '풍남문', 북쪽 면에는 전라도 행정 중심지로서 의 의미인 '호남제일성(湖南第一城)'이라고 쓴 현판이 걸려 있다. 또한 성문 밖에는 외부의 침입을 막으려고 만든 반원형의 옹성(甕城)이 있다.

보물

전주 풍패지관 (全州 豊沛之館)
Pungpaejigwan Guesthouse, Jeonju (Treasure No. 583)

지 정 일 (Designated date)　　1975.03.31
소 재 지 (Location)　　　　　전북 전주시 완산구 중앙동3가 1번지
시　　　대 (Era)　　　　　　　조선시대

　　객사는 고려·조선시대에 각 고을에 설치하였던 것으로 관사 또는 객관이라고도 한다. 객사는 고려 전기부터 있었으며 외국 사신이 방문했을 때 객사에 묵으면서 연회도 가졌다. 조선시대에는 객사에 위패를 모시고, 초하루와 보름에 궁궐을 향해 예를 올리기도 하였으며 사신의 숙소로도 이용하였다. 명나라와 통하는 지방에는 우리 사신을 비롯해 명나라에서 오는 사신도 묵었기 때문에 건물 보수에도 큰 어려움이 있었다고 한다. 국가에 일이 생겼을 때에는 백성과 관아가 같이 의식을 행하였다. 전주 풍패지관은 전주 서고를 지은 뒤 남은 재료로 조선 성종 2년(1471)에 서의헌을 고쳐지었다는 기록으로 보아 그 이전에 세웠음을 알 수 있다. 풍패지관의 정문은 주관을 앞면으로 하여 삼문·중삼문·외삼문이 있었으나 원래의 내삼문 안쪽으로 축소되었다. 신주를 모셔두는 방인 감실에는 궐(闕)자가 새겨진 위패를 모시고 있으며, 국왕에 대하여 예를 행하기도 하였고(망궐례), 조정에서 사신이 오면 이곳에 묵으면서 임금의 명령을 전하기도 하였다. 전주 풍패지관은 중앙에 주관이 있고 좌우에 동·서 익헌, 맹청, 무신사 등 많은 건물이 있었으나 현재 주관과 서익헌, 동익헌, 수직사만 남아 있다. 동익헌은 본래 서익헌과 같은 모습이었으나 일제 강점기에 남문에서 북문을 잇는 도로 개설 시 동익사 일부가 잘려 나가면서 초석 일부가 남아있던 것을 1999년에 복원한 것이다.

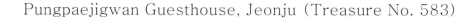

Pungpaejigwan Guesthouse, Jeonju (Treasure No. 583)

Guesthouses, called gaeksa in Korea, were part of local government offices during the Goryeo (918−1392) and Joseon (1392−1910) periods. The guesthouse includesa a shrine in the center to hold wooden tablet symbolizing the king and two rooms to either side which were used as temporary lodging facilities for officials visiting from other regions. The wooden tablet enshrined in each local guesthouse exhibited the king's sovereignty across the country. To acknowledge this sovereignty, the local magistrate and other officials regularly performed a ceremony here in which they prostrated themselves toward the royal capital.Pungpaejigwan, meaning "Hall of Pungpae," was the guesthouse of the Jeollagamyeong Provincial Office during the Joseon period. Pungpae is the Korean pronunciation of the chinese Fengpei, referring to Feng city inpei county where Liu Bang (256−195 BCE), the founder of china's Han dynasty (202 BCE−220 CE), was born. As the Joseon royal family traced their ancestral roots to Jeonju, it was often compared to Feng, as this name demonstrates. It is unknown for certain when this guesthouse was first established, but historical records of a partial reconstruction in 1473 suggest it already existed by this time. The building was completely destroyed during the Japanese invasion of 1597−1598 and was later rebuilt It was significantly repaired in 1872. During the Japanese colonial period (1910−1945), the right patr of the guesthouse was dismantled to allow for the expansion of an adjacent road and was rebuilt in 1999, In front of the guesthouse is a custodian's residence.

주관 앞면에는 '풍패지관（豊沛之館）'이라는 액자가 걸려 있는데 전주가 조선왕조 의 발원지라는 뜻을 담고 있다.

　전주 풍패지관은 전주에 온 관리나 사신이 머물던 전주 객사(客舍)이다. 조선시대에는 매달 초하루와 보름에 대궐을 향해 예를 올렸으며, 나라에 경사가 있을 때는 축하 의식을 행하였다. 왕을 상징하는 전패(殿牌)를 모시는 주관(主館)과 숙소로 사용하던 익헌(翼軒)으로 이루어져 있다. 주관의 처마 아래에는 '풍패지관'이라고 쓴 거대한 편액(扁額)이 걸려 있는데 이는 전주 객사의 위상을 잘 보여 준다. 풍패란 건국자의 고향을 이르는 말로, 조선을 건국한 태조 이성계의 본향인 전주를 풍패 지향이라 하였는데 이를 본떠 전주 객사의 이름도 풍패지관이라 한 것이다.

전주 풍패지관이 처음 지어진 시기는 알 수 없으나 조선 성종 4년(1473)에 전주사고를 짓고 남은 목재로 서익헌을 고쳐지었다는 기록으로 보아 그 이전에 지어졌음을 알 수 있다. 이후 1597년에 발발한 정유재란으로 소실되었다가 다시 지었고, 고종 9년(1872)에 보수 공사를 하였다. 일제 강점기 에는 도로 확장 공사로 동익헌을 철거하여 주관과 서익헌만 남아 있었으나, 1999년에 동익헌을 복원하였다. 현재는 주관과 동 서익헌, 객사를 관리하는 수직사가 남아 있다.

전주이씨 고림군파 종중 문서 일괄 (全州李氏 高林君派 宗中 文書 一括)
Documents of the Gorimgun Branch of the Jeonju Yi Clan
(Treasure No. 718)

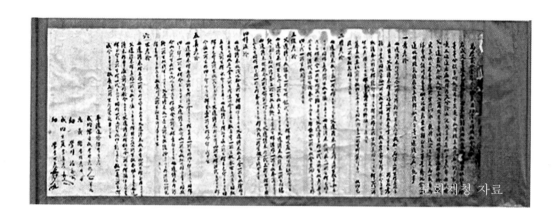

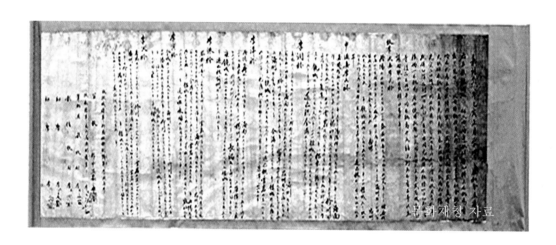

지 정 일 (Designated date)   1981.03.18
소 재 지 (Location)   전북 전주시 완산구 쑥고개로 249, 국립전주박물관
시   대 (Era)   조선 연산군 8년(1502)

전주 이 씨 고림군 파 종중 문서 일괄(全州李氏 高林君派 宗中 文書 一括)은 조선 연산군 8년(1502)부터 선조 26년(1593)까지의 고문서 4매이다. 재산을 나누는 문서인 허여문기(1502) 1매와 재산 주인이 죽은 후 그의 자식들이 모여 합의하여 재산을 나눈 문서인 동복화회문기(1528) 1매, 동복 화회입의(임진왜란 이전) 1매, 동복화회 성문(1593) 1매 등이다. 이것들은 태종의 둘째 아들 효령대군의 손자인 고림군 이훈 (李薰)과 그의 아들 칠산군 선손(璿孫) 양대 간에 재산을 상속하고 자녀들에게 분배한 내용이 담긴 문서이다. 허여문기와 동복 화회문기는 고림군 이훈이 그의 아들 칠산군에게 양여한 문서이고, 동복화회 입의와 동복화회성문은 칠산군이 그의 친 형제자매와의 합의를 통해 그들에게 재산을 분배한 문서이다. 조선시대 왕실 내에서의 재산상속에 관한 연구와 경제사 연구에 있어서 귀중한 자료로 평가된다

Documents of the Gorimgun Branch of the Jeonju Yi Clan
(Treasure No. 718)

Jeonju Yi Clan's clan documents are four ancient documents from the 8th year of King Yeonsan (1502) to the 26th year of King Seonjo (1593). There are one document for dividing property, Heo Yeomungi (1502), a document for dividing property by agreement with his children after the death of the owner of the property, one for Dongbokhwaboeui (1528), and one for Dongbokhwaboeungmun (1593). These are documents containing the inheritance of property and distribution to children between the two generations of Lee Hoon of Gorim–gun, the grandson of Taejong's second son, Prince Hyoryeong, and his son, Seonson of Chilsan–gun. Heo Yeomungi and Dongbokhwahoeomungi are documents handed over by Lee Hoon of Gorim–gun to his son Chilsan–gun, and Dongbokhwahoe Seongmun and Dongbokhwahoeui are documents that Chilsan–gun distributed property to them through an agreement with his siblings. It is evaluated as a valuable data for research on property inheritance and economic history within the royal family during the Joseon Dynasty.

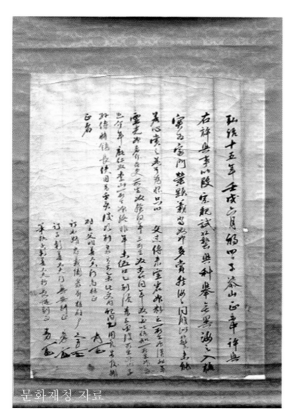

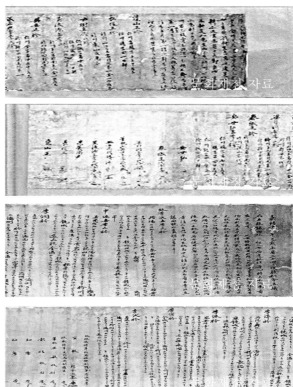

옛 남원부 둔덕 방에서 세거해 온 고림군파의 중종 문헌들이다. 고림군과 수대에 걸쳐 성문화 된 4건의 보물로 지정된 문서는 모두가 귀중한 문화재이다. 이 문적은 조선의 행정 내용으로부터 사회의 구조, 가족제도, 노예제도, 경제구조, 관습 의례, 윤리도덕, 문학, 예술에 이르기까지 여러 분야를 살필 수 있다. <허흥문기(許興文記)>, <동복 화회문기>, <동복화회입의>, <동복화회성문>이 있다.

남원양씨 종중 문서 일괄 (南原楊氏 宗中 文書 一括)
Hanging Painting of Naesosa Temple (The Vulture Peak Assembly)
(Treasure No. 725)

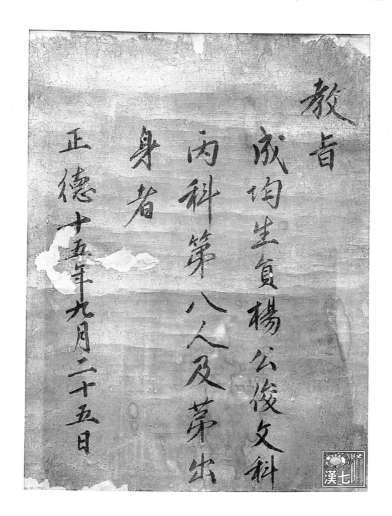

지 정 일 (Designated date)   1981.07.15
소 재 지 (Location)   전북 전주시 완산구 쑥고개로 249, 국립전주박물관
시   대 (Era)   고려 공민왕 4년(1355)

　남원 양 씨 종중 문서 일괄(南原楊氏 宗中 文書 一括)은 고려 공민왕 4년(1355)부터 조선 선조 24년(1591)까지의 고문서 7 매이다. 양이시가 고려 공민왕 4년(1355) 과거에 합격했음을 알리는 합격증서인 홍패(1355)와 그의 아들 양수생 역시 우왕 2년(1376) 문과에 급제했음을 알리는 홍패 등 2건을 주축으로 하고 있다. 이 외에도 양공준이 조선 중종 3년(1508) 생원시에 급제했다는 교지와 다시 양공준이 문과에 급제했다는 교지, 생원인 양홍이 중종 35년(1540)에 문과에 합격했다는 교지, 그리고 양시성이 선조 24년(1591)에 생원시에 급제했다는 교지 등의 합격증서가 있으며, 명종 14년(1559) 양홍을 청도군수로 임명한다는 발령장인 사령교지도 있다. 이들 문서는 고려 후기에서 조선 전기의 홍, 백패 연구에 중요한 자료이며 특히 양이 시급제 홍패와 수생 급제 홍패는 조선시대의 합격증서에 교지라 쓴 것과는 달리 왕명이라 기록되어 있으며, 시험관의 관직, 성명 등이 기록되어 있어 문서의 형식 및 고려시대 과거제도 연구에 있어 매우 귀중한 자료로 평가된다.

Hanging Painting of Naesosa Temple (The Vulture Peak Assembly)
(Treasure No. 725)

Namwon Yang Clan's family documents are seven ancient documents from the 4th year of King Gongmin (1355) to the 24th year of King Seonjo (1591) of the Goryeo Dynasty. The main focus is two cases: Hongpae (1355), a certificate of acceptance that Yang Si passed the 4th year of King Gongmin (1355) of Goryeo, and his son Yang Soo-saeng, who also passed the liberal arts exam in the 2nd year of King Wu (1376).In addition, there are certificates of acceptance, such as Yang Gong-jun passed the civil service examination in the 3rd year of King Jungjong (1508), Yang Gong-jun passed the liberal arts examination in the 35th year of King Jungjong (1540), and Yang Hong-ji, the 14th year of King Myeongjong (1559). These documents are important data for the study of Hong and Baekpae from the late Goryeo Dynasty to the early Joseon Dynasty, and unlike the Yangsijehongpae and Susaengjehongpae written as Gyoji in the Joseon Dynasty, they are considered very valuable data for the study of the examiner's official position and name.

　양공준(陽公俊 1484-1525)이 문과 시험의 병과 8등 합격자라는 국왕의 명령서이다. 양공준은 전라북도 순창 출신으로, 호조좌랑, 병조좌랑 등을 지냈으며 42세로 일찍 세상을 떠났다. 조선시대 문과는 문관을 등용하기 위한 최고위 단계의 시험으로, 고위직으로 나아가는 핵심적인 시험이었다. 원칙적으로 신분상의 흠이 없다면 누구나 응시할 수 있었지만, 15년 이상의 오랜 학습 기간을 견딜 수 있는 경제적, 교육적 환경을 가진 가문 출신의 사람이 아니라면 급제가 사실상 불가능하였다.

문화재청 자료

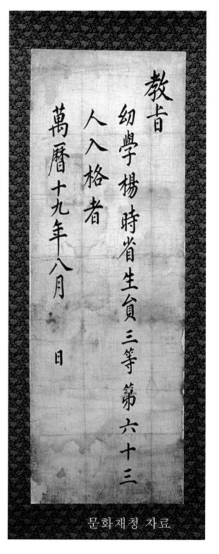

문화재청 자료

문화재청 자료

　　남원양씨 종중 문서는 남원양씨 집안에서 대대로 보관해 온 것으로 모두 7건이다. 고려시대와 조선시대의 과거 합격증인 홍패(紅牌) 4건, 조선시대 성균관 입학시험에 해당하는 소과(小科) 합격증인 백패(白牌) 2건, 4품 이상 관리에게 주는 임명장인 교지(敎旨) 1건으로 이루어져 있다.

1. 양이시(楊以時)의 홍패: 고려 공민왕 4년(1355)
2. 양수생(楊首生 양이시의 아들)의 홍패: 고려 우왕 28년(1376)
3. 양공준(楊公俊)의 백패: 조선 중종 3년(1508)
4. 양공준의 홍패: 조선 중종 15년(1520)
5. 양홍(楊洪 양공준의 아들)의 홍패: 조선 중종 35년(1540)
6. 양홍이 받은 교지(청도 군수 임명장): 조선 명종 14년(1559)
7. 양시성(楊時省)의 백패: 조선 선조 24년(1591)

고려시대의 합격증에는 '왕명(王命)'이라고 쓰여 있고, 조선시대 합격증에는 '교지(敎旨)'라고 기재되어 있어, 고려와 조선시대 문서의 차이를 확인할 수 있다. 또한 고려시대의 홍패에는 시험관의 관직과 이름이 적혀 있다. 이 문서들은 고려 말에서 조선 전기에 이르는 과거제도를 연구하는 데 매우 귀중한 자료이다.

보물

설씨부인 권선문 (薛氏夫人 勸善文)
Gwonseonmun (Words to Encourage Good Deeds) by Lady Seol
(Treasure No. 728)

지 정 일 (Designated date)   1981.07.15
소 재 지 (Location)   전북 전주시 완산구 쑥고개로 249, 국립전주박물관
시   대 (Era)   조선시대

　설씨부인 권선문(薛氏夫人 勸善文)은 조선 단종 때부터 성종 때까지 문신으로 활약한 신말주의 부인 설씨가 선(善)을 권장하는 내용을 담아 쓴 글과 그림이 있는 문서이다. 내용을 보면 설씨가 남편 신말주와 함께 전라북도 순창에 있을 때, 이곳 강천산에 있는 강천사를 복원하기 위해 신도들에게 시주를 얻고자 권선문(勸善文)을 짓고 사찰도를 그려 돌려보게 했던 것이다. 전체 16폭 가운데 그 가운데 14폭은 권선문이고 나머지 2폭은 사찰의 채색도가 그려져 있으며, 뒷면에는 후손들의 집에 전해 내려 오던 편지글과 권선문이 쓰여 있다. 또한 성화 18년(성종 13년 1482) 7월 정부인 설이라는 연대와 인장이 찍혀있다. 이 문첩은 조선시대 여류 문인이 쓴 필적으로는 가장 오래되었고, 사대부 집안의 정부인이 쓴 인과법에 의한 글이라는 점에서 높이 평가된다.

Gwonseonmun (Words to Encourage Good Deeds) by Lady Seol
(Treasure No. 728)

Gwonseonmun originally refers to an article in Buddhism that asks believers to see (giving wealth or Buddhism to others with mercy). Kwon Seon−mun, Mrs. Seol's wife, is a folding screen−like painting of writings written by Ms. Seol, Mrs. Shin Mal−ju's wife, a civil official of the early Joseon Dynasty. After having a mysterious dream in the spring of the 13th year of King Seongjong (1482), Mrs. Seol decided to rebuild Gangcheonsa Temple, a temple in this area. After that, the Gwonseonmun Gate, which recommended the donation, was built, and the temple was painted and returned to the believers. Originally, it was a scroll, but it was made in the form of a folding screen with 16 widths of one table for long storage by descendants. Of the total 16, 14 are Gwonseonmun Gate, and the remaining two are composed of paintings depicting temples. On the back, letters and Gwonseonmun, which had been handed down to descendants' homes, are written. This Gwonseonmun is the first prose−style writing written by a female writer during the Joseon Dynasty and is more than 60 years ahead of Shin Saimdang's writing. It is also a material that attracts attention in that a woman from a noble family in the early Joseon Dynasty was interested in the Buddhist history of restoring the temple and wrote articles related to Buddhist causality.

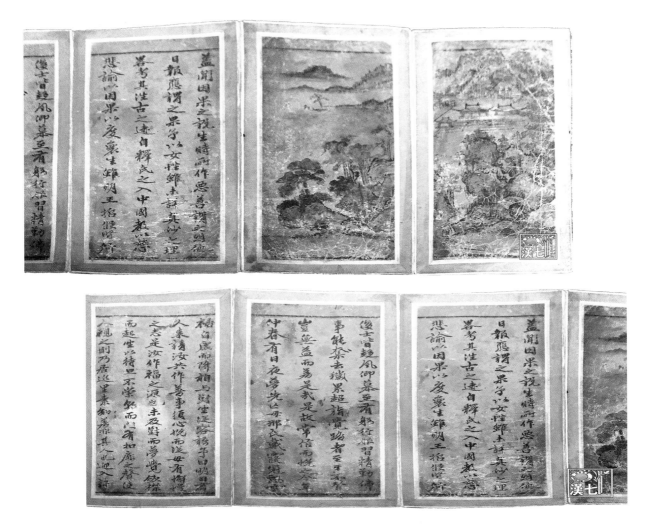

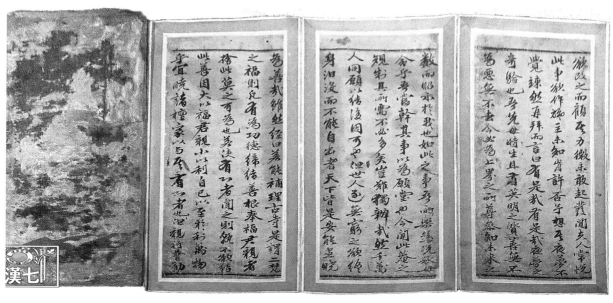

　권선문은 본래 불교에서 신자들에게 보시(報施, 자비심으로 남에게 재물이나 불법을 베풂)를 청하는 글을 가리킨다. 설씨부인 권선문은 조선 전기의 문신인 신말주의 부인 설씨가 쓴 글과 사찰의 모습이 담긴 그림을 병풍처럼 묶어 만든 것이다. 설씨부인은 성종 13년(1482) 봄에 신비로운 꿈을 꾸고 난 뒤, 이 지역에 있던 사찰인 강천사를 다시 세우기로 결심하였다. 그 후 시주를 권장하는 권선문을 직접 지었고, 사찰의 모습을 그림으로 그려 신도들에게 돌려 보도록 했다. 원래는 한 폭의 두루마리였는데, 후손이 오래 보관하기 위해 1첩 16폭의 병풍 형식으로 만들었다. 전체 16폭 가운데 14폭은 권선문이고, 나머지 2폭은 사찰을 그린 그림으로 구성되어 있다. 뒷면에는 후손들의 집에 전해 내려오던 편지글과 권선문이 쓰여 있다. 이 권선문은 조선시대 여성 문인이 쓴 최초의 산문 형식의 글로 신사임당의 글보다도 60여 년이 앞서 있다. 또한 조선 전기 사대부 집안의 여인이 사찰을 복원하는 불사에 관심을 두고, 불교의 인과 응보설과 관련된 글을 썼다는 점에서 주목을 받는 자료이다.

지 정 일 (Designated date)   1984.08.31
소 재 지 (Location)   전북 전주시 완산구 쑥고개로 249, 국립전주박물관
시   대 (Era)   조선시대

　이상길 초상(李尙吉肖像) 조선 중기 문신인 이상길(1556~1637)을 그린 초상화이다. 이 초상화는 가로 93㎝, 세로 185㎝의 크기이고 의자에 앉은 모습을 그렸다. 머리에는 낮은 사모를 쓰고 붉은색의 관복을 입었으며, 두 손은 소매 안으로 마주 잡아 보이지 않는다. 옷의 옆트임 안쪽으로 보이는 속옷과 양쪽 어깨의 기울기를 달리해 안정되어 보이는데, 이러한 자세는 조선 중기 초상화에 나타나는 특징이다. 그러나 얼굴에 있어 윤곽선의 농도를 다르게 하여 표현하는 방법은 조선 후기에 나타나는 수법으로 후대에 다시 그려진 것으로 보인다. 비록 모본으로 추정되기는 하지만 원본을 따라 충실하게 그렸고, 필체가 섬세하고 보관상태도 양호하여 귀중한 자료로 평가된다.

Portrait of Yi Sang-gil (Treasure No. 792)

It is a portrait of Lee Sang-gil (1556-1637), a civil official in the middle of the Joseon Dynasty. After passing the liberal arts exam in the 18th year of King Seonjo (1585), He served as an auditor for peace and a judge for cooperation. This portrait is 93cm wide and 185cm long and depicts sitting on a chair. He wore a low sand cap on his head and a red official suit, and his hands did not appear to face each other in his sleeves. The underwear, which appears inside the side slit of the clothes, and the slopes of both shoulders are different, making this posture a feature of portraits in the mid-Joseon Dynasty. However, the method of expressing the contour with different concentrations on the face seems to have been redrawn in later generations as a technique that appeared in the late Joseon Dynasty. Although it is presumed to be a copy, it was faithfully drawn along the original, and the handwriting is delicate and in good storage condition, so it is evaluated as valuable data.

　이 영정은 조선 인조 때의 김명국(金命國)이 그린 것이다. 이상길(李尙吉)의 자는 사우(士佑), 호(號)는 동천(東川), 또는 만사(晩沙)라고 하며 본관은 벽진(碧珍)이다. 조선 중기 문신인 이상길(李尙吉 1556-1637)은 선조 18년(1585년) 문과에 급제한 뒤 평안감사, 공조판서 등을 역임하였던 인물이다. 의자에 앉은 모습을 그린 전신상으로, 머리에는 낮은 사모(紗帽)를 쓰고 담홍색의 관복을 입었으며, 두 손은 소매 안으로 마주 잡아 보이지 않게 처리하였다. 옷의 옆트임 안쪽으로 보이는 녹색의 관복 안감과 양쪽 어깨를 기울기가 다르게 표현한 자세는, 조선 중기 초상화에서 많이 보이는 특징이다. 그러나 얼굴을 그릴 때 윤곽선의 농도를 다르게 하고 선염을 통해 입체감을 살짝 의도한 것은 조선 후기 초상화에 나타나는 기법이라, 이 초상은 원본을 조선 후기에 다시 이모 한 것이 아닌가 생각된다.

전 낙수정 동종 (傳 樂壽亭 銅鍾)
Bronze Bell of Naksujeong Pavilion (Presumed)
(Treaaure No. 1325)

지정일 (Designated date) 2001.09.21
소재지 (Location) 전북 전주시완산구 쑥고개로 249, 국립전주박물관
시　대 (Era)　　　　고려시대 초기

　이 범종은 일본인 다카하라 히미코 여사가 선대로부터 물려받아 소장해 오던 중 1999년 11월 국립 문화재 연구소를 통해 기증·반환한 것으로, 종을 매다는 용뉴 부분의 훼손이 있기는 하나 거의 완전한 형태를 갖추고 있다. 종의 윗면은 수평에 가까우며, 어깨 부분인 상대와 맨 아래 부분인 하대에는 띠를 돌리고 그 안쪽으로 반원 무늬와 덩굴무늬가 장식되어 있다. 상대와 연결된 사다리꼴 모양의 연곽 테두리에도 덩굴무늬를 얕게 조각하였으며, 연곽 안에는 작은 꽃받침을 갖춘 연뢰(蓮蕾)가 돌출되어 있다. 종의 약간 아래쪽 2곳에 배치되어 있는 당좌는 종을 치는 부분으로, 이중원의 테를 두르고 그 안에 덩굴무늬를 장식하였다. 당좌를 중심으로 대칭을 이루며 배치된 4개의 비천상은 구름 위에 꿇어앉고 두 손을 모아 합장한 형태를 하고 있다. 이 비천상은 다른 문양들보다 도드라지 게 조각되어 있다. 종에 새겨진 기록 이 없어 종의재작년대를 정확히 알 수는 없지만, 그 형태와 문양 및 성분 비율 등을 살펴볼 때 통일신라시대 양식을 계승하여 고려 초인 11세기경에 제작된 범종으로 생각된다.

Bronze Bell of Naksujeong Pavilion (Presumed)
(Treaaure No. 1325)

Striking a buddhist bell is believed to help beings realize the truth of Buddhist Dharma and to free souls from the underworld so that they may be reborn in the pure Land. This bell is reported to have been excavated at Naksujeong Pavilion in Jeonju. Through a 1999 donation by Takahara Himiko, the bell was returned to its homeland after a seventy-year absence.

　불교에서 범종 소리는 '부처님의 소리'를 의미합니다. 높이 77.1cm, 밑지름 50.7cm인 이 범종은 1999년 일본인 다카하라 히미코가 기증한 고려시대 종이다. 지금의 전주 교동에 있던 낙수정이라는 정자를 수리하다가 발견한 이 종은 일제강점기에 일본으로 보내졌다가 70년 만에 고향으로 되돌아왔다. 종을 치는 부분인 당좌를 중심으로 네 명의 비천상(하늘에 살면서 하계 사람과 왕래한다는 여자 신선을 그린 그림)이 구름 위에 앉아 두 손을 모아 합장하고 있는 아름다운 종입니다. 종의 모양과 문양, 재료의 성분을 볼 때 통일 신라시대 양식을 물려받아 고려 초인 11세기경에 제작된 것으로 추정하고 있습니다.

　종을 거는 용뉴(龍紐)와 음통(音筒)이 온전하지 않지만, 균형 있는 몸체와 당좌(撞座), 비천(飛天)등의 장식 무늬로 볼 때, 통일신라 양식을 계승한 고려시대 초기의 범종으로 추정된다. 이 범종은 전주 낙수정(樂水亭) 현 전주시 완산구 교동에서 출토된 것으로 전하며, 일제 강점기에 일본으로 반출되었다가, 1999년 다카하라 히미코(高原日美子)씨의 기증으로 70여 년 만에 고향 땅으로 돌아왔다.

용뉴

당좌

비천상

종유

전주 경기전 정전 (全州 慶基殿 正殿)
Main Hall of Gyeonggijeon Shrine, Jeonju (Treaaure No. 1578)

지 정 일 (Designated date)　　　2008.12.01
소 재 지 (Location)　　　전북 전주시 완산구 풍남동3가 102번지
시　　　대 (Era)　　　조선시대

　사적 제339호의 전주 경기전은 조선 왕조를 개국시킨 태조 이성계의 어진을 봉안한 곳이다. 태조 어진을 모신 곳을 어용전, 태조진전 등으로 명명하던 것을 1442년(세종 24년)에 경기전이라고 명명하였다. 1410년에 창건된 경기전은 1597년 정유재란 때 소실되고 1614년에 중건했다. 1872년 태조 어진을 새롭게 모사하여 봉안하면서(태조 영정 보물 931호) 경기전의 전반적인 보수가 이루어졌다. 정전은 다포계 양식으로 외3출목, 내3출목이고, 5량 구조의 맞배, 겹처마 지붕이다. 살미의 쇠서가 발달되어 있고 내부에서는 초각 처리되어 안정된 조선 중기의 형식이 반영되어 있다.
배례청은 이익공을 가진 익공계 양식으로 겹처마 맞배지붕이며 배례청의 박공면은 정전의 정면 모습이 된다. 정전과 배례청은 화강암 원형 초석 위에 민흘림의 원기둥을 세웠다. 내부의 5.8m나 되는 2개의 고주는 마룻보를 직접 받고 있으며, 양측면의 기둥도 대들보를 받는 고주로 되어 측부재 구조가 간결하고 견고하게 짜여있다. 포작의 내부 살미 조각과 보아지 및 종도리를 받는 파련 대공의 섬세한 조각과 우물천장 단청 등의 의장이 화려한 편으로 다른 유교 건축과 차별화된 권위성을 볼 수 있다.
구조 부재들의 이음과 맞춤이 정확하며 견고하고 조선 중기의 전통 건축 기법이 잘 전수된 안정된 구조와 부재의 조형 비례는 건축적 품위를 돋보여준다. 조선왕조를 개국한 태조 어진이 봉안된 정전 기능과 품위에 기준한 내신문 내의 신로 및 향로의 엄격한 격식, 그리고 정전과 배례청 평면 조합 및 어방 구조 등이 보물로서의 문화재 가치가 인정된다.

Main Hall of Gyeonggijeon Shrine, Jeonju (Treaaure No. 1578)

This is the main of Gyeonggijeon shrine, which enshrines a portrait of King Taejo (r. 1392−1398), the founder of the Joseon dynasty (1392−1910). The main hall is composed of a ritusl section in the center and two auxiliary wings on either side. In the ritual section, there is a room in the rear for enshrining the royal portrait. In front of this room, there is a protruding roof, under and in front of which the rituals were performed. There is a pair of wooden turtles attached to the front of the red gable of the protruding roof. This symbolically protects this wooden building from fire, because turtles live in the water and are believed to have longevity. There are also six water containers on the ground, which can be ued in case of a fire.

The portrait of King Taejo that had been enshrined here was designated as National Treasure No. 317 in 2012. It is now being exhibited at the Royal portrait Museum.

　경기전 정전은 조선을 개국한 태조 이성계의 어진이 모셔져 있던 곳으로, 건물의 안정된 구조와 조형 비례, 섬세한 조각과 아름다운 단청은 왕실의 권위와 품격을 잘 보여 준다. 정전은 건물 한가운데에 높게 있으며, 어진을 모신 침실이 있고, 그 앞으로 정자각(丁字閣)이 있다. 정전 좌우로는 지붕을 낮게 한 익랑이 있고, 익랑 아래 동서에는 지붕이 있는 복도식 형태의 월랑이 있다. 정전의 안마당은 익랑과 월랑이 감싸는 구조로 되어 있는데, 이곳은 제례를 지내는 엄숙한 공간이다. 정자각 정면 기와지붕 아래 붉은 널빤지에는 화재를 막아 준다는 의미로 거북이 암수 한 쌍이 조각되어 있고, 정전 뜰 양옆에는 화재에 대비해 물을 담아두는 그릇인 드므가 있다. 정전의 동쪽에 임시로 어진을 모시던 별전(別殿)이 있었으나 지금은 그 자리에 전주사고(全州史庫)가 복원되어 있다.

어진 : 왕의 초상화
익랑 : 문의 양옆에 이어서 지은 행랑
월랑 : 궁궐이나 사찰과 같이 규모가 큰 건물에서 앞이나 양옆에 줄지어 만든 건물

완산부지도 (完山府地圖)
Map of Wansan-bu (Treaaure No. 1876)

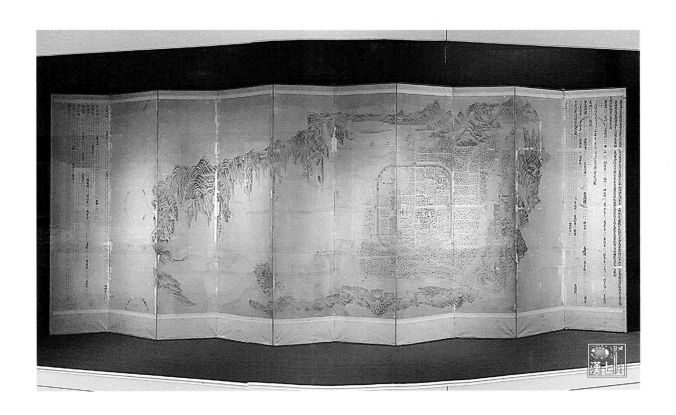

지 정 일 (Designated date)   2015.04.22
소 재 지 (Location)   전라북도 전주시 완산구 쑥고개로 249 (국립전주박물관)
시   대 (Era)   1875년 이후

　이 지도는 19세기 조선사회에서 제작된 병풍식 회화지도 중 주기면이 첨부된 유일한 것이다. 지도 구성에서는 다른 전주부 지도와는 다르게 남쪽을 오른쪽에 배치시켰다. 전주성을 지도의 중앙 우측에 배치시키고 중앙을 여백으로 처리한 것은 다른 지도에서 전주성을 중앙에 배치한 것과는 매우 다르다. 장소의 묘사에서는 원근을 다양한 방법으로 표현하고 있으며 이를 위해 여백을 적절히 이용하고 있다. 산지로 둘러싸인 모습과 중앙 좌측에 묘사된 하천 유역의 여백은 고을의 평화로움을 효과적으로 나타내고 있다. 중앙 우측에 그려져 있지만 내용상 중심인 전주성의 모습은 다른 지도에서 구현하지 못했던 치밀함을 갖추고 있다. 성곽의 성벽뿐만 아니라, 객사, 선화당, 동헌 등의 건물과 함께 경기전, 조경묘의 모습이 세밀하게 그려져 있으며 이와 함께 관아 사이로 묘사된 민가들은 민본을 중시했던 조선의 이념을 보여준다. 지도에서 상세히 묘사된 남고산성은 후백제의 역사 공간이 전주부의 지리에 중첩되어 있음을 보여준다. 양쪽에 주기면을 첨부한 것은 주관적으로 해석한 고을의 모습과 텍스트로 표현된 객관적인 내용을 동시에 보여 줌으로써, 지도에 담긴 내용이 허구가 아님을 보여주기 위한 의도로도 볼 수 있다. 주기면에는 조선 정치권력의 태생지임을 암시하는 텍스트가 곳곳에 담겨있다. 지도와 주기 내용을 종합하여 볼 때 『완산부지도』는 지리 지식의 편집을 통해 조선 정치 권력의 정신적 지주였던 풍패지향 전주부의 모습을 구현하고, 동시에 후백제의 도읍이었음을 보여줌으로써 19세기 말 당시 전주부가 지향하고자 했던 모습을 재현하고자 한 것이었다.

Map of Wansan—bu (Treaaure No. 1876)

This map is the only folding screen—style painting map produced in Joseon society in the 19th century with a periodic plane attached. In the map composition, unlike other Jeonju—bu maps, the south was placed on the right (2nd to 3rd widths). The fact that Jeonjuseong Fortress is placed on the right side of the center of the map and the center is treated with blank space is very different from that of other maps. In the description of the place, the perspective is expressed in various ways, and the space is appropriately used for this. Surrounded by mountains and the margin of the river basin depicted on the left side of the center effectively show the peace of the village. Although it is drawn on the right side of the center, the shape of Jeonjuseong Fortress, which is the center of the content, is meticulous that could not be implemented on other maps. In addition to the walls of the fortress, buildings such as Guesthouse, Seonhwadang, and Dongheon, Gyeonggijeon and landscaping tombs are depicted in detail, along with private houses depicted among government offices showing Joseon's ideology of emphasizing folklore. Namgosanseong Fortress, described in detail on the map, shows that the historical space of Hubaekje overlaps with the geography of Jeonju.The attachment of periodic planes on both sides can also be seen as an intention to show that the content contained in the map is not fiction by simultaneously showing the subjectively interpreted village appearance and objective content expressed in text. In the main page, texts suggesting that it was the birthplace of Joseon's political power are contained everywhere. In summarizing the maps and periods, Wansanbujido was intended to recreate what Jeonjubu wanted to pursue at the end of the 19th century by realizing the appearance of Pungpae—oriented Jeonjubu, the spiritual pillar of Joseon's political power, and at the same time showing that it was the capital of Hubaekje.

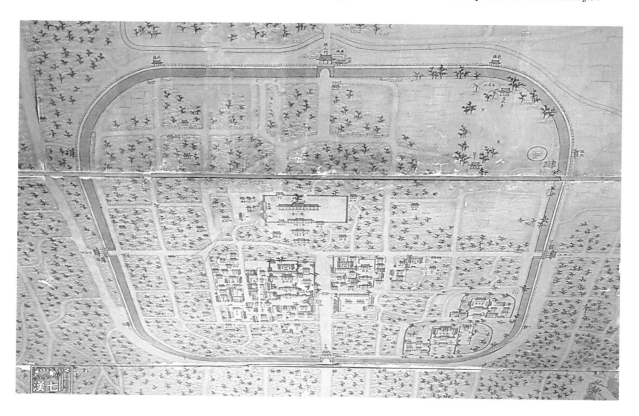

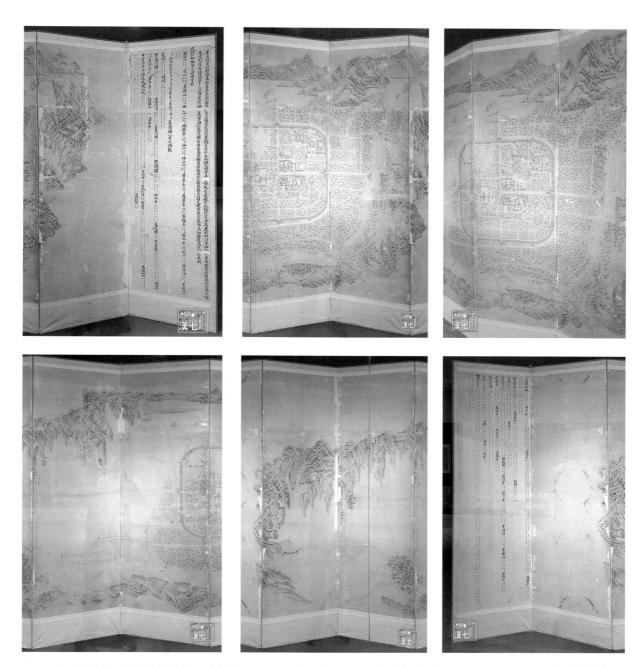

　　조선 왕실의 본향이었던 전주는 1392년(태조 1) 완산유수부(完山留守府)로 승격되었으나, 1403년(태종 3) 전주부(全州府)로 이름이 바뀌었다. 또한 제주도를 포함한 전라도를 총괄하는 전라감영 (全羅監營)이 설치되어 호남지역 문화와 정치의 중심지가 되었다. 이 병풍은 전주성과 그 주변을 그린 지도다. 회화식 지도로 규모가 크고 기량이 뛰어나 중앙으로부터 파견된 화사의 숙달된 솜씨로 추정된다. 객사(客舍)와 풍남문(豊南門), 패서문(沛西門) 그리고 경기전(慶基殿)과 조경묘(肇慶廟) 등 전주부성 곳곳이 잘 묘사되어 있다. 19세기 들어 고을을 회화식으로 표현하여 병풍으로 만드는 것이 활발하게 이루어졌다. 대표적인 것이 "진주성도" "평양성도" 등이다. 그러나 대부분은 지명만 기재한 채 주기면이 첨부되어 있지 않은 것에 비해, 이 병풍에는 전주부성을 자세하게 표현하고, 주기면을 제1폭과 10쪽에 첨부하여 지도 구성에서 기존의 지도와 완전히 다른 모습을 보여준다. 전주는 1392년 (태조1) 완산 유수부(完山留守府)로 승격되고, 1403년(태종 3년) 전주부(全州府)로 이름이 바뀌었으나, 여기서는 여전히 완산 부라는 이름을 쓰고 있다.

완주 갈동 출토 동검동과 거푸집 일괄 (完州 葛洞 出土 銅劍銅戈 鎔范 一括)
Moulds for Bronze Swords and Spears Excavated from Galdong, Wanju
(Treaaure No. 2033)

지 정 일 (Designated date)　　　2019.06.26
소 재 지 (Location)　　　전라북도 전주시 완산구 쑥고개로 249 (국립전주박물관)
시 　　대 (Era)　　　초기 철기시대(기원전 약 2세기)

　완주 갈동 출토 동검동과 거푸집은 갈동 1호 토광묘에서 출토된 거푸집 2점으로, 한 점은 세형동검의 거푸집만 새겨져 있고, 다른 한 점은 동검과 동과(銅戈)가 양면에 새겨져 있다. 초기 철기시대 호남 지역의 청동기 제작 문화를 알려주는 중요한 유물로서, 출토 고분의 편년 및 거푸집에 새겨진 세형동검의 형식 등으로 볼 때, 이 유물은 기원전 2세기경에 실제로 사용된 후 무덤에 매납 된 청동기 제작용 거푸집에 해당한다. 이 석제 거푸집은 실제로 사용흔이 남아 있으며, 출토 맥락과 공반 유물이 확실한 매우 드문 고대 청동기 생산 관련 유물로서 매우 귀중한 문화재이다. 거푸집의 상태 및 새겨진 세형동검과 동과의 형태 등이 매우 자세하고 조각 솜씨가 탁월하다는 점에서도 매우 주목되는 작품이다. 지금까지 한반도에서 청동기~초기 철기시대에 해당하는 거푸집들이 발견된 사례는 10여 건이지만 대부분 출토지가 불분명하다는 것이 한계이다. '완주 갈동 출토 동검동과 거푸집'은 발굴조사에서 출토된 것이어서 출토 지점과 출토 정황을 정확하게 알 수 있는 거의 유일한 사례이므로 그 중요성은 다른 용범들과 비교하기 어렵다. 또한 보존 상태가 매우 양호해서 당시 사회의 청동기 주조 기술을 보여주는 데도 탁월한 가치를 지니고 있다. 이러한 역사적, 문화사적 중요성과 우수한 현존 상태, 조각 솜씨로 볼 때, 이 완주 갈동 출토 동검동과 제작용 석제 거푸집은 보물로 지정해 보존 및 관리되고 그 중요성을 널리 알릴 필요가 있다.

Moulds for Bronze Swords and Spears Excavated from Galdong, Wanju (Treaaure No. 2033)

Donggeom−dong and Geopu−jip excavated from Galtong No. 1 Togwangmyo Shrine in Wanju are two pieces of molds, one of which is engraved only with the three−shaped bronze swords, and the other is engraved on both sides of Donggeom and Donggwa. As an important relic that informs the production culture of the Bronze Age in the Honam region of the early Iron Age, this stone formwork actually has traces of use, and it is a very valuable cultural asset related to the production of the ancient Bronze Age, where the excavated context and empty relics are clear. It is also a work that is very noteworthy in that the condition of the formwork, the carved three−shaped bronze swords, and the shape of the east are very detailed and excellent in sculpting. So far, there have been about 10 cases of molds from the Bronze Age to the early Iron Age on the Korean Peninsula, but the limitation is that most of them are unclear where they were excavated. The "Donggeom−dong and Formwork excavated in Gal−dong, Wanju" were excavated from excavation surveys, so it is difficult to compare its importance with other mercenaries because it is the only case where the location and circumstances of the excavation can be accurately known. In addition, the preservation condition is very good, so it has excellent value in showing the bronze casting technology of society at the time.

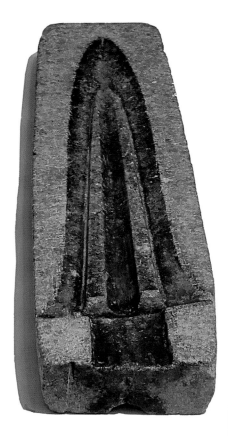

동검동과 거푸집 일괄 앞면   동검동과 거푸집 일괄 뒷면

완주 갈동 출토 정문경 일괄 (完州 葛洞 出土 精文鏡 一括)
Bronze Mirrors with Fine Linear Design Excavated from Galdong, Wanju
(Treaaure No. 2034)

지 정 일 (Designated date)   2019.06.26
소 재 지 (Location)   전라북도 전주시 완산구 쑥고개로 249 (국립전주박물관)
시   대 (Era)   초기 철기시대(기원전 약 2세기)

　완주 갈동 출토 정문경 일괄은 초기 철기시대인 기원전 2세기 경에 사용된 2점의 청동제 거울로서, 정식 발굴조사에 의해 출토된 보기 드문 사례이다. 전라북도 완주군 이서면 반교리에 위치한 갈동 5호 및 7호 토광묘에서 각각 한 점씩 출토되었다.한반도에서 지금까지 출토된 정문경은 약 60점이며, 그 중 전(傳) 논산 정문경은 국보 제141호로 지정되어 있고, 화순 대곡리 적석목관묘 출토 정문경은 함께 출토된 팔주령(八珠鈴), 쌍주령(雙珠鈴) 등과 함께 국보 제143호로 지정되어 있다. 완주 갈동 5호 토광묘와 7호 토광묘에서 출토된 정문경 2점은 전(傳) 논산 정문경이나 화순 대곡리 정문경보다 늦은 시기에 제작된 것으로 문양이 매우 정교하고 잘 구성되어 있다. 따라서 초기 철기시대의 늦은 시기를 대표할 수 있는 정문경으로 판단되며, 우리나라 청동기 제작기술의 정수를 보여주는 유물로 평가할 수 있다.이와 같이 완주 갈동 출토 정문경 2점은 출토지점과 출토정황이 명확할 뿐 아니라 완형에 가깝고 뒷면에 새겨진 문양도 매우 세밀하고 아름다워 우리나라 초기 철기시대 청동기 주조기술을 이해하는데 매우 높은 가치를 지니고 있으므로, 보물로 지정해 보존 및 관리할 필요가 있다.

Bronze Mirrors with Fine Linear Design Excavated from Galdong, Wanju (Treaaure No. 2034)

The "Wanju Gal−dong Excavated Jeongmungyeong Batch" is a rare case excavated by official excavation as two bronze mirrors used around the 2nd century B.C. during the early Iron Age. One piece was excavated from the Galdong No. 5 and No. 7 Togwangmyo located in Bangyo−ri, Iseo−myeon, Wanju−gun, Jeollabuk−gun, Jeollabuk−do.There are about 60 main gateways excavated from the Korean Peninsula so far, of which the main gateways of Nonsan are designated as National Treasure No. 141, and the main gateways excavated from Jeokseok Wood Office in Daegok−ri, Hwasun, along with Paljuryeong Pass and Ssangjuryeong Pass. The two main gateways excavated from the 5th and 7th Togwangmyo tombs in Gal−dong, Wanju, were made later than the former Nonsan main gateways or Hwasun Daegok−ri main gateways, and the pattern is very officer and well constructed. Therefore, it is judged to be the main gateway that can represent the late Iron Age, and can be evaluated as a relic showing the essence of Korea's bronze manufacturing technology.As such, the two main gateways excavated in Gal−dong, Wanju are not only clear from the excavation site and the circumstances of the excavation, but also very detailed and beautiful patterns on the back, so they need to be designated and preserved as treasures.

완주 갈동 출토 정문경 일괄

7호 토광묘 출토

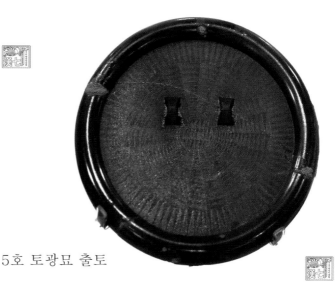

5호 토광묘 출토

고창 봉덕리 1호분 출토 금동신발 (高敞 鳳德里 一號墳 出土 金銅飾履)
Gilt-bronze Decorated Shoes (Treaaure No. 2124)

지 정 일 (Designated date)   2021.04.21
소 재 지 (Location) 전라북도 전주시 완산구 쑥고개로 249 (국립전주박물관)
시   대 (Era)   5세기

   고창 봉덕리 1호분 출토 금동신발은 전라북도 고창 봉덕리에 위치한 4기의 대형 분구묘(墳丘墓, 분구를 조성한 다음 그 안에 매장시설을 설치하는 무덤양식) 중 규모가 가장 큰 1호분의 제4호 석실에서 2009년 원광대학교 마한백제문화연구소가 발굴했다. 4호 석실은 전혀 도굴되지 않은 무덤으로, 여기에서 금동신발 한 쌍이 무덤 주인공의 양쪽 발에 신겨져 거의 훼손되지 않은 채 출토되었던 것이다. 이 봉덕리 1호분 출토 금동신발은 장례 때 의례용으로 사용된 신발로서 백제 시대의 전형적인 형태와 문양을 보여주는 금속공예품이다.
고창 봉덕리 1호분에서 출토된 금동신발은 현재까지 삼국 시대의 고분에서 출토된 약 19점의 금동신발 중 가장 완벽한 형태이며, 나주 정촌고분에서 출토된 금동신발과 비교했을 때 어자무늬 (魚子文, 물고기 알 문양) 등 삼국 시대 초기 문양이 확인되어 시기적으로 앞서 제작된 것으로 판단된다. 무령왕릉의 왕과 왕비의 신발과 마찬가지로 바닥판과 좌우 측판, 발목깃판으로 구성되고 바닥에 징(스파이크)을 박은 백제 금동신발의 전형적인 특징을 지니고 있어 백제의 중앙 권력자가 제작해 왕의 힘을 과시하고 지방 수장의 위신을 세워주기 위해 지방 유력 지배층에게 내려준 위세품(威勢品)으로 추정된다. 이러한 고창 봉덕리 1호분 출토 금동신발은 백제시대 의례용 금동신발로서, 보기 드물게 원형을 갖추어 출토된 중요한 고대 금속공예품이자, 다양하고 뛰어난 공예 기법을 이용해 제작된 것으로, 5세기 중반 백제 미술을 대표하는 작품으로 보물로 지정할 가치가 충분하다.

보물

Gilt-bronze Decorated Shoes (Treaaure No. 2124)

A pair ornamental gilt-bronze decorated shoes unearthed at the site in Bongdeok-ri, displays characteristic features of typical Baekje gilt bronze decorated shoes. The shoes are decorated with tortoise-shell patterns on both sides which each hexagonal panel featuring dragon, bird and humen face motifs. The bottom of each shoe is also elaborately decorated with a dragon motif in openwork exhibiting the technical ex-cellence of the fine metalwork craftsmanship of the time. The shoes are remarkably similar to the shoes excavated at the Jeongchon Tomb Naju and the decorative designs are almost identical to those used to decorate the gilt-bronze cowl cap unearthed at the site of Bu-jang-ri in Seosan. It's ems that these exquisite artifacts were made at the oyal court of Baekje and sent to local tribal chiefs as a sign of solidarit.

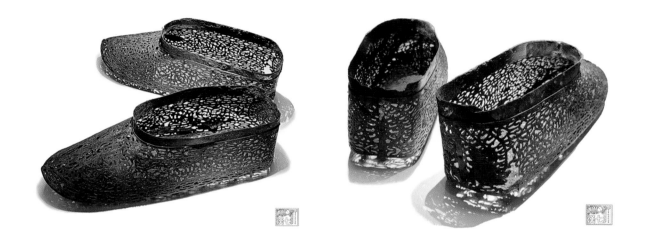

금동장식신발의 다른방향에서 본 모습

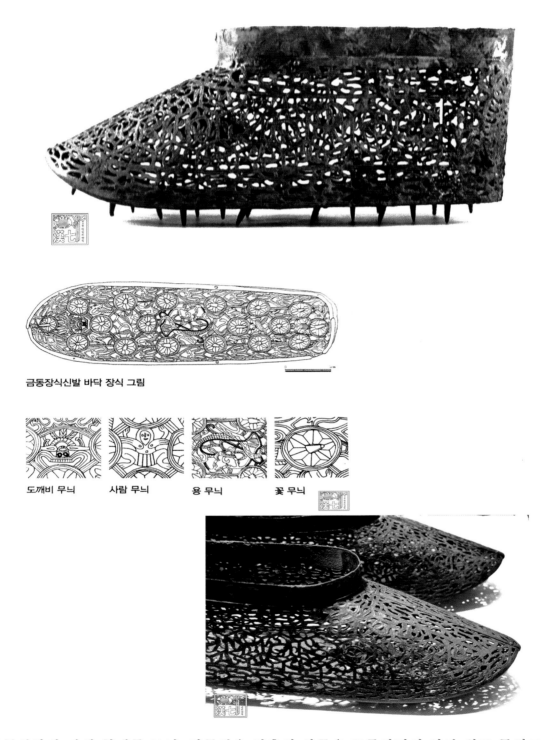

금동장식신발 바닥 장식 그림

도깨비 무늬　　사람 무늬　　용 무늬　　꽃 무늬

　　금동신발의 전체 형태를 보면, 발목깃을 갖추어 앞쪽은 뽀족하면서 약간 위로 들렸고, 중간 바닥이 편평하며, 뒤쪽은 약간 좁아져 둥근 편이어서 흡사 배 모양을 연상케 한다. 투각(透刻)의 육각형으로 구획된 형태 안에 용, 인면조신 (人面鳥身, 사람얼굴에 새 몸통을 가진 상상의 동물), 쌍조문(雙鳥文), 괴수(怪獸), 연꽃 등 각종 문양이 화려하게 장식되었다. 신발 바닥에는 1.7㎝ 높이의 뽀족한 못 18개 를 규칙적으로
붙였고, 내부에는 비단 재질의 직물을 발라 마감하였다.

삼국시대에 만들어진 거대한 고분과 많은 수의 부장품은 현세의 삶이 내세로 고스란히 이어진다는 당시 사람들의 생각을 반영하고 있다. 그중에서도 금동장식 신발은 당시의 장례 풍습을 가장 잘 보여주는 부장품 가운데 하나이다. 고창 봉덕리에서 출토된 금동장식 신발은 전형적인 백제 금동장식 신발로 옆면을 거북이 등껍질 문양으로 나누고 그 안에 용과 새, 사람 얼굴 모양을 새겼다. 또한 바닥 면에는 용을 정교하게 투조(透彫)하여 당시의 뛰어난 금속공예 수준을 보여준다. 고창 봉덕리에서 출토된 금동장식 신발은 나주 정촌 고분의 금동장식 신발과 매우 유사하고 서산 부장리에서 출토된 금동관모와 거의 동일한 문양을 가지고 있다. 이처럼 백제 지역에서 확인되는 금동장식 신발에는 여러 공통점이 보이는데, 이를 통해 백제의 중앙에서 신발을 만들어 각 지역에 보급한 것으로 추정해 볼 수 있다. 한편, 백제의 금동장식 신발은 에다후나야마고분이나 카모이나리야마고분 등 6세기 대의 일본 고분에서 출토된 것과 유사하여 당시에 정치적으로 밀접했던 백제와 왜 사이에 문화 교류가 있었음을 알 수 있다.

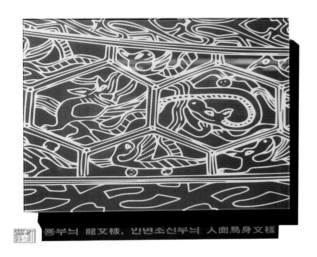

금동장식신발 바닥 장식 무늬

국새 제고지보 (國璽 制誥之寶)

지 정 일 (Designated date)   2021.04.21
소 재 지 (Location)   전라북도 전주시 완산구 쑥고개로 249 (국립전주박물관)
시   대 (Era)   5세기

　국새 제고지보는 1897년 고종이 대한제국을 선포하고 황제로서 등극하면서 황제의 명령을 백성에게 알리기 위한 문서 또는 고위직을 임명하는 데 사용하기 위해 만든 대한제국 국새 10과 중 하나로 1897년 9월 19일에 보장(寶匠) 전흥길(全興吉) 등이 제작하였다. 전흥길은 1851년부터 1897년까지 47년간 금보 제작에 있어 탁월한 솜씨를 발휘한 19세기 말의 대표적 보장(寶匠)이다. 제고(制誥)는 황제의 명령을 뜻하기 때문에 이 국새는 조선왕실에서는 사용할 수 없고 황제로 칭한 대한제국에서만 사용할 수 있었던 국새이다. 1946년 8월 15일 미군정이 총무처에 인계한 국새로, 1954년 6월 28일 총무처가 다시 국립중앙박물관에 인계하여 지금까지 박물관에서 관리하고 있다. 국새 제고지보의 제작과정은 대례의궤(大禮儀軌)에 상세하게 기록되어 있다. 보새(寶璽)를 제작하기 위한 책 보조성소(冊寶造成所)를 설치해 도제조 심순택(沈舜澤)의 책임 아래 전문 서사관 (篆文書寫官, 篆書를 전문으로 쓴 관리) 홍문관 학사 민병석(閔丙奭)이 글씨를 썼으며, 보장(寶匠)을 비롯한 다수의 장인들이 10일 동안 제작하였다. 또한 보인부신총수에 국새 제고지보의 형태와 재료, 치수 등의 도설이 수록되어 있어 이 유물이 대한제국 황제의 상징물로써 문서에 찍혀 실제 사용된 사례가 다수 확인된다. 이처럼 '국새 제고지보'는 제작 경위와 과정을 구체적으로 확인할 수 있는 기록이 뒷받침된다는 점에서 유물이 가진 역사적・사료적 가치가 매우 높다. 국새 제고지보는 대한제국 황실을 상징하는 대표적인 유물이며, 공예, 서예, 전각 분야에서도 당대 최고 수준의 문화적 역량이 담긴 문화재이다. 향후 미확인된 대한제국 국새의 발견을 위한 근거자료로써의 가치도 지니고 있다.

King's Seal of Proclamation of Appointment of Senior Ministers
(Treaaure)

After the birth of the Korean Empire in 1897, King Gojong's status was also upgraded from king to emperor, and Eobo, which was used according to various changes in titles, costumes, and designs, was newly produced and used. Godeo means the order of the emperor, and Godeojibo was used to appoint the highest official of the first rank in the first rank.

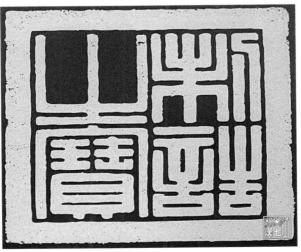

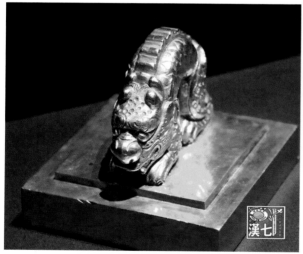

　국새 제고지보의 형상을 보면, 손잡이는 용뉴(龍뉴)로서, 용 모양이다. 용의 정수리에는 점문이 있고 비늘이 있고, 머리에는 녹각 뿔이 솟아있다. 코에는 여의두문이 있고, 입을 벌리고 이빨 2개가 아래로 돌출되었으며, 입 주위로 서기(瑞氣)가 보이며 여의주를 물고 있다. 몸 전체는 비늘이 덮었고, 등을 위로 솟구쳐 반원을 그리며 배 부분에 구멍이 뚫려 있다. 여기에 다회로 꼰 보수(寶綬, 매듭)를 꿰게 되어 있으나 현재 보수는 없어진 상태이다. 동 유물은 대한제국 국새로서 조선 왕실의 보인들과 형식적으로 비교된다는 점에서 시대적 변화를 보여준다. 조선왕실의 보인이 거북형 귀뉴(龜뉴)인데 빈해 대한제국 국새로서 용뉴인 점, 용뉴의 받침대인 유대(유臺)를 마련하고 있는 점, 보면(寶面)의 사방 크기가 조선왕실 보인에 비해 사방 2cm 정도 커진 점, 보면의 글씨체가 조선 보인의 구첩 전문(九疊篆)에서 대한제국 새 보는 소전(小篆)으로 바뀐 점 등 여러 면에서 대한제국기 국새의 조형적 특징을 잘 반영하고 있다.

국보

익산 미륵사지 석탑 (益山 彌勒寺址 石塔)
Stone Pagoda at Mireuksa Temple Site, Iksan
(National Treasure No. 11)

지 정 일　　1962.12.20
소 재 지　　전북 익산시 금마면 기양리 97번지
시　 대　　백제시대 후기 7세기

　백제 최대의 사찰이었던 익산 미륵사는 무왕(武王, 600−641) 대에 창건된 것으로 알려져 있다. 미륵사는 전형적인 1탑 1금당의 백제식 가람배치와 달리 세 개의 탑과 금당 등으로 구성된 3탑 3금당의 독특한 배치 형식이다. 이 미륵사지 석탑은 세 개의 탑 중 서쪽에 위치한 탑이다. 우리나라 석탑 중 가장 규모가 크고 창건 시기가 명확하게 밝혀진 석탑 중 가장 이른 시기에 건립된 것이다. 원래는 9층으로 추정되고 있으나 반파된 상태로 6층 일부까지만 남아 있었다. 창건 당시의 정확한 원형은 알 수 없으며, 17∼18세기 이전 1층 둘레에 석축이 보강되고 1915년 일본인들이 무너진 부분에 콘크리트를 덧씌운 상태로 전해 졌다. 남아있던 6층까지의 높이는 약 14.2m이고 상·하 이층으로 구성된 기단의 전체 폭은 약 12.5m이다. 1층은 각 면이 3칸으로 구성되고 가운데 칸에는 문을 내달아 계단을 통해 사방으로 통하게 하였다. 기둥석은 아래가 넓고 위가 좁은 민흘림 기법과 양 끝 모서리를 약간 높인 귀 솟음 기법이 반영되어 있다. 기둥석 하부에는 목조건물에서처럼 별도의 초석이 있고 기둥과 기둥을 연결하는 상·하 인방석(引枋石)과 기둥 상부에 평방석(平枋石), 포벽석(包壁石) 등이 구성되었다. 옥개부(屋蓋部)는 목조 건물 의 지붕처럼 모서리 끝이 살짝 치켜 올라가고 가운데가 오목하게 들어가는 부드러운 곡선을 이루고 있다.

Stone Pagoda at Mireuksa Temple Site, Iksan (National (Treasure No. 11)

Standing in the western section of the Mireuksa Temple compound, this stone pagoda is on three pagodas erected in the 7th century when the temple was initially constructed. It is the oldest and largest surviving stone pagoda in Korea. Before its restoration, the pagoda had fallen into such great disrepair through the centuries that we do not know how it originally appeared. However, the pagoda is believed to have been about the same size as the eastern stone pagoda, which was restored as a nine story pagoda in 1993 with clues taken from the remaining original stone. This stone pagoda holds great historical and academic significance in that it shows how pagodas evolved from wooden to stone structures. This stone pagoda has corner pillars that are slightly taller than other pillars at every tier and a beautifully curved roof with four raised corners. Such features were inspired by the wooden construction technique of earlier pagodas. The first tier has three bays along the front and three bays on the sides. Its interior is laid out as 十 一-shaped space accessible by stairs and entrances on all four sides. The main pillar of stacked stones stands at the center. In January 2009, reliquaries were found in the lowest part of the main pillar, confirming a record stating that relics of Buddha had been enshrined there when the pagoda was erected in 639 by the queen of the Baekje Kingdom. Only the first six stories of the Stone Pagoda at Mireuksa Temple, which had been supported by a concrete structure, remained when the pagoda was assessed for structural safety in 1998 They were found to be unstable, and the entire pagoda was dissembled and reassembled from 2001 to 2017. Today, the pagoda stands 14,5m in height and 12.5m in breadth and weighs 1,800 tons.

미륵사지석탑 복원전

미륵사지석탑 복원후

미륵사지 석탑은 7세기에 미륵사가 처음 지어질 당시 세워진 세 기의 탑 중 서쪽에 위치한 탑으로 우리나라 석탑 중 가장 크고 오래된 탑이다. 많은 석재들이 없어져 원래의 모습은 알 수 없지만 남아 있던 석재를 참고해 9층으로 복원된 동쪽 석탑과 같은 규모로 추정된다. 미륵사지 석탑은 목탑이 석탑으로 변화되는 모습을 확인할 수 있는 역사적, 학술적으로 매우 중요한 탑이다. 층마다 모서리의 기둥이 다른 기둥보다 살짝 높게 된 형태, 지붕이 부드러운 곡선을 이루며 끝 부분이 솟아오르는 모양 등 목조건축의 수법을 따르고 있다. 정면 3칸, 측면 3칸으로 구성된 1층에는 사방에서 계단을 통해 출입이 가능한 십(十)자형의 공간이 있다. 그리고 그 중심에는 여러 개의 석재를 쌓아 올린 중심 기둥 (심주:心柱)이 세워져 있다. 2009년 1월, 가장 아래의 심주석에서 사리장엄구(舍利莊嚴具)가 발견되었는데 백제왕후가 639년에 탑을 세우면서 사리를 모셨다는 기록이 확인되었다. 6층 일부까지 만 남아 콘크리트 구조물에 의지하고 있었던 미륵사지 석탑은 1998년 구조적으로 불안정하다는 안전 진단 결과에 따라 2001년부터 2017년까지 해체와 조립이 진행되었다. 수리가 완료된 탑의 높이는 약 14.5m, 폭은 12.5m, 무게는 약 1,830톤에 이른다.

한편 석탑의 1층 내부에는 '十' 자형 공간이 조성되어 동서남북 네 방향에서 출입이 가능하며, 탑의 중심에는 여러 개의 사각형 돌을 수직으로 쌓아 올린 기둥(심주)이 4층까지 연속된다. 이러한 모습은 다른 석탑에서는 찾아볼 수 없는 특징이며, 2009년 1층의 첫 번째 심주석에서 발견된 사리봉영기(舍利奉迎記)의 기록을 통해 639년이라는 석탑의 건립연대가 명확하게 밝혀졌다.

1층내부 '十'형 공간과 중앙 수직기둥(심주)

옥개부(屋蓋部)는 목조건물의 지붕처럼 모서리 끝이 살짝 치켜 올라가고 가운데가 오목하게 들어가는 부드러운 곡선을 이루고 있다.

기단부와 1층 출입문과 탑신부

동남쪽

남서쪽

동북쪽

북서쪽

　평면 방형의 다층석탑이었으나 그 서남부가 붕괴되어 현재는 동남의 6층 일부까지만 남아 있다. 1층 탑신은 3칸 4면의 평면이며 가운데 칸에는 사방에서 문호가 마련되어 내부로 통하게 되었으며 탑내 중앙에서 교차되는 중심에는 방형찰주(方形擦柱)가 놓여있다. 각 면에는 엔터시스의 수법이 있는 방주(方柱)를 세우고 그 위에 평방(平枋), 창방(昌枋)을 설치하였으며 다시 두공(枓공)양식을 모방한 3단의 받침이 있어 옥개를 받고 있다. 옥개는 얇고 넓은데 전각에 이르러 약간의 반전을 보인다. 2층 이상은 탑신이 얕아지고 각부의 조성 수법이 약화(略化)되었으며 옥개석은 폭이 줄어들었을 뿐 1층과 같은 수법을 보이고 있다. 이 석탑은 각부가 작은 석재로서 따로 구성되었고 목조건물 양식을 모방한 형식인데 백제 무왕(600~640)시대 건립된 것으로 본다. 지금 남아있는 부분의 높이는 14.24m이다.

익산 왕궁리 오층석탑 (益山 王宮里 五層石塔)
Five-story Stone Pagoda in Wanggung-ri, Iksan
(National Treasure No. 289)

지 정 일 (Designated date)   1997.01.01
소 재 지 (Location)   전북 익산시 왕궁면 왕궁리 산80-1번지
시   대 (Era)   고려시대

　마한시대의 도읍지로 알려진 익산 왕궁면에서 남쪽으로 2㎞쯤 떨어진 언덕에 자리하고 있는 석탑이다. 1단의 기단(基壇) 위로 5층의 탑신(塔身)을 올린 모습으로, 기단부가 파묻혀 있던 것을 1965년 해체하여 수리하면서 원래의 모습이 드러났다. 탑의 기단은 네 모서리에 8각으로 깎은 주춧돌을 기둥 삼아 놓고, 기둥과 기둥 사이에는 길고 큰 네모난 돌을 지그재그로 맞물리게 여러 층 쌓아 올려놓아 목조탑의 형식을 석탑에서 그대로 재현하고 있다. 이 팔각기둥과 네모난 돌들 사이는 흙을 다져서 메웠는데 이 속에서 백제시대의 기와 조각이 발견되기도 하였다. 발굴 중에 기단 각 면의 가운데에 2개씩 기둥 조각을 새긴 것이 드러났으며, 탑의 1층 지붕돌 가운데와 탑의 중심 기둥을 받치는 주춧돌에서 사리장치가 발견되었다. 1층부터 5층까지 탑신부 몸돌의 네 모서리마다 기둥 모양을 새겼으며, 1층 몸돌에는 다시 면의 가운데에 2개씩 기둥 모양을 조각했다. 지붕돌은 얇고 밑은 반듯하나, 네 귀퉁이에서 가볍게 위로 치켜올려져 있으며, 방울을 달았던 구멍이 뚫려 있다. 각 층 지붕돌의 윗면에는 몸돌을 받치기 위해 다른 돌을 끼워놓았다. 5층 지붕돌 위에는 탑 머리장식이 남아있다.

Five-story Stone Pagoda in Wanggung-ri, Iksan
(National Treasure No. 289)

Built in the style of the stone pagoda of Mireuksa Temple of Baekje, this nine-meter pagoda has a one-story stylobate, a thin and wide roof stone, and three-story support stones. During its disassembly and restoration in 1965 and 1966, many artifacts were discovered. Inside the roof stone and stylobate were found Buddhist reliquaries including 19 printing blocks of the Diamond Sutra, a gilt-bronze sarira case, and a sarira bottle. A building foundation 16.8 meters in width and 12,7 meters in length that may have been for an earlier wooden pagoda was discovered below this pagoda. Roof tiles with inscriptions of Chinese characters from the Unified Silla were found around this pagoda. These facts have spawned a number of theories
on when this pagoda was built. Estimates range from the Baekje, Unified Silla, to early Goryeo periods.

　미륵사지 석탑을 본떠서 만든 백제계 석탑이다. 높이가 9m인 이 석탑은 단층 기단, 얇고 넓은 옥개석, 3단 옥개 받침 등이 특징적이다. 1965~1966에 해체, 복원되었는데, 이 과정에서 여러 유물이 발견되었다. 제1층 옥개석 중앙과 기단에서는 금강경판 19장, 금동제 사리함, 사리병 같은 사리장엄구(국보 제123호)가, 석탑 밑에서는 가로 16.8m, 세로 12.7m인 건물 기초가 발견되었다. 이 건물 기초를 보면 이 석탑은 본디 목탑이었을 가능성도 있다. 석탑 주변에서는 왕궁사(王宮寺), 관궁사(官宮寺), 대관관사(大官官寺), 대관궁사(大官宮寺)라는 글자가 적힌 통일신라시대 명문 기와가 여럿 출토되었다. 최근 국립부여문화재연구소의 발굴 과정에서 지금의 석탑에 앞서 목탑이 있었음을 확인할 수 있는 흔적이 이 탑 밑부분에서 발견되어 다시금 주목을 끌고 있다.

지붕돌이 얇고 넓어 빗물을 받는 낙수면이 평평한 점이나, 탑신부 1층의 지붕돌이 기단보다 넓은 점 등 백제 석탑의 양식을 일부 유지하고 있다. 그동안 언제 제작되었는가에 대해 의견이 분분한 상태였으나 1965년 보수작업 때 기단의 구성 양식과 기단 안에서 찾아낸 사리장치의 양식이 밝혀지면서 그 시기가 비교적 뚜렷이 밝혀졌다. 즉, 백제의 옛 영토 안에서 고려시대까지 유행하던 백제계 석탑 양식에 신라탑의 형식이 일부 어우러진 고려 전기의 작품으로 추측된다.

오층석탑의 상륜탑신부

오층석탑의 탑신부

오층석탑의 기단부

기단부의 탱주가 2개 있는 방형 석탑인데 석단을 이루어 보호책으로 마련하였다. 옥신과 옥개석은 모두 여러 개의 석재로 구성되었는데 옥신부는 사우주(四隅柱)와 탱주가 각출된 중간석 등 모두 8개로 되었고, 2층은 4면 1석으로 4개, 3층 이상은 2개의 석재로 조립하였다. 옥개석은 넓은데 개석과 받침이 각각 다른 돌이며 받침은 3단씩이다. 개석은 1층부터 3층까지 8석으로 되었고 4층과 5층은 4석으로 구성되었다. 추녀는 평평하고 전각의 반전도 경미하며 낙수면도 완만하다. 상륜부에는 노반(露盤), 복발(覆鉢), 앙화(仰花) 그리고 파괴된 보륜이 있다. 전체 높이는 약 8.5m이다.

보물

익산 연동리 석조여래좌상 (益山 蓮洞里 石造如來坐像)
Stone Seated Buddha in Yeondong-ri, Iksan (Treasure No. 45)

지 정 일 (Designated date)   1963.01.21
소 재 지 (Location)   전북 익산시 삼기면 진북로 273 (연동리)
시   대 (Era)   백제시대

　이 불상은 머리만 없어졌을 뿐 불신(佛身), 대좌(臺座), 광배(光背)까지 고스란히 남아 있
는 백제의 작품이다. 지금의 머리는 새로 만든 것이며, 불상의 현 신체 높이는 156㎝이다. 당
당한 어깨, 균형 잡힌 몸매, 넓은 하체 등에서 서툰 듯하면서도 탄력적이고 우아한 면을 보여
주고 있다. 양 어깨를 감싸고 있는 옷자락은 길게 내려져서 사각형의 대좌를 덮고 있는데, 앞
자락은 U자형, 좌우로는 Ω형의 주름이 대칭으로 2단씩 표현되어 있다. 왼손은 엄지와 가운
데 손가락을 구부려 가슴에 대고 오른손은 세 번째와 네 번째 손가락을 구부려 다리에 올려
놓은 특이한 손모양을 하고 있다. 광배의 중앙에는 둥근 머리광배가 볼록 나와있고 그 안에
16개의 연꽃무늬가 새겨져 있으며, 바깥에는 방사선으로 퍼진 특징이 있다. 몸광배도 볼록하
게 나와있고 바깥 부분에는 불꽃무늬를 배경으로 7구의 작은 부처가 새겨져 있다. 이 석조여
래입상은 대좌의 모습과 광배에 새겨진 무늬를 볼 때 장중하면서도 세련된 특징을 보여주는
600년경의 희귀한 백제시대 불상으로 그 의의가 높다.

Stone Seated Buddha in Yeondong−ri, Iksan
(Treasure No. 45)

This five−foot seated Buddha Statue dates to around 600, the late Baekje Kingdom (18 B.C. ~ 660). It has dignified shoulders and a well−proportioned body. The wide lower body has simple vitality. The thin robe covering both shoulders plainly shows the contours of the body. The carving of the folds of the robe is very refined while the carving of the fingers of the hands, the arms, and the square knees is less so. The body, pedestal, and nimbus are original the head is not. The nimbus is of impressive size. It and the pedestal are sculptured simply, but the folds of drapery of the robe covering the pedestal and the designs of lotus and flame carved into the nimbus are quite exquisite.

광배 중앙에는 둥근 머리광배(頭光)가 있고 그 안에 16개의 연꽃무늬가 있다. 그 바깥쪽에는 위로 치솟는 불꽃 무늬를 가득 메웠고, 머리광배 주위에 7구의 작은 부처(化佛)를 새겼다 두광과 신광(身光)을 갖추고, 불꽃무늬, 연꽃무늬, 화불로 장식 한 광배는 삼국시대 7세기 무렵의 금동 삼존불의 광배와 유사하다.

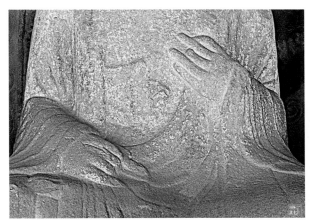

크고 분명한 손으로 당시 널리 쓰였던 시무외(施無畏), 여원인(與願印)을 하지 않고, 중지와 무명지를 구부린 특이한 수인(手印)을 하고 있다.

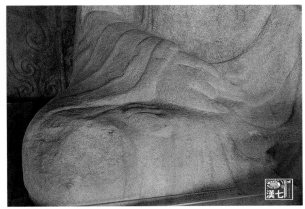

이 불상은 머리만 없어졌을 뿐 불상을 올려놓는 대좌, 머리나 등의 뒤에 빛을 둥글게 표현한 방배까지 고스란히 남아 있는 백제 석불 좌상이다. 불상의 높이가 156cm나 되고 당당한 어깨, 균형 잡힌 몸매, 넓은 하체 등에서 소박한 활력을 나타내고 있지만 손가락을 구부린 두 손과 팔, 각진 무릎 등에서 다소 어색한 분위기를 보여 주고 있다. 그러나 얇게 표현하여 신체의 굴곡을 느끼게 한 통견의 법의와 凸(철)형의 옷 주름 등은 세련된 기법으로 조각되었다. 거대한 광배나 큼직한 대좌가 장중하고 소박한 모양이지만 옷자락을 드리운 상현좌의 주름이나 연꽃, 불꽃같은 광배 무늬 등은 상당히 정교하다. 이 석불 좌상은 장중하면서도 세련된 특징을 보여주고 있는 600년경의 백제 석불상이다. (18 B.C~660)

보물

익산 고도리 석조여래입상 (益山 古都里 石造如來立像)
Stone Standing Buddhas in Godo-ri, Iksan (Treasure No. 46)

지 정 일 (Designated date)   1963.01.21
소 재 지 (Location)   전북 익산시 금마면 동고도리 400-2 , 1086번지
시   대 (Era)   고려시대

　약 200m의 거리를 사이에 두고 마주 서 있는 2구의 석상으로, 사다리꼴 모양의 돌기둥에 얼굴, 손, 대좌 등이 표현되어 있다. 이 불상에 얽힌 전설에 의하면 음력 12월에 두 불상이 만나 1년 동안의 회포를 풀고 새벽닭 우는 소리를 듣고 제자리로 돌아가는 남녀상이라고 한다. 머리에는 4각형의 높은 관(冠) 위에 다시 4 각형의 갓을 쓰고 있다. 4 각형의 얼굴에는 가는 눈, 짧은 코, 작은 입이 간신히 표현되어 있는데, 토속적인 수호신의 표정이다. 목은 무척 짧게 표현되어서 어깨와 얼굴이 거의 붙어 있는 셈이다. 몸은 사다리꼴의 돌기둥으로 굴곡이 없으며, 팔은 표현되지 않고 손이 간신히 배에 나타내었다. 도포자락 같은 옷은 특별한 무늬 없이 몇 줄의 선으로 표현하였다. 대좌(臺座)와 불상을 같은 돌에 새겼는데, 앞면 을 약간 깎아 대좌 같은 모양을 만들고 있다. 사다리꼴의 돌기둥 같은 신체나 비사실적인 조각 수법이 마치 분묘(墳墓)의 석인상(石人像)과 비슷하다. 고려시대에 이르면 신체표현이 지극히 절제된 거대한 석상이 많이 만들어지는데 이 불상 역시 그러한 작품 중의 하나로 보인다.

Stone Standing Buddhas in Godo-ri, Iksan
(Treasure No. 46)

These two stone standing buddhas face one another about 200 m apart. Each statue, including its pedestal, was carved from a single piece of stone. The huge size of the buddhas and their roughly expressed bodies are typical characteristics of stone Buddhist statues made during the Goryeo period (918-1392). According to a local legend, these two stone buddhas meet at midnight once a year in the twelfth lunar month They spend the night catching up with one another until a rooster crows at dawn, when they separate and return to their usual spots.

동쪽불상

서쪽불상

　익산 고도리 석조여래입상은 돌로 만든 불상으로 두 개의 불상이 약 200m의 거리를 사이에 두고 마주 보며 서 있고, 높이는 각각 4.24m에 이른다. 두 불상이 평소에는 떨어져 지내다가 매년 음력 12월이 되면 만나서 회포를 풀고 새벽에 닭 우는 소리가 들리면 제자리로 돌아갔다는 전설이 전해 진다. 이 두 개의 불상은 머리부터 받침돌까지 돌기둥 한 개를 사용하여 만들었는데, 머리 위에 높고 네모난 갓 모양의 관을 쓰고 있다. 고려 시대에 돌로 만든 불상은 신체를 단순하게 표현하고 큰 돌을 사용하였는데, 익산 고도리 석조 여래입상 역시 그러한 작품 가운데 하나이다. 고도리 석불 입상을 다른 말로는 "인석(人石)이라 부른다.　이 석상은 넘어져 방치되어 있던 것을 철종 9년(1858)에 익산군수로 부임한 황종석(黃鐘奭)이 다시 세우고 "군남 석불중건기(君南 石佛重建記)"의 비문을 남겼다. 그가 이 비문에서 "이 석불은 불상과 같다"라고 하였기 때문에 불상으로 알려지게 되었다.

차분하고 웃음기 머금은 인상적인 상호임을 느낄 수가있다. 극히 단순하고 형식적인 형태의 귀가 길게 묘사되어 있다. 팔은 따로 표현하지 않고 배에 붙인 두 손만 음각선으로 표현되어 있다.

대좌를 밟고 선 발도 형식적인 묘사에 지나지 않는다. 대좌는 신체보다 약간 커서 앞으로 튀어나와 있으나, 역시 무늬가 없다.

하나의 돌기둥에 불상의 머리부터 받침돌까지 조각한 것으로, 머리 위에는 높은 관과 네모난 갓을 쓰고 있다. 가늘게 뜬 눈, 작은 코, 가느다란 입술 등 토속적인 모습이 인상적이다. 고려 시대에는 신체의 표현이 단순하고 거대한 석상이 많이 조각되었는데, 이 불상 역시 그러한 작품 가운데 하나이다. 금마면 남녘 너른 들판에 동서로 마주 보고 있는 두 불상은, 마치 이곳의 수호신 같은 느낌을 준다. 고도리 석불 입상을 다른 말로는 "인석(人石)이라 부른다. 이 석상은 넘어져 방치되어 있던 것을 철종 9년(1858)에 익산군수로 부임한 황종석(黃鐘奭)이 다시 세우고 "군남 석불중건기 (君南 石佛重建記)"의 비문을 남겼다. 그가 이 비문에서 "이 석불은 불상과 같다"고 하였기 때문에 불상으로 알려지게 되었다.

익산 미륵사지 당간지주 (益山 彌勒寺址 幢竿支柱)
Flagpole Supports at Mireuksa Temple Site, Iksan
(Treasure No. 236)

지 정 일 (Designated date)   1963.01.21
소 재 지 (Location)   전북 익산시 금마면 기양리 93-1, 79, 80-2
시   대 (Era)   통일신라시대

　당간지주는 사찰 입구에 세워두는 것으로, 절에서는 행사나 의식이 있을 때 당이라는 깃발을 달아 두는데, 깃발을 걸어두는 길쭉한 장대를 당간이라 하며, 당간을 양쪽에서 지탱해 주는 두 돌기둥을 당간지주라 한다. 미륵사터의 남쪽에는 2기의 지주가 약 90여 미터의 간격을 두고 서 있는데, 크기와 양식, 조성 수법이 같아 같은 시기에 세워진 것으로 본다. 지주를 받치는 기단부(基壇部)는 완전히 파괴되어 대부분이 땅속에 묻혀있는 상태이며, 약간만이 드러나서 그 원모습을 짐작하게 한다. 지주는 원래 모습 그대로 보존되어 있는데, 마주 보는 면에는 특별한 장식이 없다. 바깥쪽 면에는 가장자리를 따라 띠를 돌린 후, 그 중앙에 한 줄의 띠를 새겨두었다. 당간을 흔들리지 않게 고정시키기 위해 지주의 안쪽 면에 3개의 구멍을 각각 뚫어놓았는데, 맨 위의 것만 직사각형 모양이고 나머지는 둥글다. 대체적으로 장식이 적으며, 단정한 형태를 보이는 이 두 지주는 통일신라 중기 이후에 만들어진 것으로 짐작된다. 이곳의 당간지주와 거의 같은 모양의 예로는 영주 숙수사지 당간지주(보물 제59호)와 영주 부석사 당간지주(보물 제255호) 등이 있다.

Flagpole Supports at Mireuksa Temple Site, Iksan
(Treasure No. 236)

Flagpoles are set up at the entrance of a temple to hoist a flag when events or ceremonies are held. The long poles to hoist flags are called flagpoles and on pair of stone pillars which support the flagpoles from the both sides are called flagpole supports. flagpole supports were used to mark a sacred territory and are reported to have originated from "Sotdae" (a tall wooden pole or stone pillar with a carved bird on its top) of the Samhan (Three Han States) period, In the Unified Silla period, 2 sets of flagpole supports were erected, which were surrounded by the South Corridor, when the Mireuksa Temple Site was expanded towards the south. Currently, only the 2 sets of flagpole supports have remained, spaced 90 meters apart from each other. They are identical in the size (4.5 meters high), the style and the production method.

남쪽 당간지주

북쪽 당간지주

　당간은 절에서 행사나 의식이 있을 때 깃발을 달아두는 장대로 주로 사찰 입구에 세워둔다. 당간을 양쪽에서 지탱해 주는 두 돌기둥을 지주라 한다. 당간지주는 신성한 영역을 표시하는 구실을 하였기 때문에 삼한시대 "솟대(蘇塗)"에서 비롯된 것이라고 한다. 통일신라시대 미륵사지가 남쪽으로 확장될 때 남화랑 안에 당간지주 2기를 세웠다. 지금은 지주만 약 90m의 간격을 두고 남아 있는데 그 크기와 양식, 제작 기법이 같다. 높이 4.5m의 지주 바깥 면에는 가장자리와 중앙에 띠가 있고, 안쪽에는 당간을 고정하기 위한 구멍이 뚫려 있다. 지주를 지탱하는 기단에는 문양이 새겨져 있다. 미륵사지의 당간은 서탑을 해체할 때 출토된 석재의 형태로 보아 돌로 만든 것임을 알 수 있다.

사지 남쪽 약 90m 거리에 2기가 있는데 그 크기나 형식이 똑같다. 기단은 장방형으로 여러 개의 석재를 이용하여 면석을 이루었는데 측면 하부에는 일단의 받침을 각출하였고 사방에 면상을 조각하였다. 상면에는 아무런 장식이 없고 맨 윗부분에 각형과 원호, 각형의 삼단 받침을 각출하여 양지주를 받고 있는데 당간을 받고 있던 대석은 없어졌다. 각 지주는 50cm 간격으로 떨어져 있는데 아무 장식이 없으나 양 외측면은 주록을 따라 외록선을 돌리고 중앙에는 한 가닥의 선대를 조각해 놓았다. 전후면에도 양단을 따라 선대를 각출하여 장식하였는데 중앙에는 선대가 없고 주두는 내측면의 맨 위에서 외면으로 호선을 그리며 경사졌는데 중간쯤에서 1단의 굴곡을 이루었다. 간주를 고정시키는 간은 세 곳에 마련하였는바 내면 맨 윗부분의 중간지점에 장방형의 간구가 있고 그 하면으로 내려오면서 1/3의 간격을 두고 방형의 간공이 두 곳에 파졌다. 양 지주는 위와 아래가 그 크기에 있어서 큰 차이가 없으며 전체적으로 장식이 없는 작품이고 높이는 3.95m이다.

남쪽
당간지주 기단부

북쪽
당간지주 기단부

연안이씨 종중 문적 (延安李氏 宗中 文籍)
Documents of the Yeonan Yi Clan (Treasure No. 651)

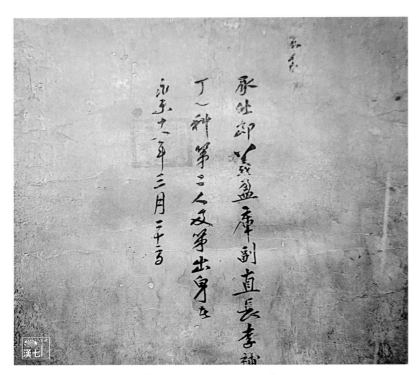

이보정 홍패 (왕지) 1420년(세종2)

이숭원 백패 (교지)
1450년(문종 즉위년)

지 정 일 (Designated date)   1979.02.08
소 재 지 (Location)   전라북도 익산시 미륵산1길 8 (연안이씨종중문적박물관)
시   대 (Era)   조선시대

　연안이 씨 종중 문적(延安李氏 宗中 文籍)은 연안 이씨 문중에서 소장하고 있는 유물들로, 보물로 지정된 것은 조선 세종 때부터 숙종 때까지 여러 유물이 있다. 이숭원은 조선 전기의 문신으로, 단종 원년(1452)에 문과에 급제하여 벼슬이 형조판서, 병조판서에 이르렀으며, 성종 2년(1471)에 명량좌리공신으로 연원군에 봉해졌다. 1485년에는 우참찬이 되어 명나라에 다녀오기도 했다. 1648년 도동사에 모셔졌고, 시호는 '충간'이다. 지정된 유물은 이숭원 (1428~1491)의 조부에서 손자까지 내린 교지 18매, 공신록권 1건, 공신 회맹문 6책이다. 이것은 이숭원 가계의 연혁과 내력을 파악할 수 있는 좋은 자료일 뿐만 아니라 조선 전기의 서지학을 연구하는 데에도 귀중한 자료로 생각된다.

Documents of the Yeonan Yi Clan
(Treasure No. 651)

These documents have been kept in the Yeonan Yi clan. They include Gongsinnokhungyoseo, Gongsinhoemaengmun and Gyoji. The Gongsinnokhungyoseo, a document for meritorious retainers, was granted by the king Seongjong to Yi Sung—Won (1428—1492) in 1472 for his distinguished service in helping King Seongjong to become a king. He was designated as the third class Jawrigongsin. In it, the reason for choosing Yi Sung—won, its benefits and the names of other meritorious retainers are written. Gongsinhoemangmun was written at the meeting king and meritorious retainers pledged their loyalty and the names of the participants and official ranks are listed. In the book collecting the Hoemaengmun of many loyal subjects from King Seongjong (reigned 1469—1494) well into the King Sukjong (1674—1720), the signatures of famous subjects including jeong In—ji and Sin Suk—Ju are included. The Gyoji, a writ of appointment, was granted to Yi Sung—won's clan

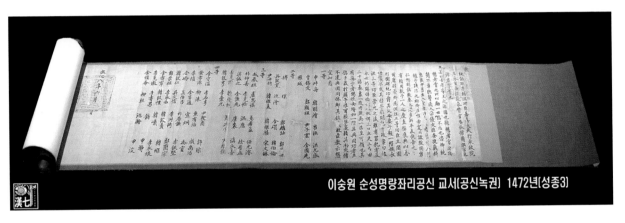

이숭원 순성명량좌리공신 교서(공신녹권) 1472년(성종3)

이 문적은 익산시에 거주하는 연안 이씨 집안에서 간직해 온 것으로, 공신녹훈교서(功臣錄勳敎書) 공신회맹문(功臣會盟文) 교지(敎旨) 등이 있다. 공신 녹훈 교서는 조선 성종 3년(1472) 성종의 즉위에 공을 세운 이숭원(李崇元, 1428—1491)을 좌리공신(佐理功臣) 3등으로 정하면서 내려준 문서로, 공신으로 지정한 사유와 그에 따른 혜택 및 다른 공신의 이름이 적혀있다. 공신회문맹은 국왕과 공신들이 모여 충성을 맹세하는 자리에서 쓴 글로, 국왕을 비롯한 참석자들의 벼슬과 이름을 나열하고 있다. 성종 때부터 숙종까지의 각종 공신의 회맹문을 인쇄하여 책으로 묶어 놓는데, 이 가운데는 정인지, 신숙주 등 이름난 신하의 서명이 실린 것도 있다. 교지는 이숭원 일가에게 나라에서 내린 문서이다.

연안이씨(延安李氏) 종중문적(宗中文籍)은 조선 성종(成宗) 때에 충간공(忠簡公) 이숭원(李崇元)(1428~1491)에게 내려진 좌리 공신록권(佐理功臣錄券)과 공신회맹문(功臣會盟文) 6책(六冊), 그리고 세종(世宗) 2년(1420)에서 명종(明宗) 원년(元年 1546)에 이르는 교지(敎旨) 18매이다. 공신회맹문에는 국왕을 비롯하여 당시 회맹에 참여한 사람들의 벼슬과 이름이 기록되어 있으며, 그중 8공신 회맹문(八功臣 會盟文)은 수결(手決)이 있다. 교지는 충간공을 비롯하여 조부(祖父) 이백겸(李佰謙), 부(父) 이보정(李補丁), 그리고 손자(孫子) 이계륜(李繼倫) 등 일가문서이다. 충간공은 세종 10년(1428)에 출생하여 단종(端宗) 원년(1452) 문과에 급제, 벼슬은 형조(刑曹), 병조판서(兵曹判書)에 이르렀으며 성종(成宗) 2년(1471) 순성명량좌리공신 (純誠明亮佐 理功臣)으로 연원군(延原君)에 봉해졌다. 그는 성품이 온후하고 청렴 검소하여 중종(中宗 1506~1544, 재위) 때 청백리(淸白吏)로 녹천(錄薦)되었으며, 시호(諡號)는 충간(忠簡)이다.

익산 숭림사 보광전 (益山 崇林寺 普光殿)
Bogwangjeon Hall of Sungnimsa Temple, Iksan
(Treasure No. 825)

지 정 일 (Designated date)   1985.01.08
소 재 지 (Location)   전북 익산시 웅포면 백제로 495-57, 숭림사 (송천리)
시   대 (Era)   고려 충목왕 1년(1345)

　숭림사는 고려 충목왕 1년(1345)에 세워졌다. 절 이름은 중국의 달마대사가 쑹산 소림사에서 9년간 앉아 도를 닦았다는 옛이야기를 기리는 뜻에서 지었다고 한다. 숭림사 보광전은 17세기 이전에 지은 건물로 추정하고 있다. 규모는 앞면 3칸·옆면 3칸이며 지붕은 옆면에서 볼 때 사람 인(人)자 모양을 한 맞배지붕이다. 지붕 처마를 받치기 위해 장식하여 짜은 구조가 기둥 위와 기둥 사이에도 있는 다포 양식인데, 건물 옆면에는 공포를 배치하지 않았다. 건물 안쪽은 보 끝에 용머리를 조각해 놓았고, 기둥 윗부분에 설치된 건축 부재들은 각각 연꽃, 용의 몸, 용 앞발이 여의주를 쥐고 있는 모양으로 장식하고 있다. 법식과 기법이 특징인 조선 후기 건축물로 건축 연구에 도움이 될 수 있는 자료로 주목받는 문화재이다.

Bogwangjeon Hall of Sungnimsa Temple, Iksan
(Treasure No. 825)

Bogwangjeon is the main Buddhist worship hall of Sungnimsa Temple. The hall enshrines a wooden seated triad (Jeollabuk-do Tangible Cultural Heritage No. 188) consisting of Sakyamuni Buddha as the principal buddha in the center, with Avalokitesvara (Bodhisattva of great Compassion) and Amitabha (Buddha of Western Paradise) to each side. Sungnimsa Temple is presumed to have been founded in 1345. The temple is said to have been named by combining the first character of the Chinese mountain Songshan (嵩山, Kr. Sungsan) and the second character of the famous Shaolin Monastery (小林寺, Kr. Sorimsa), located on said mountain. It is unclear when Bogwangjeon was first built. However, in 1554, it burnt down during a fire and was reconstructed the next year. It was again destroyed during the Japanese invasions of 1592-1598 and rebuilt shortly thereafter. It underwent renovations in 1819, and in 2001, it was dismantled for repairs.

Right below the tile roof, there are intricate support brackets, each of which is decorated with elaborate multicolored patterns and sculptures. The interior of the building is also decorated to depict the Buddhist Western Paradise, with exquisitely carved dragons, mythical kalavinka birds, and wooden canopies.

숭림사는 고려 충목왕 원년(1345) 선종(禪宗) 사찰로 창건되었다고 전할 뿐 그 뒤의 변천은 확실하지 않다. 보광전 중수기(重修記)에 따르면 조선 순조 19년(1819)에 중수되었다고 하며 다포계 양식(多包系樣式)으로 건립된 맞배집이다. 건물 안에는 목조석가여래좌상(木造釋迦 如來坐像)을 안치 하였 는데 복장기문(腹藏記文)에 따르면 조선 광해군 5년(1613)_ 에 조성되었다고 기록되어 있다. 불상 위에는 용과 구름이 조각된 섬세한 닫집(보개 : 寶蓋)이 설치되어 있다. 송림사는 중국 허난성 (河南省) 쑹산(崇山) 샤오린스(小林寺)에서 따마 대사(達磨大師)가 9년 만에 득도하여 최초의 선종 사찰(禪宗寺刹)이 되었으므로 쑹산의 "숭(崇)" 자와 소림사의 "림(林)" 자를 따서 지은 것이라 한다.

절 이름은 달마대사가 수행했던 쑹산(嵩山) 소림사(小林寺)에서 한 글자씩 따서 지은 것이라 한다. 보광전은 숭림사의 주 법당으로서 목조석가여래좌상을 중심으로 좌우에 관음보살과 아미타불을 함께 모시고 있다. 201년 보광전을 해체하고 수리하는 과정에서 1554년 화재가 나 이듬해 법당을 다시 지었다는 기록을 발견하였다. 1822년에 작성된 (숭림사 법당중수기)에서는 임진왜란 때 큰 피해를 입어 다시 짓고, 순조 19년(1819)에 중창하였다고 한다. 이 건물은 공포의 모습이 독특하고 화려하다. 건물 내부에도 용, 극락조, 닫집 등을 섬세하게 조각하여 부처가 계시는 극락세계를 아름답게 표현하였다. 작은 규모의 불전이지만 뛰어난 건축 기법과 조선 후기 사찰 불전의 장식적인 경향을 보여 주고 있어 학술적 가치가 높다.

천정에는 살아서 꿈틀 거리고 있는 용과 구름이 섬세하게 조각된 닫집이 있다. 건물 안쪽은 보 끝에 용머리를 조각해 놓았고, 기둥 윗부분에 설치된 건축 부재들은 각각 연꽃, 용의 몸, 용 앞발이 여의주 를 쥐고 있는 모양으로 장식하고 있다.

보물

익산 미륵사지 금동향로 (益山 彌勒寺止 金銅香爐)
Gilt-bronze Incense Burner from Mireuksa Temple Site, Iksan
(Treasure No. 1753)

지 정 일 (Designated date)   2012.02.22
소 재 지 (Location)   전라북도 익산시 미륵사지로 362 (미륵사지박물관)
시   대 (Era)   통일신라(8세기 중엽~8세기 말 경)

　미륵사지 금동향로의 조형에 대해서는 국내의 자료가 전무하여 중국과 일본 수각형 향로를 중심으로 살펴볼 수밖에 없다. 우선 중국 수각형 향로 가운데 미륵사지 향로와 비교되는 당대(唐代)의 작품이 여러 점 확인된다. 그중에서도 6개의 다리와 6수면(獸面)을 지닌 741년의 경산 사지 (慶山 寺址) 출토의 향로가 미륵사지 향로의 조형과 유사한 점을 발견할 수 있다. 미륵사지 향로는 당대에 만들어진 중국 수각형 향로의 조형을 바탕으로 하면서도 고식의 연판 모습과 감은사지 사리감과 유사한 수면(獸面)과 고리에서 볼 수 있듯이 통일신라 초에 이루어진 여러 요소를 복합적으로 반영하여 한국적으로 수용한 작품으로 보인다. 백제 금동 향로와 동일한 금·구리 아말감 도금법을 사용한 점 역시 이 향로의 제작시기를 올려보는 근 거가 된다. 따라서 앞으로 보다 많은 자료와 세밀한 비교 검토가 이루어져야 하겠지만, 이 향로의 제작시기에 관해서는 불교미술과 함께 금속공예에 있어 완숙한 단계에 이르렀던 8세기 전반에서 중엽을 넘어서지 않는 시기에 만들어졌을 가능성이 높다. 미륵사지 발굴조사를 토대로 다른 동반 유물과의 비교를 통해 이 향로가 858년 이전에 매납(埋納)되었다는 견해는 이러한 편년을 적극적으로 뒷받침해 준다. 이 작품은 출토 경위가 확실하며 완벽한 보존 상태를 지닌 작품인 동시에 우리나라에서 첫 예가 되는 통일신라의 금동 수각형 향로라는 점에서 큰 의의가 있다.

Gilt-bronze Incense Burner from Mireuksa Temple Site, Iksan
(Treasure No. 1753)

There is no domestic data on the shape of Geumdonghyang-ro at Mireuksa Temple Site, so we have no choice but to focus on Chinese and Japanese Sugakhyang-ro. First of all, several works of the Tang Dynasty compared to the incense burner of Mireuksaji Temple Site among the Chinese water-shaped incense burner are confirmed. Among them, it can be found that the incense burner of Gyeongsan Temple Site in 741 with six bridges and six water surfaces is similar to the shape of Mireuksa Temple Site incense burner.Mireuksa Temple Site Incense Burner is based on the sculpture of a Chinese water-shaped incense burner made at the time, but seems to have been accepted in Korea by reflecting various elements made in the early Unified Silla Period, as seen in the ancient soft plates and rings. The use of the same gold-copper amalgam plating method as the Baekje Geumdonghyangro is also the basis for raising the production period of this incense burner. Therefore, more data and detailed comparative reviews should be made in the future, but it is highly likely that the incense burner was made in the first half of the 8th century to not exceed the middle of the 8th century, when it reached a mature stage in metal crafts along with Buddhist art. Based on the excavation of Mireuksa Temple Site, the view that this incense burner was buried before 858 through comparison with other accompanying relics actively supports this anniversary.This work is of great significance in that it is clearly excavated and has a perfect preservation condition, and at the same time is the first example of the Geumdong Sucagonal Incense Burner of Unified Silla in Korea.

미륵사지 출토 금동향료는 화사향로(火舍香爐)의 범주에 속하고, 수각형(獸脚形) 다리가 달린 다족 향로(多足香爐)이다. 다족 향로의 기원은 한대 (漢代)로 추정되는데, 이 금동향로는 당대(唐代) 유행했던 것이 일반적으로 다리 다섯 개가 달린 것에 비해 이것은 4개이며 장식 문양 등에서 차이를 보인다.

익산 관음사 목조보살입상 (益山 觀音寺 木造菩薩立像)
Wooden Standing Bodhisattva of Gwaneumsa Temple, Iksan
(Treaaure No. 1842)

지 정 일 (Designated date)　　　2014.12.31
소 재 지 (Location)　　　전라북도 익산시 평동로9길 72 (갈산동, 관음사)
시 　　대 (Era)　　　조성연대: 1605년

　　익산 관음사 목조보살입상은 보살상의 복장에서 발견된 발원문에서 임진왜란과 정유재란을 겪은 이후 황폐해진 사찰을 재건해 가는 일련의 과정을 상세히 전하고 있어 양대전란(兩大戰亂) 이후 활발하게 이루어진 불교 재건사업과 관련된 생생한 자료를 제공한다. 이 불상을 조성한 원오는 1599년에 상원사 목조 문수동자상(국보 제221호)을 개금한 수조각승으로, 16세기 후반에서 17세기 전반까지의 불교 조각계를 연결시켜 주는 중요한 인물이다. 이 불상의 보조 조각승 청허는 원오의 작품 경향을 계승하여 17세기 중반까지 활발하게 활동한 조각승이다. 따라서 이 불상은 원오유파(元悟流派)의 조각의 형성과 흐름을 이해하는 데 매우 중요한 위치에 있는 불상이다. 양식적으로도 이 불상은 부드럽고 사실적인 조각기법을 바탕으로 한 안정된 조형감을 보여 주는데, 이는 16세기 후반의 조각 경향을 계승한 17세기 초반 작품의 특징이다. 이 상은 17세기 조각의 첫 장을 장식하는 작품이자 이후 전개될 조선 후기 조각의 조형이 된다는 점에서 큰 의의가 있다.

Wooden Standing Bodhisattva of Gwaneumsa Temple, Iksan
(Treaaure No. 1842)

The Standing Wooden Bodhisattva of Gwaneumsa Temple in Iksan details the series of processes of rebuilding temples that have been devastated since the Imjin War and Jeongyu War, providing vivid data related to the Buddhist reconstruction project that took place since the Great War. Won-oh, who created this Buddha statue, is an important figure connecting the Buddhist sculpture world from the late 16th to the first half of the 17th century, as he opened the Wooden Munsu Dongjasang (National Treasure No. 221) of Sangwonsa Temple in 1599. Cheongheo, the assistant sculpture of this Buddha statue, inherited the trend of Wono's work and was active until the mid-17th century. Therefore, this Buddha statue is a Buddha statue in a very important position in understanding the formation and flow of sculptures of Wonoyupa. Stylistically, this Buddha statue shows a stable sense of sculpture based on soft and realistic sculpting techniques, which is a characteristic of works in the early 17th century that inherited the sculpting trend of the late 16th century. This statue is of great significance in that it is a work that decorates the first chapter of 17th-century sculpture and a sculpture of the late Joseon Dynasty that will unfold later.

　익산 관음사 목조보살입상은 석가여래 삼불좌상을 협시(脇侍)하는 4구의 보살상 가운데 하나로, 조선 후기 불전의 봉안 형식을 이해하는 데 도움을 준다. 원래는 북암에 모셔져 있었다고 하는데, 삼존상과 네 보살상(문수, 보현, 관음, 지장) 등 7존의 하나로 조성되었다고 한다. 이 목조보살입상의 크기는 총고 152.5cm, 견폭 33.7cm이다. 보살상의 복장에서 발견된 발원문에서 임진왜란과 정유재란을 겪은 이후 황폐해진 사찰을 재건해 가는 일련의 과정을 상세히 전하고 있어 양대전란(兩大戰亂) 이후 활발하게 이루어진 불교 재건사업과 관련된 생생한 자료를 제공한다. 이 불상을 조성한 원오승은 1599년에 상원사 목조 문수동자상(국보 제221호)을 개금 한 수조각승으로, 16세기 후반에서 17세기 전반까지의 불교 조각계를 연결시켜 주는 중요한 인물이다. 2008년 10월 17일 보살상 이운과정에서 보살상의 밑부분을 열었을 때 그 안에서 불상 조성기를 비롯하여 후령통(喉鈴筒)을 비롯한 유물과 『법화경』 등 경전이 발견되어 1605년작 임이 밝혀졌다.

익산 심곡사 칠층석탑 출토 금동불감 및 금동아미타여래칠존좌상
(益山 深谷寺 七層石塔 出土 金銅佛龕 및 金銅阿彌陀如來七尊坐像)
Gilt-bronze Portable Shrine and Seven Gilt-bronze Seated Amitabha
Buddhas from the Seven-story Stone Pagoda of Simgoksa Temple, Iksan
(Treaaure No. 1890)

문화재청 자료

지 정 일 (Designated date)   2016.02.22
소 재 지 (Location)   전라북도 익산시 장암길 113 (낭산면, 심곡사)
시   대 (Era)   여말선초

　익산 심곡사 칠층석탑 출토 금동불감 및 금동 아미타 여래 칠존 좌상은 2012년
6월 석탑의 해체 수리 시, 지대석 윗면에 마련된 사각형의 홈(25.0×24.0cm, 깊이 18.0cm)
에서 발견되었다. 불감은 밑판, 좌우측 면판, 뒤판, 뚜껑 등이 각각 1판으로 제작되었고 문비
만 2판으로 제작되었다. 뚜껑은 지붕의 네 면의 모를 죽인 녹정형(녹頂形)으로 정상에는 2
개의 고리가 달려 있다. 감실의 내면 중앙 벽면에는 타출 기법으로 아미타 여래설법도를 나
타내었고, 문비에는 역동적인 금강역사를 배치하였다. 이는 이 시기에 크게 유행했던 元,明
代 라마불교의 영향을 받아 제작된 여말선초기 소형 금동불상들과 양식적으로 상통하는 요
소이다. 7구의 불상은 2개의 양식 군으로 분류되는데, 라마 불상 양식을 강하게 반영한 아미
타여래 삼존상과 이들 양식을 수용하여 어느 정도 우리식으로 변모시킨 4구의 불·보살상으
로 구분된다. 따라서 이들 불상을 통해 여말선초기 원, 명대 외래 양식의 전래와 수용 과정을
살필 수 있어 더할 나위 없이 중요하며, 또한 분명한 출토지에 7구의 불상이 모두 한 불감 내
온전한 형태로 발견되었다는 점에서 지정가치가 크다.

보물

Gilt-bronze Portable Shrine and Seven Gilt-bronze Seated Amitabha Buddhas from the Seven-story Stone Pagoda of Simgoksa Temple, Iksan (Treaaure No. 1890)

The Seated Gilt-bronze Buddha and Gilt-bronze Amitabha Buddha Triad excavated from the Seven-story Stone Pagoda of Simgoksa Temple in Iksan was found in a square groove (25.0×24.0 cm, 18.0 cm deep) on the top of the foundation stone when the stone pagoda was dismantled and repaired in June 2012. The bottom plate, left and right side plates, rear plate, and lid of the Buddhist temple were made in one plate, respectively, and only two plates of Munbi were made. The lid is a green shape that kills the four sides of the roof, and has two rings at the top. On the central wall of the inner side of Gamsil, Amitabha Buddha's New Year's Map was expressed using extrusion techniques, and a dynamic Geumgang history was placed on the gate monument. As for the seven Buddha statues, Amitabha Buddha, Gwaneum, and Daesaeji Bodhisattva were found in front of the Buddha, and two Buddhas, Gwaneum Bodhisattva, and Jijang Bodhisattva were found in the back. These Buddha statues generally show a high Yukgye、big annual salary relay, a slender waist and sensuous body expression and sensuous details, a lotus pedestal where ang(仰) and Bokryeon(覆蓮) meet in a triangular shape, disk-shaped earrings, and a thick U-shaped necklace. This is an element that is stylistically in line with the small gilt-bronze Buddha statues of the early Yeomal Line, which were produced under the influence of the Won and Myeongdae Lama Buddhism, which was very popular during this period. The seven Buddha statues are classified into two aquaculture groups, the Amitabha Buddha Triad, which strongly reflects the Lama Buddha style, and the four Buddha and Bodhisattva statues that have been transformed into Korean style to some extent. Therefore, it is of utmost importance to be able to examine the tradition and acceptance process of the original and Myeongdae foreign styles at the beginning of the Yeomalseon Dynasty through these Buddha statues, and it is of great designation in that all seven Buddha statues were found in a single sense.

문화재정 자료

　7구의 불상은 불감의 앞쪽에서 아미타여래와 관음 대세지 보살상이 발견되었고, 뒤쪽에서 2구의 여래와 관음보살과 지장보살이 발견되었다. 이들 불상은 대체로 높은 육계、큼직한 연봉 모양의 정상계주, 잘록 한 허리와 육감적인 신체표현과 감각적인 세부 표현, 삼각형 모양으로 仰, 覆蓮(복련)이 맞닿은 연화좌, 원반 모양의 귀고리, U자형으로 두껍게 늘어진 목걸이 등을 보이고 있다.

불감은 불교가 중흥하던 고려시대에 집중 제작됐지만 현재 전해지는 것은 국내 10점을 포함해 전 세계적으로 15점에 불과하다. 석탑에서 발견한 불감의 형태를 확인해본 결과 현재 일본에 유출되어 있는 14세기말 고려 여래설법도(如來說法圖) 불감과 양식과 구조가 동일하여 이 시기에 제작된 것임이 확인되었다. 이후 사찰 문헌 연구를 통해 1450년대에 조선의 7대 왕이었던 세조가 칠층 석탑을 건설 하면서 탑에 보존한 고려시대의 문화재임이 확인되었다. 극히 희귀한 고려 불감으로 국가지정 문화재로 지정되었다. 불감은 밑판, 좌우 측면판, 뒤판, 뚜껑 등이 각각 1판으로 제작되었고 문비만 2판으로 제작되었다. 뚜껑은 지붕의 네 면의 모를 죽인 녹정형(녹頂形)으로 정상에는 2개의 고리가 달려 있다. 감실의 내면 중앙 벽면에는 타출 기법 으로 아미타여래 설법도를 나타내었고, 문비에는 역동적인 금강역사를 배치하였다.

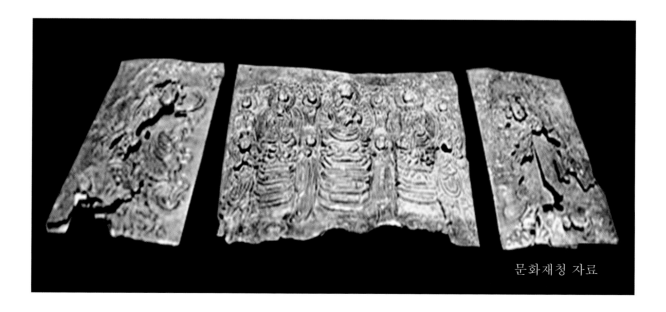

문화재청 자료

대곡사명 감로왕도 (大谷寺銘 甘露王圖)
The King of Sweet Dew with Inscription of Daegoksa Temple
(Treaaure No. 1990)

지 정 일 (Designated date)   2018.06.27
소 재 지 (Location)   전라북도 익산시 익산대로 460 (원광대학교) 박물관
시   대 (Era)   1764년(영조 40)

　대곡사명 감로왕도는 1764년 불화승(佛畫僧) 치상(雉翔)을 비롯해 모두 13명의 화승이 참여해 그린 것으로, 화기(畫記)가 일부 손상됐으나 대곡사(大谷寺)라는 문구를 통해 경상북도 의성 대곡사에 봉안(奉安)되었던 불화로 추정된다. 구성을 보면 상단에는 칠 여래를 비롯한 불, 보살이, 중 하단에는 의식 장면과 아귀와 영혼들, 생활 장면 등이 짜임새 있는 구도 속에 그려져 있으며, 온화하고 부드러운 색조가 조화를 이루어 종교화로서 숭고하고 장엄한 화격(畫格)을 유감없이 보여주고 있다. 또한 화면 속 경물과 전각, 인물들의 세세한 모습을 정교한 필치로 그려 동 시기 감로왕도 중에서도 높은 수준의 작품으로 평가된다. '대곡사명 감로왕도'는 제작 시기가 분명하고 봉안사찰, 시주자명, 제작주체 등을 명확하게 파악할 수 있어 18세기 불화 연구의 기준작이다.

The King of Sweet Dew with Inscription of Daegoksa Temple
(Treaaure No. 1990)

The name of Daegoksa Temple Gamrowangdo was painted in 1764 by 13 monks, including Buddhist monk Chisang, and it is presumed to be a Buddhist painting that was enshrined in Daegoksa Temple in Uiseong, Gyeongsangbuk−do through the phrase Daegoksa Temple.Looking at the composition, the Buddha and Bodhisattva, including Chilyeorae, are painted in a well−organized composition of ceremonial scenes, monkfish, spirits, and life scenes at the middle and lower ends, and the gentle and soft shades are harmonized to show the sublime and majestic harmony. In addition, it is evaluated as a high−quality work among the simultaneous Gamrowangdo by drawing the details of the scriptures, halls, and characters on the screen with elaborate strokes. The name of Daegoksa Temple Gamrowangdo is the standard work of Buddhist paintings in the 18th century because the production time is clear and the Bongan Temple, the name of the founder, and the subject of the production can be clearly identified.

의식장면

인물들의 세세한 장면

칠여래를 비롯한 불,보살

생활장면

아귀와영혼 장면

보물

익산 미륵사지 서탑 출토 사리장엄구
(益山 彌勒寺址 西塔 出土 舍利莊嚴具)
The Sarira Reliquaries of the West Pagoda at the Mireuksa
Temple Site, Iksan (Treaaure No. 1991)

금제사리내호

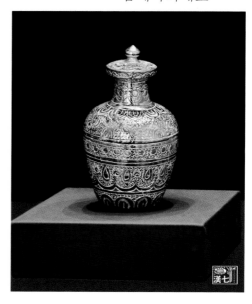

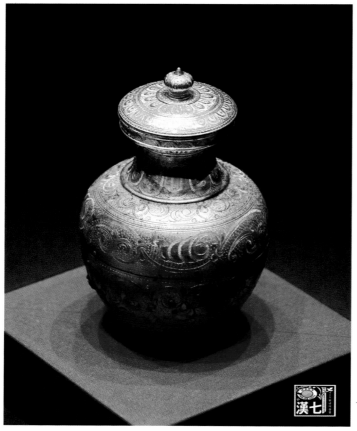

금제사리외호

지 정 일 (Designated date)   2018.06.27
소 재 지 (Location)   전라북도 익산시 미륵사지로 362 (국립미륵사지유물전시관)
시   대 (Era)   639년(무왕 40) 경

　익산 미륵사지 서탑 출토 사리장엄구는 2009년 익산 미륵사지 서탑 심주석(心柱石)의 사리공(舍利 孔) 및 기단부에서 출토된 유물로서, 639년(무왕 40) 절대연대를 기록한 금제사리봉영기(金製舍利 奉迎記)와 함께 금동제 사리외호(金銅製舍利外壺), 금제사리내호(金製舍利內壺)를 비롯해 각종 구슬 및 공양품을 담은 청동합 6점으로 구성되었다. '금동제 사리외호 및 금제사리내호' 는 모두 동체의 허리 부분을 돌려 여는 구조로서, 이러한 구조는 동아시아 사리기 중에서 유사한 사례를 찾기 어려운 독창적인 구조로서 주목된다. 전체적으로 선의 흐름이 유려하고 볼륨감과 문양의 생동감이 뛰어나 기형(器形)의 안정성과 함께 세련된 멋이 한껏 드러나 있다. 이처럼 '익산 미륵사지 서탑 출토 사리장엄구' 는 백제 왕실에서 발원하여 제작한 것으로 석탑 사리공에서 봉안 당시의 모습 그대로 완전한 형태로 발견되어 고대 동아시아 사리장엄 연구에 있어서 절대적 사료이자 기준이 된다. 제작 기술면에 있어서도 최고급 금속재료를 사용하여 완전한 형태와 섬세한 표현을 구현하여 백제 금속공예 기술사를 증명해주는 자료로서 학술적 예술적 가치가 매우 크다.

The Sarira Reliquaries of the West Pagoda at the Mireuksa Temple Site, Iksan (Treaaure No. 1991)

The Sarira Jangumgu excavated from the West Tower of Mireuksaji Temple Site in Iksan was excavated from the Sarigong and the base of the West Tower of Mireuksaji Temple Site in 2009 along with the Geumdongjebongyeonggi (金製舍利奉迎記) and the absolute date of King Mu in 639 (40).Both "Geumdongje Sari Oeho (金銅製舍利外壺) and Geumje Sari Naeho (金製舍利內壺)" are structures that rotate the waist of the fuselage, and these structures are attracting attention as original structures that are difficult to find similar cases among East Asian sari. Overall, the flow of the line is smooth and the volume and vitality of the pattern are excellent, revealing the stability of the deformity and sophisticated style to the fullest.Geumjesari Bongyeonggi is made of thin gold plates, with 11 lines engraved on the front and back, respectively, with a total of 193 characters. The content is about Queen Baekje, the daughter of Jwapyeong's Sa Taekjeokdeok (沙宅積德), offering wealth to establish a temple and enclosing sarira in the year of the Kihae 639 to pray for the well-being of the royal family. This Bongyeonggi has high historical and academic value as it became an opportunity to reveal new historical facts about the date and subject of creation, going specifically from the creation of Mireuksa Temple, which has been passed down through Samguk Yusa. Bronze alloy' is an alloy of copper and tin and consists of six points of different sizes. Through the inscription "Dalsol Mokgeun," a second piece of Baekje engraved on one of the bronze combinations, the status of the founder is at the top, and the items of the offerings he ordered are highly valuable and rare as Baekje's best-product bowl. As such, the Sarira Jewelry excavated from the west pagoda of Mireuksaji Temple Site in Iksan originated from the Baekje royal family and was discovered in full form as it was at the time of the enshrinement at the Stone Pagoda Sarigong, which is an absolute source and standard for research on Sarira Jewelry in ancient East Asia. In terms of manufacturing technology, it is also of great academic and artistic value as a material that proves the history of Baekje metal craft technology by implementing complete forms and delicate expressions using high-quality metal materials.

금동제 외호는 몸통을 여닫을 수 있도록 만들어졌습니다. 이것은 금제 내호를 그 안쪽에 넣으려는 방편으로 추정합니다. 외호와 내호 사이에는 유리 구슬이 가득 채워져 있었습니다.

사리기 사이를 구슬로 채운것은 미륵사지에서 처음 발견 되었으며, 7세기 전반 백제 특유의 사리 장엄 방식으로 생각됩니다.

꽃모양금구슬- 금덩어리- 유리구슬- 진주구슬

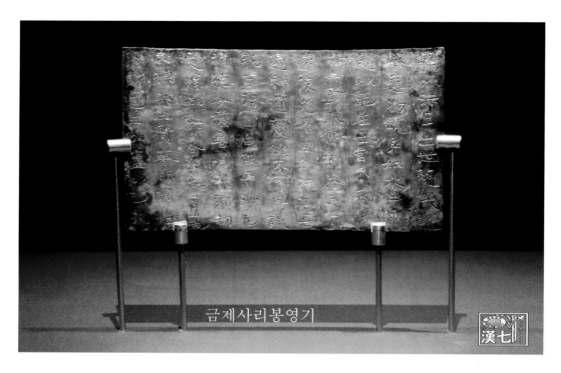

금제사리봉영기

　사리봉영기는 사리를 탑 속에 봉안한 내용을 적은 기록이라는 의미입니다. 미륵사지 석탑 사리봉영기는 가로 세로 채 1cm도 되지 않은 글자들을 끝이 뽀쪽한 끌이나 정을 이용해 여러 차례 두드려 파내는 파새김 기법으로 새겼습니다. 앞면 99자, 뒷면 94자로 되어 있습니다 전체 193자로 되어 있습니다. 글자 하나하나를 음각한 다음 그 안쪽에 붉은색 물감인 진사(辰砂)를 덧칠했습니다. 사리봉영기의 내용은 부처님에 관한 서술, 백제 왕후에 관한 서술, 왕후의 바람에 관한 서술로 구성되어 있습니다. 미륵사의 창건 목적과 발원자, 석탑의 건립 연대 등을 정확히 밝혔습니다. 금제사리봉영기는 얇은 금판으로 만들었습니다. 내용은 좌평(佐平) 사택적덕(沙宅積德)의 딸인 백제 왕후가 재물을 희사해 사찰을 창건하고 기해년(己亥年, 639)에 사리를 봉안해 왕실의 안녕을 기원한다 는 내용이다. 이 봉영기는 그동안 삼국유사를 통해 전해진 미륵사 창건설화에서 구체적으로 나아가 조성 연대와 주체에 대한 새로운 역사적 사실이 밝혀지게 된 계기가 되어 역사적 학술적 가치가 높다.

능직물

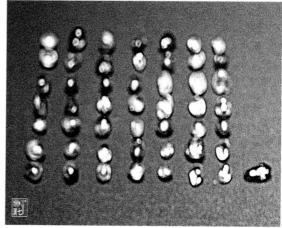

호박

청동합은 구리와 주석 성분의 합금 으로 크기가 각기 다른 6점으로 구성 되어 있다. 청동합 중 하나에 새겨진 백제 2품 달솔 목근(達率目近)이라는 명문을 통해 시주자의 신분이 최상층 이고 그가 시주한 공양품의 품목을 알 수 있어 사료적 가치와 백제 최상품 그릇으로서 희귀성이 높다.

청동함

유리구슬

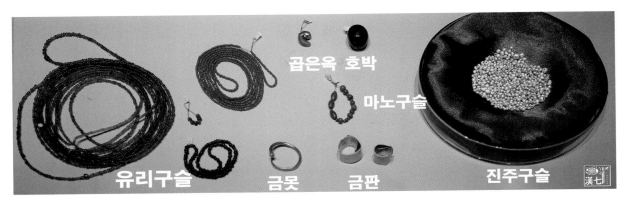

유리구슬 금못 금판 곱은옥 호박 마노구슬 진주구슬

군산시

군산시편 (Kunsan-si)

보물 군산 발산리 석등 (群山 鉢山里 石燈)
Stone Lantern in Balsan-ri, Gunsan (Treasure No. 234)

지 정 일 (Designated date)　1963.01.21
소 재 지 (Location)　전북 군산시 개정면 바르메길 43 (발산리)
시 　 대 (Era)　통일신라시대 (The Unified Silla Era)

　원래는 완주지역에 세워져 있던 석등으로, 일제강점기에 지금의 자리로 옮겨 세웠다. 불을 켜 두는 화사석(火舍石)을 중심으로, 아래로는 이를 받쳐주는 3단의 받침돌을 두고, 위로는 지붕돌과 머리장식을 얹은 모습이다. 화사석의 사천왕상과 지붕돌의 양식 등을 통해 볼 때 통일신라시대의 모습을 잘 간직하고 있는 듯 하지만, 받침 부분의 기둥이 4각으로 변하고 화사석 역시 4각을 닮은 8각으로 이루어져 있어, 8각에서 4각으로 변해가는 과도기적인 모습들을 보여주고 있다. 석등을 만든 시기도 고려 전기인 10세기경으로 추정하고 있다.

Stone Lantern in Balsan−ri, Gunsan
(Treasure No. 234)

Assumed to have been made during the early Goryeo period, this lantern was moved to a personal garden of a Japanese farm owner, Shimatani Yaspya(島谷 八十八), during the Japanese colonial era, and is now located in the back garden of Balsam Elementary School. With the height of 2.5m, the Pedestal of this lantern has a total of eight lotus flower leaves carved, stacked together in a pair, with four edges polished smoothly and a carved dragon pattern ascending to haven in the cloud on the front side of the column. As stone lanterns sculpted in such aesthetic way are very rare, the artistic value of this lantern is high. The part of the lantern where a fire is lit, called Hwasaseok, has its four edges carved smoothly, thus having the shape of an octagon, and on top of the roof ston (Okgaeseok) above the fire pit. there are eight lotus petals decorations with the eight edges facing upwards in a curve. The ornamental top portion is missing. As this stone lantern is unique in terms of artistry and style, among other Korean stone lanterns, its artistic value is considered to be high.

받침의 가운데기둥은 사각의 네 모서리를 둥글게 깍은 모습으로, 표면에 구름 속을 요동치는 용의 모습을 새겼는데, 이러한 형태는 우리나라에서는 하나밖에 없는 독특한 모습이다.

지붕돌은 8각으로 각 모서리선이 뚜렷하며, 곡선을 그리는 처마는 여덟 귀퉁이에서 치켜올림이 시원하다. 꼭대기에는 연꽃무늬가 조각된 머리장식 받침대를 마련해 놓았으나, 머리장식은 남아 있지 않다.

화사석은 4각의 네 모서리를 둥글게 깍아 8각을 이루게 하였으며, 각 면에는 4개의 창과 사천왕상(四天王像)을 번갈아 두었다. 사천왕은 불교의 법을 지키는 신으로, 화사석에 새겨 놓아 등불을 보호한다는 의미를 지니고 있다.

군산 발산리 오층석탑 (群山 鉢山里 五層石塔)
Five-story Stone Pagoda In Balsan-ri, Gunsan (Treasure No. 276)

지 정 일 (Designated date)   1963년 1월 21일
소 재 지 (Location)   전북 군산시 개정면 바르메길 43 (발산리)
시   대 (Era)   고려시대 (Goryeo era)

　원래는 완주(完州) 봉림사터에 있던 것을 지금의 위치로 옮겨 세웠다. 2단의 기단(基壇) 위에 5층의 탑신(塔身)을 올린 형태였으나 지금은 탑신의 한 층이 없어지고 4층까지만 남아 있다. 아래·위 기단 모두 모서리와 가운데에 기둥 모양의 조각을 두었으며, 기단 위로 4층의 탑신에는 각 층의 몸돌마다 네 모서리에 기둥 모양을 새겨 놓았다. 지붕돌은 경사가 급하고 추녀 끝이 약간 들려 곡선을 이루고 있으며, 밑에는 3단의 받침을 두어 고려시대의 모습을 보여주고 있다. 탑 머리 부분에는 머리 장식이 일부 남아 있으나 훗날 보충한 것으로 보인다. 이 탑은 전체적으로 균형미가 있으며, 고려탑의 간결한 아름다움이 잘 나타나 있다.

보물

Five-story Stone Pagoda In Balsan-ri, Gunsan
(Treasure No. 276)

Assumed to have come from the early Goryeo period, this stone pagoda has the height of 6.4m. Although it had the form of 5 tiers stacked on top of the second pedestal, only four tiers exist. Following the stone pagoda style from Silla, the padestal of this pagoda was made in the form of two tiers, and this pagoda wasalso taken to here by Shimatani Yaspya (島谷八十八), a Japanese farm owner, during the Japanese colonial ear, along with Stone Lantern in Balsan-ri, Gunsan. The pagoda body (Tapsinseok) and the roof stome (Okgaeseok) of the pagoda are each consisted of one stone, but the body stone has pil-lars on the right and left edges of each tier. The edges of the roof stone are slightly up-turned in a curve, and the base in three-storied, showing the characteristice of stone pagoda of the Goryeo period. Although the decorations remain on the capstone, such as Noban, Bokbal, Boryun, Bogae, etc, it seems that some of the patterns were en-graved to fill in the gap in later years, As a whole, this balanced pagoda well demon-strates the beauty of simplicity that was the key feature of stone pagoda made in the of Goryeo Dynasty.

탑신부는 옥신과 옥개석이 각각 일석으로 각층 석신에는 우주가 있고 상층으로올라 갈수록 폭이나 높이가 점차 적어진다. 옥개는 넓고 두꺼운 편이고 옥개받침은 3단이고 낙수면은 경사가 있으나 전각의 반전은 적다.

기단은 신라 석탑 양식을 계승하여 2층으로 구성되어 있으며, 중대석에는 우주와 탱주가 있어 각 면을 두 개로 구분하였고 갑석은 두꺼운 편이다. 상대석은 판석을 세워서 짜고 각면에 우주가 있다. 발산리 석등과 함께 이 탑도 일제 강점기 일본인 농장주 시마타니 야소야(島谷八十八)에 의해 이 곳으로 옮겨졌다.

탑의 몸돌(탑신석)과 지붕돌
(옥개석)은 가가 하나의 돌로
이루어져 있고, 탑신석의 각층
좌우에는 모서리 기둥이 있다.
지붕돌은 추녀 끝이 약간 들려
곡선을 이루고 있으며, 밑에는
3단의 받침을 두어 고려시대
석탑의 특징을 보여준다.

탑 머리 부분에는 노반(露盤), 복발
(覆鉢), 보륜(寶輪), 보개(寶蓋) 등
의 머리 장식이 비교적 잘 남아 있으
나 훗날 보충한 것으로 보인다. 발산
리 오층 석탑은 전체적으로 균형미가
있으며, 고려 탑의 간결한 아름다움
이 잘 나타나 있다.

군산 동국사 소조석가여래삼존상 및 복장유물
(群山 東國寺 塑造釋迦如來三尊像 및 腹藏遺物)
Clay Sakyamuni Buddha Triad and Excavated Relics of Dongguksa
Temple, Gunsan (Treasure No. 1718)

지 정 일 (Designated date)   2011.09.05
소 재 지 (Location)   전라북도 군산시 동국사길 16 (금광동, 동국사)
시   대 (Era)   조선시대(1650년) Joseon era

　군산 동국사의 소조 석가여래 삼존상은 석가여래와 2대 제자인 가섭과 아난존자로 구성된 삼존이다. 150cm가 넘는 대형상으로는 유일한 아난과 가섭을 협시로 한 석가여래 삼존이며, 이 불상 들에서 나온 전적 물이나 복장물의 기록에서 이 상이 전라도 지역에서 활약하였던 이름이 알려진 조각승에 의해 제작되었음을 알 수 있다. 조선시대 불상 양식이 형식적으로 흐르기 전 단계의 소조불상으로도 매우 중요하다고 보며 세 불상에서 나온 복장물은 후령통의 제작기법, 내용물, 재질 등을 밝히는데 중요한 자료로 평가된다.

Clay Sakyamuni Buddha Triad and Excavated Relics of Dongguksa Temple, Gunsan (Treasure No. 1718)

The clay Sakyamuni Buddha triad of Dongguksa is comprised of Sakyamuni Buddha and two of this principales, Mahakasyapa and Ananda.Of the sculptures over 150cm in height, it is the only Sakyamuni Buddha triad flankrd by the statues of Mahakasyapa and Ananda. The inscription of the books and relics enshrined found inside them describe that the triad was made by prominent monk aculptors of Jeolla province. This work is of great interest to art historians as a molded sculpture from a period before Joseon's Buddhist sculptures became overly formalist. No less interesting are the votive objects discovered inside them, providing important clues about the method of fabrication of Huryongtong (a reliquary enshrining the five jewel jir) and materials used for their fabrication.

소조석가여래삼존상이 봉안된 동국사 대웅전

후령통(喉鈴桶)

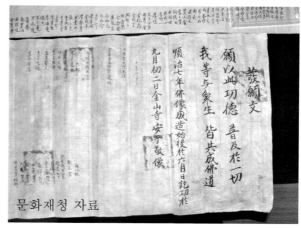

복장유물

석가여래불

가섭

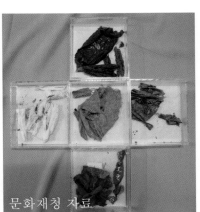

문화재청 자료

복장유물

아난존자

정읍시

정읍시편 (Jeongeup-si)

정읍 은선리 삼층석탑 (井邑 隱仙里 三層石塔)
Three-story Stone Pagoda in Eunseon-ri, Jeongeup
(Treasure No. 167)

지 정 일	1963.01.21
소 재 지	전북 정읍시 영원면 은선리 43번지
시 대	고려시대

　　정읍 은선리 마을에 세워져 있는 3층 석탑으로, 우리나라에서는 일찍이 볼 수 없었던 독특한 모습을 하고 있다. 기단(基壇)은 낮은 1단으로, 부여 정림사지 오층석탑(국보 제9호)과 같은 양식이다. 탑신(塔身)은 몸돌과 지붕돌이 여러 장의 돌로 이루어졌다. 1층의 몸돌은 대단히 높아 기형적인 인상을 주고, 각 면 모서리에는 희미하게 기둥모양을 본떠 새겨놓았다. 2층 몸돌은 높이와 너비가 급격히 줄었으며, 남쪽면에 2매의 문짝이 달려 있는데, 이는 감실(龕室:불상을 모시는 방)을 설치한 것으로 짐작된다. 보통은 벽면에 본떠 새기기만 하는데 이렇듯 양측에 문짝을 단 유래는 매우 희귀하다. 3층 몸돌은 더욱 줄어들고 다른 꾸밈은 없다. 지붕돌은 평평한 돌을 얹어 간결하게 구성하였다. 꼭대기에는 또 하나의 평평한 돌이 놓여 있으나 이것이 탑의 머리장식의 일부인지는 분명하지 않다. 고려 중기에 만들어진 탑으로 추측된다. 기단과 지붕돌에서 백제 석탑의 모습을 보여주고 있는데, 이를 통해 고려시대에도 옛 백제 땅에서는 백제 양식의 석탑이 만들어지고 있음을 알 수 있다. 1층 몸돌이 지나치게 높아진 데다가 기단·몸돌이 모두 너비가 좁아서, 높을 뿐 아니라 안정감도 줄어들어 우수작이라 볼 수는 없지만, 일부 특이한 양식을 지녔고 백제 양식의 탑이 전파된 경로를 알 수 있다는 점에서 눈길을 끈다.

Three-story Stone Pagoda in Eunseon-ri, Jeongeup
(Treasure No. 167)

A pagoda is a symbolic monument to enshrine relics or remains of the buddha. In many cases, pagodas do not contain the actual remains, but are still regarded as a sacred place enshrining the Buddha. This three-story stone pagoda is presumed to have been made during the Goryeo period (918-1392). It is composed of one base tier, three sets of body and flat roof stones, and part of a decorative top. The most notable feature of this pagoda is the two door panels on the second-story body stone. In general, a stone pagoda features a carving of a door and padlock on its body stones to indicate that it contains the relics or remains of the Buddha. It is rare to have door panels that can actually be opened and closed like in this pagoda. During an excavation survey in 2011, roof tiles were found around the pagoda which presumably date back to the Baekje period (18 BCE-660 CE), suggesting there was once a Buddhist temple at this site from that period.

탑의 1층 2층 탑신부   탑의 기단부

　정읍 은선리 삼층 석탑은 백제탑의 양식을 모방해 만든 고려 시대의 석탑으로 목탑에서 석탑으로 변화되어 가는 시기의 건축 양식을 잘 보여준다. 지붕돌은 평면으로 처리하여 간결하고 소박하다. 2층 몸돌의 남쪽면에 문 두 짝을 단 방 모양이 있는데, 문짝을 하나만 새기는 다른 탑과 비교하면 특이한 것이다. 2011년에 탑 주변을 발굴 조사한 결과과 백제 시대 기와가 많이 나왔는데, 이것으로 볼 때 이곳에 백제 때부터 사찰과 관련된 건축물이 있었던 것으로 보인다.

이색적인 형태를 가진 이 석탑은 단층 기단 위에 3층 방형 석탑으로 광활한 정방형 지대석 위에 사석으로 된 하대석이 놓이나 특별한 장식은 없다. 중대석도 사매 판석으로 짜여졌는데 이곳에도 아무 조식이 없고 갑석 또한 이매 판석을 덮었다. 이와 같은 단층 기단 형식은 곧 부여 탑과 같은 양식임을 볼 수 있다. 초층 옥신은 특히 장신이어서 기형적인데 수매의 판석을 세워서 짜여졌고 우주형이 희미하게 나타나 있다. 이층 옥신은 초층 옥신의 약 1/3 정도로 고(高)가 줄고 폭도 따라 급격히 감축되었다. 그 남면에는 이매의 문비를 달았는데 직접 문비를 단 예(例)는 매우 희귀하다. 삼층 옥신은 더 감축되었으나 다른 조식은 없다. 옥개는 옥신 위에 판석 일 매를 얹고 넓은 개석을 올려놓고 이 위에 이단으로 올려서 옥신을 받게 하였다. 최상부에는 또 하나의 판석이 놓여있다. 이 석탑은 결코 우작이라 할 수는 없지만 특이한 양식과 백제탑계의 전파경로를 알 수 있는 점에서 주목되어야 할 것이다.

정읍 피향정 (井邑 披香亭)
Pihyangjeong Pavilion, Jeongeup (Treasure No. 289)

지 정 일 (Designated date)   1963.01.21
소 재 지 (Location)   전북 정읍시 태인면 태창리 102-2번지
시   대 (Era)   조선시대 중기

　자연을 벗 삼아 쉼터로 사용하고자 지은 피향정은 호남지방에서 으뜸가는 정자 건축이다.
통일신라 헌안왕(재위 857~861) 때 최치원이 세웠다는 이야기가 있지만 지은 시기는 확실
하게 알 수 없다. 기록에 따르면 조선 광해군 때 현감 이지굉이 다시 짓고 현종 때 현감 박숭
고가 건물을 넓혔으며, 지금 크기로는 숙종 42년(1716) 현감 유근(柳近)이 넓혀 세웠다고
한다. 그 뒤에도 몇 차례 부분적으로 고쳤는데 단청은 1974년에 다시 칠한 것이다. 규모는
앞면 5칸·옆면 4칸이며 지붕은 옆면에서 볼 때 여덟 팔(八)자 모양을 한 팔작지붕이다. 지
붕 처마를 받치기 위해 장식하여 짜은 구조는 새 부리가 빠져나온 것처럼 꾸민 형태로 간결
한 구조를 하고 있다. 건물 4면이 모두 뚫려 있어 사방을 바라볼 수 있고 난간은 짧은 기둥을
조각하여 주변을 촘촘히 두르고 있다. 건물 안쪽 천장은 지붕 재료가 훤히 보이는 연등천장
이지만 천장 일부를 가리기 위해 건물 좌우 사이를 우물천장으로 꾸민 점이 눈길을 끈다. 또
한 이 누정을 거쳐간 시인과 선비들의 시가(詩歌)를 기록한 현판이 걸려 있어 건물의 품격을
더하고 있다. 조선시대 대표가 되는 정자 중 하나로 조선 중기의 목조건축 양식을 잘 보여주
고 있어 건축사 연구에 중요한 자료가 되는 문화재이다.

Pihyangjeong Pavilion, Jeongeup
(Treasure No. 289)

Widely regarded as one of the most beautiful historical garden pavilions remaining in the Honam region, pihyangjeong Pavilion once had two exquisite lotus ponds Sangyeonji and Hayeonji in its front and back, but only one, Hayeonji, remains today with the other filled up during the colonial period (1910-1945). The name Pihyangjeong (lit. "pavilion with spreading fragrance") came from the fragrance of lotus growing in the ponds filling the area when they are in full bloom. The pavilion is also known to have been connected with Choe Chi-won, a renowned scholar-official of Unified Silla who briefly served as the administrative head of the area during the reign of King Jeonggang (r. 886-887). The current pavilion was built in 1716 by Yu Geun, then prefectural administrator of Jeongup. The building features a five-bay by four-bay structure with hip-and-gable roof having double eaves and 28 round wooden columns set up on round stone foundations. The building is also characterized by the exposed-rafter ceiling combined with coffered ceiling. The pavilion still attracts numerous visitors, with the spectacle created by the pavilion forming great harmony with its natural surroundings.

　　원래 이 정자의 앞과 뒤에 상연지(上蓮池), 하연지(下蓮池)라는 연못이 있어 아름다운 경치를 이루었으나, 상연지는 일제 강점기 때 메워지고 현재는 하연지만 남아 있다. 연못에 핀 연꽃의 향기가 주위에 가득하다. 하여 이곳의 이름을 '피향정'이라고 하였다. 신라 정강왕 때 이 고을 태수를 지내던 최치원이 이곳 연못가를 거닐며 풍월을 읊었다 한다. 현재의 건물은 1716년(조선 숙종 42)에 현감 유근이 고쳐 지은 것이다. 이 정자는 앞면 5칸 옆면 4칸 규모의 건물로 지붕은 팔작지붕이며 처마는 겹처마이다. 마루 아래에 28개의 원형 돌기둥을 받치고 그 위에 두리기둥을 세웠다. 건물 안쪽 천정은 서까래가 노출된 연등천장이지만 건물 오른쪽과 왼쪽 사이의 천장은 우물천장으로 꾸몄다. 피향정은 주변과 어울리는 모습이 고풍스러워서 오늘날에도 많은 이의 사랑을 받고 있다.

팔작지붕의 누정으로 남향이며 후면에 있는 석재로 오르내리게 되어있다. 누(樓)마루 아래는 석조의 등발이 기둥을 받쳤고 그 위에 나무기둥을 세웠는데 기둥 몸이 곧고 바르다. 사면이 모두 개방되어 있고 주위에는 난간을 돌려세웠다. 평면은 정면을 5간, 측면은 4간으로 나누었으나 내부는 다시 가운데 3간×3간을 구획하여 고주를 세웠으며 주위의 변주(邊柱)와의 사이에는 퇴량을 걸었다. 그 안쪽으로 중앙 부분의 옥개가구(屋蓋架構)는 대량(大樑) 위에 종량(宗樑)을 배치하는 흔한 방법으로 측면의 가운데 고주에서 대량에 걸쳐서는 충량(衝樑) 상부만은 지붕 합각 밑을 가리기 위하여 조그맣게 우물천장을 가설하였다. 공포는 간단한 초이공계통(初異工系統)의 건물로서 쇠서의 형태는 약간의 굴곡이 보인다. 기둥 사이의 창방 위에는 소로를 배열하여 주심도리(柱心道里) 밑의 장설(長舌)을 받쳤다.

정면에서 본 피향정

팔작지붕

우물천장

돌기둥

보물

정읍 천곡사지 칠층석탑 (井邑 泉谷寺址 七層石塔)
Seven-story Stone Pagoda at Cheongoksa Temple Site, Jeongeup
(Treasure No. 309)

지　정　일 (Designated date)　　　1963.01.21
소　재　지 (Location)　　　　　전북 정읍시 망제동 산9－2번지
시　　　대 (Era)　　　　　　　고려시대

　　속칭 천곡 사지라고 일컫는 망제동의 서쪽 산기슭에 위치한 탑으로 낮은 단
층 기단 위에 7층 탑신을 올린 방형 평면의 석탑이다. 이 석탑은 8매의 석재로
구성된 지대석 위에 1매의 판석형 석재로 조성한 낮은 단층 기단을 놓았다. 기
단은 거칠게 다듬었으며, 측면에는 아무런 조식도 없다. 측면 상단에는 갑석형
의 굽을 돌렸는데, 상면은 약간 경사지게 다듬은 후 중앙에 낮은 받침을 조출
해 탑신을 받고 있다. 이와 같은 기단 구조는 통일신라시대의 석탑에서는 볼
수 없는 특이한 형태로 운주사 석탑군에서 볼 수 있어 고려시대에 시작된 기단
의 한 유형임을 알 수 있다. 탑신부는 1층탑신으로부터 3층탑신까지를 제외한
나머지 탑신과 모든 옥개석이 각각 한 돌로 조성되었다. 1층탑신은 유난히 세
장(細長)하고 방주(方柱) 같은 4매석으로 구성되었는데 각 면에는 우주의 표
현이 없다. 그 위의 2·3층 탑신석은 각각 2매의 석재로 조성되었다. 매 층 각
면에는 양 우주가 각출되어 있다. 전체적으로 볼 때 1층탑신이 유난히 높게 조
성되었고, 2층 이상은 체감률이 적은 탓에 석탑 자체가 고준(高峻)해졌다. 옥
개석은 1층부터 7층까지 같은 형태로 조성되었는데, 너비가 좁고 두꺼워서 둔
중한 느낌을 준다. 옥개석 상면은 평박하여 낙수면이 완만한 경사를 이루고 있
으나, 합각부의 선은 예리하게 조성됐다. 정상에는 각형 1단의 받침을 조출해
상층의 탑신석을 받고 있는데, 7층에 이르기까지 공통된 양식을 보이고 있다.
각 층 옥개석의 하면에는 수평으로 전개된 추녀에 얇은 낙수 홈이 모각되고 받
침부에는 연화문이 조각되었다. 연화문은 모두 앙련으로 추녀부의 측면부터
탑신에 맞닿은 안쪽 면까지 가득히 조각한 까닭에 자연스레 그 문양이 세장 한
형태를 이루고 있다. 1변에 4판씩 모두 16판의 앙련이 조식되었는데, 판 내에
는 아무런 장식이 없다. 이러한 연화문장식은 전각부에 미세한 반전을 강조할
뿐만 아니라, 옥개석의 폭이 좁아지는 느낌을 주어 전체적으로는 석탑이 더욱
세장하면서도 고준해보이는 효과를 주고 있다. 이처럼 옥개석의 하면에 연화
문을 조각하는 것은 통일신라시대에 조성된 남원 실상사 백장암 삼층석탑에서
볼 수 있는데, 고려시대에도 흔히 볼 수 있는 양식은 아니다. 상륜부재는 모두
없어지고 7층 옥개석 위에 노반석 하나만 놓여 있을 뿐이다. 이 석탑은 옥개석
의 양식이 특이하여 이형석탑(異形石塔)으로 분류되고 있다. 전체적으로 석
재결구가 매우 간략화되고, 연화문의 조각 또한 치졸함을 보이고 있을 뿐 아니
라, 안정감이 결여된 세장 고준함 등으로 보아 고려 중엽 이후에 건립된 것으
로 추정된다.

Seven-story Stone Pagoda at Cheongoksa Temple Site, Jeongeup
(Treasure No. 309)

A pagoda is a symbolic monument used to enshrine or remains of the Buddha. In many cases, pagoda do not contain the actual remains, but are still regarded as a sacred place enshrining the Buddha. This seven-story stone pagoda is presumed to have been made during the Goryeo period (918-1392). It is composed of on base tier and seven sets of body and roof stones. The roof stones are carved with a lotus petal design. Most Korean stone pagodas have three or five stories, and it is rare for stone pagodas to have seven or more stories like this one. This pagodas is the only seven-story stone pagoda in Jeongeup. Originally, there was a five-story stone pagoda next to this one, which is said to have been taken away by the Japanese around 1925

 정읍 천곡사지 칠층 석탑은 고려 시대에 세운 탑이다. 1층은 네 개, 2층과 3층은 두 개, 4층 이상은 하나의 돌로 만들어졌으며, 정읍 지역에 있는 유일한 칠층 탑이다. 이 탑 옆에는 오층 석탑이 있었으나 일제 강점기인 1925년 무렵 일본인들이 가져갔다고 한다. 전해 오는 말에 따르면 이 7층 탑은 남승의 탑이고, 일본인들이 가져간 탑은 여승의 탑이라고 한다.

기단부가 소략하고 옥개 받침은 연꽃잎으로 표현하였다. 낙수 변의 경사는 반전이 없고 전체적으로 세장한 탑이다. 기단은 한 변의 길이가 355cm 내외인 지대석을 놓고 그 위에 1매석을 올려서 만들었다. 상륜부에는 노반이 남아있다.

탑의 상층
탑신부

탑의 중간
탑신부

탑의
기단부

김회련 개국원종공신녹권 (金懷鍊 開國原從功臣錄券)
Certificate of Meritorious Subject Issued to Kim Hoe-ryeon
(Treasure No. 437)

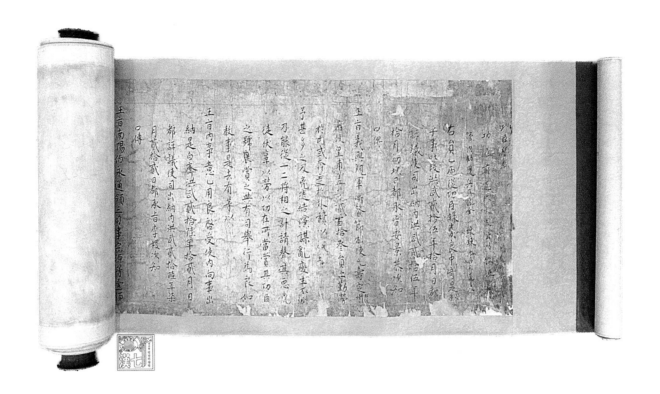

지 정 일 (Designated date)   1966.02.28
소 재 지 (Location)   전라북도 정읍시 내장산로 370-12 (부전동, 박물관)
시   대 (Era)   조선 태조 4년(1395)

　김회련 개국원종공신녹권(金懷鍊 開國原從功臣錄券)은 나라에 공이 있는 인물에게 공신으로 임명하는 증서로, 개국공신록권은 조선을 건국한 태조 이성계가 나라를 세우는데 공헌한 신하들에게 내린 것이다. 개국원종공신 제도는 조선시대에 개국공신을 늘리려는 의도에서 만들어진 일종의 새로운 포상제도로, 1392년부터 1397년까지 여러 차례에 걸쳐 1,400여 명에게 봉해졌다. 김회련은 도강 김씨이며, 조선을 건국한 태조 이성계의 창업을 도와 개국원종공신이 되었다. 그 후 홍주(현재의 홍성), 공주, 해주 목사를 거쳐 한성판윤에 이르렀으며, 이조판서에 증직 되었다. 시호는 충민이다. 태조 이성계는 조선을 창업하는데 공로가 있는 신하들에게 1392년 9월에 1 ·2 ·3등으로 나누어 개국공신에 임명하였고, 그 후에도 공신에 준하는 신하를 선발하여 개국공신으로 추가하여 임명하였다. 이 공신록권은 태조 4년(1395) 윤 9월에 김회련에게 임명한 원종공신록권(原從功臣錄券)으로, 그 내용을 보면 태조 원년(1392) 10월부터 태조 4년(1395)까지 여러 차례에 걸쳐 임명된 공신들의 선정경위가 열거되어 있으며, 특히 공신의 직명 단자가 여기서만 기록되어 있다. 이 녹권을 통해 이성계의 조선건국에 참여한 세력들을 파악할 수 있으며, 공신록권을 발행한 공신도감의 성격을 규명하는데 도움이 된다.

Certificate of Meritorious Subject Issued to Kim Hoe-ryeon
(Treasure No. 437)

This Nokgwon (Royal Certificate of Merit) was granted to Kim Hoe-ryeon for rendering meritorious services during the foundation of Joseon dynasty by king Taejo Lee Seong-gye. Kim Hoe-ryeon from the Dogang Kin family. was designated as gaegukwonjong gongsin in 1395 and served several government posts including Gongju Moksa and Hanseong Panyun, The 925cm high and 30.3cm wide Gongsinnokgwon comprises a total of 307 lines and the 4,272 characters, in which Yidu letters are mixed. The Nokgwon also is states the reason for selection and Jik-myeongdanja recorded the names of government position. Especially. Jik-myeongdanja not only is a material for a biography, but also is evaluated as a very important resource for examining the characteristics of Gongsindogam,government office to which worthy retainers belong.

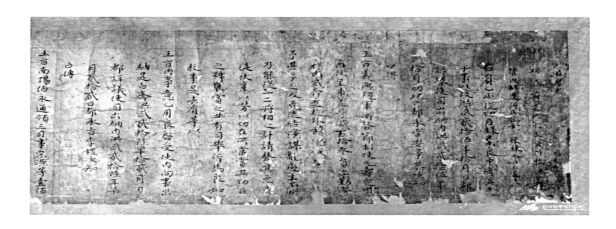

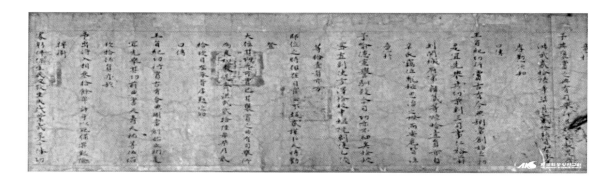

이 녹권은 태조 이성계의 조선 건국에 공을 세운 김회련에게 내린 문서이다. 김회련은 도강 김씨로 태조 4년(1395)에 개국원종공신에 올랐으며, 공주 목사, 한성판윤 등의 벼슬을 지냈다. 공신녹권은 폭 30.3cm, 길이925cm이다. 총 307행, 4천 272자에 달하는 장문이며, 이두문이 섞여있다. 녹권에는 공신 선정 경위, 공신의 관직 이름을 적은 직명단자(職名單子) 등이 실려있다. 특히 공신의 직명단자는 이 녹권에서만 볼 수 있는 전기(傳記) 자료일 뿐만 아니라, 공신이 속하는 관청인 공신도감의 성격을 규명하는데 매우 중요한 것으로 평가된다. 도강김씨 동정공파 대문중은 칠보면 시산리에 소재한 도봉사 연시각에 보관하다가 2013년 9월 12일에 정읍시립박물관에 왕지와 함께 기탁하였다.

이 녹권은 조선 건국에 공을 세운 김회련에게 내린 문서이다. 김회련은 1395년(태조 4년) 3월에 700여 명(김회련은 80번째)과 더불어 개국원종공신에 선정되어 9월에 왕지에 의하여 이 녹권을 사급 받았다. 김회련이 언제 어떠한 공로로 원종공신이 되었는지 실록에 그에 관한 기록이 없으며 전기(傳記)도 전해지지 않고 있기 때문에 자세히 알 수 없었으나 이 녹권을 통해서 알 수 있게 되었다. 녹권의 형태는 세로 30.3cm, 가로 60.2cm 내외의 두터운 저지楮紙(닥종이) 15폭을 이어 붙여 그 전체 길이가 925cm이며 두루마리로 되어 있다. 전체적으로 닥나무로 만든 종이 바탕에 황색 비단을 배접 하여 만들었다. 본문은 25.3cm 길이의 상하변 사이에 2.5~3.2cm의 간격으로 빨간 실선을 긋고 녹권 사급자의 직함, 성명, 공신들의 공로 내용, 모든 공신의 직명단자(職名單子), 공신의 특전 및 도감 관여자의 직함,성씨를 차례로 묵서(墨書)하였다.

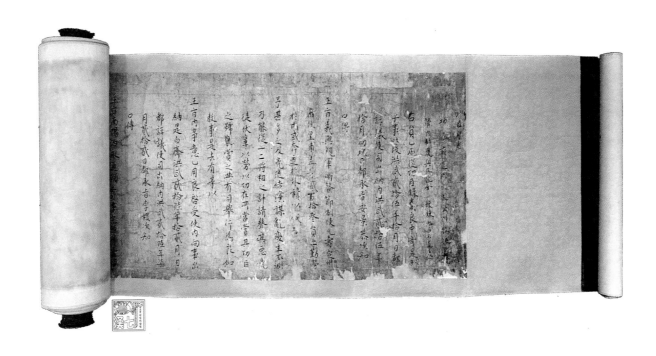

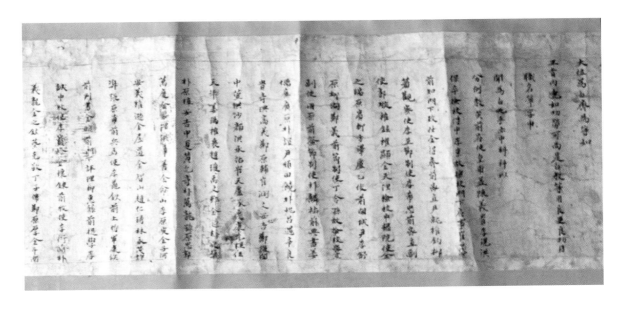

김회련 고신왕지 (金懷鍊 告身王旨)
Royal Edict of Appointment Issued to Kim Hoe-ryeon
(Treasure No. 438)

지 정 일 (Designated date)　　1966.02.28
소 재 지 (Location)　　　　전라북도 정읍시 내장산로 370-12 (부전동, 박물관)
시　　대 (Era)　　　　　　조선 태조 4년(1395)

　김회련 고신왕지(金懷鍊 告身王旨)는 사령서(辭令書)로 뒤에 교지라 일컫던 것이다. 태조 4년 (1395)의 왕지는 공주목사 겸 관내 권농방어사를 제수한 것이며, 행서체로 쓰여있다. 보인(왕의 도장)은 조선지보(朝鮮之寶)이다. 이들 왕지는 희귀한 고문서 자료들이며 공신록 권과 함께 도강김씨 동정공파 대문중은 칠보면 시산리에 소재한 도봉사 연시각에 보관하다 가 2013년 9월 12일에 정읍시립박물관에 왕지와 함께 기탁하였다.

Royal Edict of Appointment Issued to Kim Hoe-ryeon
(Treasure No. 438)

This writ of appointment was granted by Taejo Lee Seong-gye to Kim Hoc-ryeon for rendering meritorious service for the foundation of the Lee dynasty. He became a meritorious subject in 1395. The content of the Royal Order of the year 1395 is to grant Kim Hoe-ryeon the official post. 'Gongju Moksa and Gwannaegwonnong Bangeosa' being in charge of the Gongju area. It is written in semi-cursive style. The Royal Order of 1397 is to appoint him to the position, 'Haeju Moksa' governing the Haeju area, which is written in the grass style. In these two documents, 「Joseonjibo」 is sealed. The Royal Orders are rare resources and Jeong-eup Museum, together with the Gaegukwonjong Gongsinnokgowon(Royal Certificate of Merit).

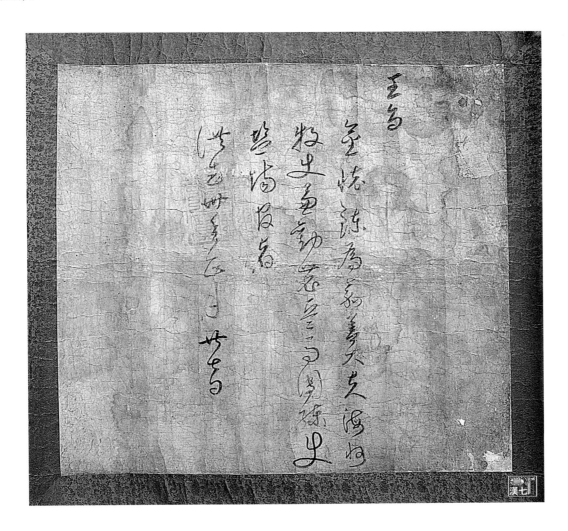

이 왕지는 태조 이성계의 조선 건국에 공을 세운 김회련에게 준 임명장이다. 김회련은 도강 김씨로 태조 4년(1395)에 개국원종공신에 올랐다. 태조 6년의 왕지는 김회련을 해주목사겸 권농병마단련사 염장관에 임명한 것으로, 초서로 쓰여져 있다. 두 문서에는 모두 「조선지보(朝鮮之寶)」라는 도장이 찍혀 있다. 후대에 교지라 불리는 이들 왕지는 희귀한 고문서 자료들로, 현재 김회련 개국원종 공신녹권과 함께 정읍 박물관에 보관되어 있다.

장관 개국원종공신녹권 (張寬 開國原從功臣錄券)
Certificate of Meritorious Subject Issued to Jang Gwan
(Treasure No. 726)

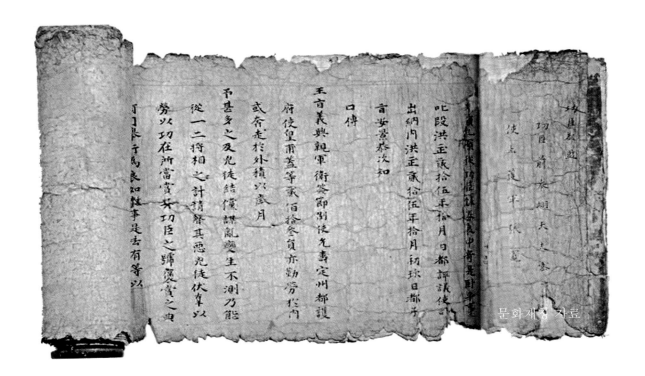

지 정 일 (Designated date)   1981.07.15
소 재 지 (Location)   전라북도 정읍시
시   대 (Era)   조선 태조 4년(1395)

공신녹권이란 공신으로 인정하는 증서를 말하는데, 이것은 태조 4년(1395)에 창산군 장관 (張寬)에게 내려진 원종공신 녹권이다. 태조는 태조즉위년(1392) 8월에 공신도감을 설치하 고 개국의 의거에 참여하고 공을 세운 신하는 개국공신에 봉하고 개국의거에는 참여치는 않 았지만 태조를 따르고 신변을 도와주며, 왕위에 오르기까지 적극 밀어준 이들에게 원종공신 에 봉하였다. 장관 개국원종공신녹권(張寬 開國原從功臣錄券)은 원종공신 각 개인에게 발급 된 유일한 문서로 붉은색 바탕에 길이 67.6m, 폭 34㎝ 정도의 크기이다. 내용은 공신의 공 로 사례를 열거하고 공신의 직명단자 등 그리고 본문 머리를 비롯하여 9군데에 이조지인(吏 曹之印)이 찍혀있다. 개국당시의 공신 전기자료일 뿐만 아니라 조선 전기의 녹권문서와 관제 (官制) 및 이두문자 등을 연구하는데 소중한 자료이다.

Certificate of Meritorious Subject Issued to Jang Gwan
(Treasure No. 726)

The meritorious retainer green right refers to a certificate recognized as a meritorious retainer, which was granted to the Minister of Changsan-gun in the 4th year of King Taejo (1395).In August of the reign of King Taejo (1392), King Taejo established the Office of Confucius, participated in the founding of the country, and did not participate in the founding of the country, but served as a contributor to King Wonjong. The Minister of State's founding contributor, Nokkwon, is the only document issued to each individual of the contributor, and is 67.6m long and 34cm wide on a red background. The contents list the merit cases of the meritorious retainers, and nine places, including the title of the meritorious retainers, and the head of the text, are stamped with Lee Jo-jiin.It is not only a contributing biography data at the time of its establishment, but also a valuable resource for studying the documents of the Nokkwon in the early Joseon Dynasty, government officials, and biceps.

정읍 보화리 석조이불입상 (井邑 普化里 石造二佛立像)
Two Stone Standing Buddhas in Bohwa-ri, Jeongeup
(Treasure No. 914)

지 정 일 (Designated date)   1987.03.09
소 재 지 (Location)   전북 정읍시 소성면 보화리 116,110-5,110-6
시   대 (Era)   백제시대 초기 7세기

　　전라북도 정읍시 야산 중턱에 나란히 서 있는 2구의 석불입상이다. 최근 백제시대의 불상
으로 확인되었는데, 백제 불상의 예를 정읍까지 확대시켰다는 점에서 중요한 자료가 된다.
두 불상은 모두 비슷한 형식과 양식적 특징을 보여주고 있지만, 오른쪽 불상이 왼쪽 불상보
다 약간 커서 원래는 삼존불(三尊佛)일 가능성도 배제할 수 없다. 오른쪽의 큰 불상은 뒤편
의 광배(光背)가 깨지고 대좌(臺座)의 아랫부분을 잃어버린 것 외에는 완전한 모습이며, 두
눈이 파여진 것이 흠이다. 민머리에 상투 모양의 머리 묶음이 솟아 있는데, 백제시대의 불상
인 부여 군수리 석조여래좌상(보물 제329호)과 흡사하다. 얼굴 역시 길고 풍만하며 부드러
워 백제 불상의 특징이 잘 드러나고 있다. 이 불상에서 가장 특징적인 것은 옷차림새인데, 왼
쪽 어깨에만 걸쳐져 있는 옷을 입고 있으며 속에 입은 옷과 아래의 치마도 보인다. 옷 주름들
은 부드러우면서도 소박한 편으로 어깨나 손, 발 등에서도 나타나고 있다. 오른팔이 없어진
작은 불상도 같은 특징을 나타내고 있다. 얼굴의 각 부분은 마모가 심하나 입가로부터 양쪽
볼에까지 미소를 짓고 있어 어린아이와 같은 느낌이 든다. 부드럽고 우아한 모습, 아기 같은
체구, 특징 있는 옷 차림새 등에서 백제 후기 불상의 특징이 잘 나타나고 있는 작품이라고 할
수 있다.

Two Stone Standing Buddhas in Bohwa-ri, Jeongeup
(Treasure No. 914)

These two stone statues are presumed to have been made during the Baekje period (18 BCE-660 CE) and are the only Baekje Buddha statues remaining Jeongeup. Both statues show typical characteristics of Baekje Buddha statues, such as a round face, slim body, and gentle smile. They also have in common a high protuberance on the top of their heads and a draped robe exposing the right shoulder. The statues are 2.56 m and 2.27 m in height. The halo at the back of the taller statue is broken, and the shorter statue is missing its right arm. Both are missing their pedestals and their facial features have been worn away.

정읍 보화리 석조 이불입상 은 백제 시대에 만들어진 두 개 의 불상으로, 서로 비슷해 보이 지 만 크기나 특징에서 약간의 차이가 있다. 큰 불상 은 길고 부드러운 얼굴, 오른 쪽 어깨를 드러낸 옷차림, 부드러우면서 도 소박한 옷 주름이 특징이다. 얼굴 형태 가 비교적 온전히 남 아 있지만 두 눈은 움푹 들어가 있다. 작은 불상은 오른팔이 없 으며, 큰 불상과 특징이 비슷하 지만 입가에 미소를 띤 모습이 앳된 느낌을 준다. 이 불상들은 정읍 지역의 유일한 백제시대 불상이다.

　남쪽을 향하여 나란히 자리하고 있는 불상 2구로 속칭 '부처댕이'에서 발견된 것이다. 주변에는 석불을 모신 보호각이 있었던 것으로 보이지 않고 기와 편이나 토기 등의 유물도 없어 다른 곳에서 옮겨왔을 것으로 추정된다. 우측에 있는 석불은 높이 258cm, 신광 250cm 이며 머리에는 육계가 있고 소발이다. 수인은 시무외여원인을 결하고 있으며 목에는 삼도가 있다. 법의는 우견 편단이고 옷의 아래 부분이 옆으로 넓어진다. 좌측에 있는 불상은 높이 235cm, 몸체의 높이 192cm이다. 머리 부분은 우측의 불상과 같은 형태이며 법의도 우견 편단으로 같다. 손은 시무외여원인을 결한 것으로 보이는데 오른쪽 손이 결실되었다. 머리의 뒷부분에는 삽입을 위한 구멍이 있어 두광을 끼웠을 것으로 판단된다. 석불의 원래 위치를 파악하기 위하여 1984년 원광대학교 마한백제 문화연구소에서 발굴 조사를 실시하였으나 원래의 위치를 확인할 수가 없었다. 석불을 세우고 주변에 보호각을 신축하여 보호하고 있다.

태인 고현동 향약 (泰仁 古縣洞 鄕約)
Village Code of Gohyeon-dong, Taein (Treasure No. 1181)

지 정 일 (Designated date)   1993.11.05
소 재 지 (Location)   전라북도 정읍시
시   대 (Era)   조선시대(선조-1977)

　향약은 착한 것을 권장하고 악한 것을 경계하며 어렵고 구차한 때에 서로 돕고 구하기를
목적으로 하여 마련된 향촌의 자치규약이다. 이 문헌은 임진왜란을 전후한 선조년간에 시작
하여 1977년 최근에 이르기까지 약 400여년 동안 전라도 태인현 고현동에서 결성하고, 시
행한 향약에 관한 자료이다. 원본을 보고 옮겨 쓴 것으로 총 29책인데, 명칭은 다소 다르기는
하나 내용이 향약 자료로 분류되는 문헌이 24책이며, 나머지 5책은 향약 관련 자료들이다.
책의 형태와 체제는 각각 약간씩 다른데 머리말과 맺음말 그리고 좌목(座目:자리의 차례를
적은 목록)과 규약 등이 갖추어진 책도 있고, 단순히 좌목만 있는 책도 있다. 이 향약은 정극
인(1401~1481)의 『향음서』를 기준으로 하며, 성종 6년(1475)이 그 시행 시초가 된다.
이 향약안들은 그 중간중간 빠진 본들이 많으며, 또한 구한말 이후의 것도 6책이나 포함되어
있다. 현재 이 문헌은 영광 정씨, 여산 송씨, 경주 정씨, 청도 김씨, 도강 김씨 등 최초 회원 오
대 문중의 자손들이 돌아가며 총무격인 유사를 뽑아 보존 관리하고 있다. 현존하는 향약 문
헌으로 양적으로나, 내용면에 있어 가장 많고 충실하며 향약 연구에 귀중한 자료이다.

Village Code of Gohyeon-dong, Taein
(Treasure No. 1181)

This Hyangyak is a Maul Autonomous Covenant formed in Gohyeon-dong, Taein-hyeon, and was written for about 400 years from the Joseon Dynasty to 1977, and consists of a total of 29 books. In the literature, 24 books, including Taesan Hyangyakan, Gohyeon Dongyak, and Dongjumok related to the system signed between local people, can be classified as Hyangyak data. Five books, including Namhakdanggi and Sangseonrok, are materials related to Hyangyak. This Hyangyak data was created by Bul Woo-heon (1401-1481) to return to this place in the 6th year of King Seongjong of Joseon (1475), and is ahead of the spirit of Taein Dongjungumseo (鄕洞鄕歆飮) and Lee Toegye and Lee Yul, which were created to encourage residents.

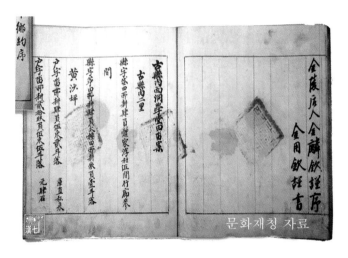
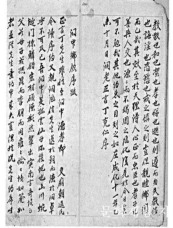

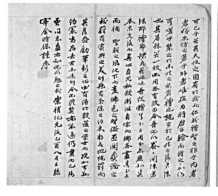
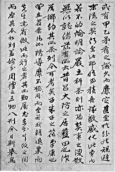

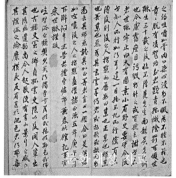

　이 향약(鄕約)은 태인현 고현동(古縣洞)에서 결성한 마을 자치규약으로 조선 선조 때부터 1977년 까지 약 400년 동안 작성되었으며 총 29책으로 구성되어 있다. 문헌 가운데 태산 향약안, 고현동약 그리고 동네 사람들끼리 맺은 계와 관련된 동계좌목(洞契座目), 동중좌목 (洞中座目) 등 24책은 향약 자료로 분류할 수 있다. 남학당기(南學堂記), 상선록(賞善錄) 등 5책은 향약 관련 자료이다. 이 향약 자료는 불우헌(不憂軒) 정극인(丁克仁 1401-1481)이 조선 성종 6년(1475)에 이곳으로 낙향하여, 도의선양과 상호 친목 그리고 권선징악의 미풍양속을 주민에게 권장하기 위해 만든 「태인동중향음서(泰仁洞中鄕歆序)」의 정신을 계승한 것으로 이퇴계와 이율곡의 향약보다 앞선 우리나라 최초의 향약이다.

고현동각은 정불우헌의 고현 향약에서 유래한다. 오랜 세월을 지내는 동안 침체해지자 1724년 (경종 4) 동노들이 양사재를 세웠는데 1728년(영조 4)현감 조정(호 두호)이 이를 남학당이라는 이름으로 학당을 보수하였다. 그 후 1854년(철종 5) 중건하고 한때 동학당이 라고도 하였다. 남학당은 교육기관 인 동시에 고현 향약을 실천해온 곳이다. 고현동각에는 <고현동약좌목>, <태산향약안>, <고현동향약>, <현동약지>, <태산고현동약비문> 등 30여책이 있다. 이 향약과 관련된 문건 29책이 보물로 지정되었다.

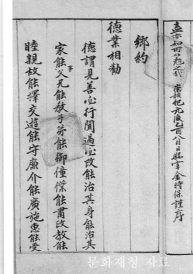

문화재청 자료

문화재청 자료

문화재청 자료

문화재청 자료

남원시편 (Namwon-si)

국보

남원 실상사 백장암 삼층석탑 (南原 實相寺 百丈庵 三層石塔)
Three-story Stone Pagoda at Baekjangam Hermitage of
Silsangsa Temple, Namwon (National Treasure No. 10)

지 정 일   1962.12.20
소 재 지   전라북도 남원시 산내면 대정리 975
시   대   통일신라시대 9세기

  실상사는 지리산 천왕봉 서편에 위치한 절로, 통일신라 흥덕왕 3년(828)에 홍척(洪陟)이 창건하였다. 이곳에서 북쪽으로 얼마쯤 가다 보면 백장암이 나타나는데, 실상사에 딸린 소박한 암자로, 그 아래 경작지에 이 탑이 세워져 있다. 낮은 기단(基壇) 위에 3층의 탑신(塔身)을 올린 모습으로, 각 부의 구조와 조각에서 특이한 양식과 수법을 보이고 있다. 즉, 일반적인 탑은 위로 올라갈수록 너비와 높이가 줄어드는데 비해 이 탑은 너비가 거의 일정하며, 2층과 3층은 높이도 비슷하다. 층을 이루지 않고 두툼한 한 단으로 표현된 지붕돌의 받침도 당시의 수법에서 벗어나 있다. 또한 탑 전체에 조각이 가득하여 기단은 물론 탑신에서 지붕에 이르기까지 다양한 조각이 나타난다. 기단과 탑신 괴임에는 난간 모양을 새겨 멋을 내었고, 탑신의 1층에는 보살상(菩薩像)과 신장상(神將像)을, 2층에는 음악을 연주하는 천인상(天人像)을, 3층에는 천인좌상(天人坐像)을 새겼다. 지붕돌 밑면에는 연꽃무늬를 새겼는데 3층 만은 삼존상(三尊像)이 새겨져 있다. 통일신라시대 후기에 세워진 것으로 추측되는 이 탑은 갖가지 모습들의 조각으로 화려하게 장식하는 등 형식에 얽매이지 않은 자유로운 구조가 돋보이고 있어, 당시를 대표하는 아름다운 석탑 중 하나라 할 수 있다.

 국보

Three-Story Stone Pagoda at Baekjangam Hermitage of Silsangsa Temple (National Treasure No. 10)

This 5 m high pagoda. which was erected in the late Tongil-Silla period, is very unique compared to other pagodas in the structure and decoration . While its base is low, the body of the first floor is high and its width hardly diminishes. On every floor, various figures including Bodhisattva and a celestial maiden are carved magnificently and freely. Unlike the typical stone pagodas, a lotus flower is carved delicately under the roof. The pagoda expresses both the rich imagination of the creator and its timeless.

기단 구조와 각부 장식 조각에서 특이한 양식을 보여주는 이형 석탑으로 높이 5m 이다. 기단부는 단층 또는 2층의 건축 기단이 아니고 방형 대석을 놓아서 기단을 삼고 있다. 그 위에 방형 별석의 탑신받침을 얹고 방형 3층의 탑신부를 받치고 있다. 신부에는 초층 옥신이 폭에 비하여 높이가 높으며 2층, 3층의 옥신도 일반형 석탑에 있어서 는 급격히 감축되나 여기서는 감축도가 많지 않다. 옥개석의 받침이 층단을 이루고 있지 않음도 특이하다. 상륜부는 일부 상실된 부재도 있으나 노반, 복발, 보개, 수연이 완전한 찰주에 중적 되어 있음은 희귀한 예라 하겠다. 구조에서 전형에 구애되지 않는 자유로운 설계로 신라하대를 대표하는 미탑의 하나이다.

3층 탑신부 4면에 천인좌상과 지붕돌 밑에는 삼존상이 새겨져 있다

2층 탑신부 음악을 연주하는 천인상이 있다

기단부는 단층 또는 2층의 건축 기단이 아니고 방형 대석을 놓아서 기단을 삼고 있다. 그 의에 방형 별석의 탑신 받침을 얹고 방형 3층의 탑신부를 받치고 있다. 이 탑은 전면이 세치 화려한 조각으로 차있는데 각층 옥신하부 에는 구자형(軀字形)의 구란(句欄)을 돌리고 상부 에는 목조건축의 두공형 을 모각하였으며 초층 옥신 4면에는 보살상과 신장상 2구씩, 2층 4 면에는 주악천인상 2구씩, 3층 4면에는 1구씩 의 천인 좌상이 각 각있어 만면에 조루 가 화 려하다. 옥개석에는 우동형 (隅棟形)을 모각하고 밑에는 층단 대신 방형연화문석으로 받치 게 하였다

기단부와 1층 탑신부 보살상과 신장상이 있다

남원 만복사지 오층석탑 (南原 萬福寺址 五層石塔)
Five-story Stone Pagoda at Manboksa Temple Site,
Namwon (Treasure No.30)

지 정 일 (Designated date)   1963. 01. 21
소 재 지 (Location)   전북 남원시 왕정동 481-1번지
시   대 (Era)   고려시대

　고려시대에 승려 도선이 창건하였다고 전하는 만복사의 옛터에 서 있는 탑이다. 원래 이곳
에는 절터 중앙에 목탑이 있었던 것으로 추정되고 있으며, 1979년부터 1985년까지 7차에
걸친 발굴조사로 많은 건물지와 다수의 유물이 발견되었다. 현재 탑은 4층까지만 남아있고,
5층 이상은 모두 없어졌다. 탑의 받침대 역할을 하고 있는 기단부(基壇部)는 땅에 파묻혀 있
는데, 이는 훗날 이 지역의 땅바닥이 높아졌기 때문으로 보고 있다. 탑신부의 1층 몸돌은 대
단히 높고 2층 이상은 약 3분의 1로 크기가 줄어들었다. 몸돌에는 모서리마다 기둥 모양을
조각하였고, 지붕돌은 밑면 전체가 위로 들려 있어, 마치 목조건축의 지붕을 보고 있는 듯하
다. 특이한 점은 각 지붕돌 위에 몸돌을 괴기 위한 별도의 네모난 돌이 끼워져 있는 것으로,
당대 석탑의 특징을 보여주는 한 예이다. 이 탑은 고려 문종 때인 11세기에 세워진 것으로,
1968년 이 탑을 보수하다가 탑신의 1층 몸돌에서 사리장치가 발견되기도 하였다.

Five−Story Stone Pagoda at the Site of Manbok Temple in Namwon(Treasure No.30)

This Pagoda was built at the beginning of the Goryeo dynasty. The five−storied main section and the roof made of each seperate stones are placed on high support platform. Each floor has carved pillars in the corners, and every ceiling contains "rising tails." The ceiling of the first floor is higher than those of the other floors. Although it is a typical style with simple structure based on the pagodas from the Goryeo dynasty, it is unique because it has a wide stone slab inserted between the roof and body from the second floor. The upper section has disappeared, its current height is 5.75 m. When it was repaired in 1698, a sarira casket was found on the first floor.

층마다 몸체와 지붕은 각각 별개의 돌로 만들었는데, 첫 번째 층이 유달리 높다. 각층 몸체의 귀퉁이에 기둥모양을 조각하였고, 지붕마다 귀퉁이 아래를 약간 추켜올렸다. 전형적인 고려시대 석탑으로 단순한 구조이지만, 2층부터 지붕과 몸체 사이에 넓은 돌판을 끼워 넣은 점이 특이하다.

기단과 1층 탑신이 다른층 보다 높게 되어 있다

높이 5.5m의 고려시대 화강암으로 제작된 이 석탑은 현재 기단부가 매몰되어 있고 지표에는 모를 죽인 1매 판석이 노출되어 있어 이 석재가 탑신을 받기 위한 별개 석재인지 또는 바로 기단 갑석인지 확실하지 않다. 이 위의 초층 탑신은 높아서 방주 같은데 네 귀퉁이에 우주가 얕게 표시되었을 뿐 다른 조각은 없다. 이층 이상은 급격히 줄었고 상층에 갈수록 감축되었는데 체감 비율은 크지 않다. 옥개석은 두꺼운 편으로 옥리는 전체가 반곡되었고 우각에 이르러는 더욱 강조되었다. 받침은 각 층 1단으로 감소되었고 옥상의 경사는 급하나 전각의 반전은 거의 없는 편이다. 옥개석의 정상면에는 괴임 1단에 마련되었다. 지금 탑신부는 4층까지 남아 있고 그 이상은 상실되었다. 각층 옥개에는 다소의 손상을 입고 있으며 상륜은 전부 없어졌다.

남원 만복사지 석조대좌 (南原 萬福寺址 石造臺座)
The Stone pedestal at the Site of Manbok Temple in
Namwon (Treasure No. 31)

지 정 일 (Designated date)   1963.01.21
소 재 지 (Location)   전북 남원시 왕정동 494-11번지
시   대 (Era)   고려시대

　만복사는 고려시대의 승려 도선이 창건하였다고 전하며, 불상을 올려놓는 받침인 석좌는
절 안에 위치하고 있다. 이 석좌는 거대한 하나의 돌로 상·중·하대를 조각하였는데 육각형
으로 조각한 것이 특이하다. 하대는 각 측면에 안상(眼象)을 새기고, 그 안에 꽃을 장식했으
며, 윗면에는 연꽃 모양을 조각하였다. 중대는 낮으며, 짧은 기둥을 본떠 새겼다. 상대는 중대
보다 넓어지고, 평평한 윗면 중앙에 불상을 끼웠던 것으로 보이는 네모진 구멍이 뚫려 있다.
옆면에 연꽃이 새겨졌던 부분은 주변 전체가 파손되었다. 이 작품은 통일신라시대의 전형적
인 8각형에서 벗어난 6각형이며, 안상 안에 꽃을 장식한 것은 고려시대에 유행한 양식으로,
11세기경에 만들어진 것으로 추정된다.

The Stone pedestal at the Site of Manbok Temple in Namwon
(Treasure No. 31)

This hexagonal cornerstone on which a Buddha statue was once placed is assumed to have been built at the same time as the Manbok temple. It was carved on a 1.4m high hexagonal stone. Each part of the lower section contains craved the pattern of elephant eyes and lotus flowers. The middle part becomes slim, compared with the lower part, and it has short, carved pillars on each corner. The upper part becomes broad again and is assumed to have contained carved lotus flowers on the side. There is a 30cm square hole on the upper middle part where Buddha statue was inserted.

평평한 윗면 중앙에 불상을 끼웠던 것으로 보이는 네모진 구멍이 뚫려 있다

하대는 각 측면에 안상(眼象)을 새기고, 그 안에 꽃을 장식했다

이 석좌는 불상을 올려놓았던 육각형의 받침돌로, 만복사를 지으면서 함께 만든 것으로 보인다. 아랫 부분은 각 측면에 꽃장식을 담은 코끼리 눈 모양(眼象)을 새기고 그 위에 연꽃을 조각하였다. 중간부는 아래쪽보다 너비가 줄어들었는데, 모서리마다 짧은 기둥모양을 세겼다. 윗부분은 다시 넓어지며 그 옆면 역시 연꽃으로 장식하였던 듯하다. 위쪽 바닥 중앙에는 불상을 고정 시키기 위해 파놓은 사방 30cm 가량의 네모난 구멍이 있다. 이 석좌는 높이 1.4m 정도인 하나의 돌을 전체를 조각하였는데, 육각형 모양으로 만든것이 특징이다.

보물 남원 만복사지 당간지주 (南原 萬福寺址 幢竿支柱)
Flagpole Supports at Manboksa Temple Site, Namwon
(Treasure No. 32)

지 정 일 (Designated date)   1963.01.21
소 재 지 (Location)   전북 남원시 남문로 325-5 (왕정동)
시   대 (Era)   고려시대

Flagpole Supports at Manboksa Temple Site, Namwon
(Treasure No. 32)

Dang is a flag used for Buddhist ceremonies, and the painting of Buddha's virtue is drawn on it. Danggan is the support on which the flag pole is placed. A bar is inserted to holes up and down of the pillar to support the flag pole. this flag pole support was made during the Goryeo dynasty. Because the big stone was roughly cut, it shows a plain and heavy beauty. Its height is assumed to be around 5m, including the support stone which is buried under the earth. This big Danggan support can help us understand how vast and grand the Manbok Temple really was.

절에 행사가 있을 때 절 입구에 당(幢)이라는 깃발을 달아 두는데 이 깃발을 달아 두는 장대를 당간(幢竿)이라고 하며, 장대를 양쪽에서 지탱해 주는 두 돌기둥을 당간지주라 한다. 이 당간지주는 만복사터에 동,서로 마주보고 서 있으며, 지주 사이에 세웠던 깃대는 남아있지 않고 이를 고정시켰던 구멍이 세 군데에 뚫려 있다. 현재 아랫부분과 기단이 땅속에 파묻혀 있어 그 이하의 구조는 알수 없다. 두 지주 각 면이 고르지 못하여 전체적으로 투박하고 별다른 장식이 없으며, 전체적으로 생략화 단순화 된 것으로 보아 고려 전기의 작품으로 여겨진다

　높이 3m의 화강암으로 원상대로 양 지주가 동, 서에 위치해 있으며 상면하는 내측면에는 아무런 조각이 없고 외면도 그러하며　전, 후면에도 조각이 없다. 꼭대기 부분은 내면 상단에서 외면으로 내려오면서 사선을 그리며 외부로 깎여지되 외면과 접하는 각은 죽이어 그 부분만 둥글게 하였다. 상, 하부가 거의 같은 크기의 장방형 단면으로 당간을 고정시키는 칸은 상, 중, 하 3곳에 장치하였는데 상부는 내면 상단에 장방형의 한 구를 마련하였고 중 하부는 원공으로 중부는 상부간구 에서 1m 쯤 내려와 시공하였는데 서편 지주는 외면까지 관통되었으며 하부는 하단 가까이에 시공하여 중간부와 같은 형태, 동일한 수법을 보이고 있다. 현재 하부의 간공까지 매몰되어 있으므로 간대나 기단부의 유무, 형태 등은 알 수 없다.

남원 실상사 수철화상탑 (南原 實相寺 秀澈和尙塔)
Stupa of Buddhist Monk Sucheol at Silsangsa Temple,
Namwon (Treasure No.33)

지 정 일 (Designated date)   1963.01.21
소 재 지 (Location)   전북 남원시 산내면 입석길 94-129, 실상사 (입석리)
시   대 (Era)   통일신라시대

실상사 안에 있는 극락전을 향하여 그 오른쪽에 서 있는 탑으로, 수철화상의 사리를 모셔 놓은 사리탑이다. 수철화상은 신라 후기의 승려로, 본래 심원사(深源寺)에 머물다가 후에 실상사에 들어와 이 절의 두 번째 창건주가 되었다. 진성여왕 7년(893)에 77세로 입적하니, 왕은 그의 시호를 '수철화상'이라 하고, 탑 이름을 '능가보월'이라 내리었다. 탑은 신라 석조 부도의 전형적인 양식인 8각의 평면을 기본으로 삼아 맨 아래 바닥돌에서 지붕까지 모두 8각을 이루고 있다. 기단(基壇)은 아래받침돌에 구름과 용무늬와 사자가 새겨져 있으나 마멸이 심하다. 윗 받침돌에는 솟은 연꽃무늬가 삼중으로 조각되어 둘러져 있다. 8각의 탑 몸은 모서리마다 기둥 모양이 새겨져 있고, 각 면에는 문(門) 모양과 사천왕상(四天王像)이 새겨져 있다. 지붕돌은 얇고 경사가 완만하며, 처마 부분에는 엷은 곡선을 이루고 서까래를 새겼다. 지붕 경사면에는 기와골을 표시하였고, 그 끝에는 막새기와까지 표현함으로써 목조건축의 지붕 양식을 충실히 모방하였다. 꼭대기에는 몇 층의 단이 있고, 그 위에 원형이 작은 돌에 있을 뿐 모두 없어졌다. 탑 옆에는 탑비가 건립되어 있어서

이 탑의 주인공을 비롯한 여러 관련된 내용을 알 수 있다. 비문에 의하면, 수철화상이 진성여왕 7년(893)에 입적한 것으로 추정되고 있어, 탑을 세운 시기를 이 즈음으로 추측하고 있다.

Stupa of Buddhist monk Sucheol at Silsangsa Temple, Namwon
(Treasure No.33)

This stupa honors Sucheol(817~893), an eminent Buddhist monk of the Unified Silla period(668~935), After a monk's death, a stupa containing his remains was erected together with a stele recording his life and achievements, The stele of monk Sucheol stands to the right of this stupa. After becoming a monk, Sucheol traveled across the country, concentrating on his spiritual training. In his later days, he stayed in Silsangsa Temple. Following in the footsteps of his respected teacher Hongcheok, he helped make the Silsangsan school, one of the "nine mountain schools" representing Korean Seon Buddhism, flourish. This octagonal stupa is composed of a base, body, and roof stone. The base is decorated with various designs, such as clouds, dragons, lions, and lotus, but is severely eroded. Each side of the body is carved with the Four Guardian Kings.

신라 구산선문의 하나인 실상사의 제2대조 수철화상의 묘탑으로서 높이 3m로 8각 원당의 기본형을 따르고 있으며, 각부의 조루가 목조 건축의 세부양식을 모각하고 있다. 하대석은 3단으로서 최상단은 전면에 운룡문을 새기고 상단에는 각 우각을 따라 난간 주형을 돌려 동자주로 받게 했으며, 중대석에는 각 우각에 주형만 있다. 상대석은 상하 2단인데 하단은 단변 앙연 16 엽씩을 3중으로 조식하고, 상단은 각 우각에 3주를 연결한 주형을 새겼으며, 상면 주위에 연화를 장식하여 탑신을 받고 있다. 탑신 각우에 우주형을 모각하여 각 면마다 문비형과 사천왕상을 양각했으며, 상면에 목조건축의 첨차를 조각하였다. 옥개석은 추녀 밑에 연목을, 옥상에 개와 골이 섬세히 조각되었고, 그위로 화문이 조식된 편구형 2륜을 중적 하고 정상에 보주를 올려놓았다. 수철은 진성여왕 7년(893)에 입적한 것으로 추정되어 이 묘탑도 거의 같은 때의 조성으로 보인다.

보물 남원 실상사 수철화상탑비 (南原 實相寺 秀澈和尚塔碑)
Stele for Buddhist Monk Sucheol at Silsangsa Temple,
Namwon (Treasure No. 34)

지 정 일 (Designated date)   1963.01.21
소 재 지 (Location)   전북 남원시 산내면 입석길 94-129, 실상사 (입석리)
시   대 (Era)   통일신라시대

　　실상사에 위치한 수철화상의 탑비이다. 수철화상은 통일신라 후기의 승려로, 본래 심원사에 머물다가 뒤에 실상사에 들어가 수도하였다. 진성여왕 7년(893) 5월 77세로 이 절에서 입적하자 왕이 시호와 탑명을 내렸다고 한다. 비문에는 수철화상의 출생에서 입적까지의 행적과 사리탑을 세우게 된 경위 등을 기록하고 있다. 그는 실상사에서 입적하였으나 심원사의 승려이었기 때문에 비문에는 심원사 수철화상으로 적고 있다. 비문을 짓고 쓴 사람은 알려져 있지 않으며, 마멸과 손상이 심한 편이다. 탑비의 형식은 당시의 일반적인 탑비 형식과는 달리 거북 모양의 받침돌 대신 안상(眼象) 6구를 얕게 새긴 직사각형의 받침돌을 두어 그 위로 비를 세웠다. 비를 꽂아두는 비좌(碑座)에는 큼직한 연꽃을 둘렀다. 머릿돌에는 구름 속에 용 두 마리가 대칭하여 여의주를 다투는 듯한 모습이 조각되어 있고 그 앞면 중앙에는 능가보월탑비라는 글이 새겨져 있는데, 조각수법이 형식적이고 꾸밈이 약화된 경향이 뚜렷하다. 비의 건립 연대는 효공왕(재위 897~912)대로 추정되고, 글씨는 당대를 전후하여 성행한 구양순체를 따랐다.

보물

Stele of Buddhist MOnk Sucheol at Silsangsa Temple, Namwon (Treasure No. 34)

This stele was erected to honor the life and achievements of Sucheol(817~893), an eminent Buddhist monk of the Unified Silla period(668~935). After a monk's death, a stupa containing his remains was erected together with a stele in his honor The stupa of Monk Sucheol stands to the left of this stele. Sucheol became a monk at the age of 15 and traveled to Buddhist temples and sacred mountains across the country to visit and listen to esteemed Buddhist Patriarchs. He expanded Silsangsa Temple, raising a number of disciples. After his death Queen Jinseong(r. 887~897) ordered a stele and stupa to be erected. His stele is Presumed to have been erected at the turn of the 10th century. It is composed of a pedestal decorated with lotus design, a body, and a capstone carved with two dragons in clouds. The epitaph on the front side is illegible due to severe erosion.

수철화상 탑비는 실상사 발전에 크게 기여한 수철화상의 업적을 기리는 비이다. 수철화상은 신라 후기의 승려로, 본래 심원사에 머물다가 후에 실상사에서 수도하며 후학을 지도하였다. 진성여왕 7년(893)에 그가 실상사에서 입적하자 왕이 시호와 탑명을 내렸다. 비문에는 수철화상 출생에서 입적까지의 행적과 사리탑을 세우게 된 경위 등을 기록하였다. 그런데 실상사에 조성한 문에 수철화상이 실상사 수철화상이 아니라 심원사 수철화상으로 등장한다. 그 이유는 수철화상이 비록 실상사에서 입적하였으나 원래는 심원사의 승려였기 때문이다. 아쉽게도 현재는 비문의 글자가 거의 닳아 없어져 판독이 어려운 상태이다. 이 탑비는 당시의 일반적인 탑비 형식과는 달리 거북 모양의 밑 받침돌 대신 직사각형의 받침돌을 두고 그 위로 비를 세웠다. 비를 꽂는 비좌에는 큼직한 연꽃을 두르고 머릿돌에는 구름 속에서 용 두 마리가 여의주를 차지하려고 다투는 듯한 모습을 조각하였다.

수철화상은 개산(開山) 제2조로 동원경(東原京) 복천사(福泉寺)에서 구족계를 윤법 대덕에게 받고 지리산 지실사에 있었으나 경문왕, 헌강왕은 모두 깊이 불도에 귀의하여 화상을 초청 심원사(深源寺)에 머물게 하였다. 후에 실상사에 들어와 진성왕 7년(893) 5월에 천화 하였다. 왕은 시호를 수철이라 하고 탑명을 능가보월이라 하였다. 비는 총 높이 2.9m, 비신 높이 1.68m, 비신 폭은 1.12m 지대 폭은 1.64m이며 재료는 청석으로 장방형의 대석 은 지대석과 단일석이며 대석 주위 각 면에는 면상을 각출하고 비좌의 둘레에는 중판복연문이 육각되어 있다. 이 같은 대좌의 조형식은 당대에는 드문 것이며 수의 형식적 편화나 천각수법과 아울러 장엄조식의 약화 경향을 보인 것이라 할 수 있다. 그러나 전체적 결구는 매우 견실 질박하며 장중하다. 비문은 화상의 출생, 세계로부터 수계, 득도, 세속 교화, 시적, 조탑에 이르는 경위를 기록한 것이나 심한 마멸로 판독하기 어려운 상태이다.

받침돌은 안상(眼象) 6구를 얕게 새긴 직사각형의 받침돌을 두어 그 위로 비를 세웠다. 비를 꽂아두는 비좌(碑座)에는 큼직한 연꽃을 둘렀다

보물

남원 실상사 석등 (南原 實相寺 石燈)
Stone Lantern of Silsangsa Temple, Namwon
(Treasure No.35)

지 정 일 (Designated date1963.01.21
소 재 지 (Location)   전북 남원시 산내면 입석길 94-129, 실상사 (입석리)
시   대 (Era)   통일신라시대

　실상사는 지리산 천왕봉의 서쪽 분지에 있는 절로, 통일신라 흥덕왕 3년(828)에 홍척(洪
陟)이 선종 9산의 하나로 실상산문을 열면서 창건하였다. 이 석등은 실상사 보광명전 앞뜰에
세워져 있다. 석등은 불을 밝히는 화사석(火舍石)을 중심으로 밑에 3단의 받침을 쌓고, 위로
는 지붕돌과 머리장식을 얹었는데, 평면은 전체적으로 8각형을 기본으로 하고 있다. 받침 부
분의 아래 받침돌과 윗 받침돌에는 8장의 꽃잎을 대칭적으로 새겼다. 화사석은 8면에 모두
창을 뚫었는데, 창 주위로 구멍들이 나 있어 창문을 달기 위해 뚫었던 것으로 보인다. 지붕돌
은 여덟 곳의 귀퉁이가 모두 위로 추켜올려진 상태로, 돌출된 꽃 모양 조각을 얹었다. 머리장
식에는 화려한 무늬를 새겨 통일신라 후기의 뛰어난 장식성을 잘 보여준다. 이 석등은 규모
가 커서 석등 앞에 불을 밝힐 때 쓰도록 돌사다리를 만들어 놓았으며, 지붕돌의 귀퉁이마다
새긴 꽃 모양이나 받침돌의 연꽃무늬가 형식적인 점 등으로 보아 통일신라 후기인 9세기
중엽에 만들어진 작품으로 보인다.

Stone Lantern of Silsangsa Temple, Namwon
(Treasure No.35)

This octagonal stone lantern, erected during the Tongil-Silla period, was based on the typical style of that time. However, it is different from ordinary stone lanterns because of the round janggu-shaped pillar (a Korea traditional drum). It is characterized by another small circular roof on the roof. The various patterns including lotus flowers are carved magnificently on the support, the pillars and the main portion. There are large square windows on eight sides of the body.

이 석등은 통일 신라시대에 만든 것으로, 각 부분을 팔각형으로 만들어 그 시대 석등의 일반적인 형식을 따르고 있다.

지붕 위에 또 하나의 작은 원형 지붕을 얹은 점 역시 독특하다.

이 석등은 기둥이 둥근 장고(長鼓) 모양을 하고 있다는 점에서 일반 석등과 다르다.

부처의 자비를 담은 불빛을 온 누리에 환하게 비추려는 듯 몸체의 여덟 면 모두에 큼직한 사각창을 내었다.

기단과 몸체 등 곳곳에 연꽃을 비롯한 다양한 무늬를 새기어 화려하게 장식하였다.

남원 실상사 승탑 (南原 實相寺 僧塔)
Stupa of Silsangsa Temple, Namwon (Treasure No. 36)

지 정 일 (Designated date)   1963.01.21
소 재 지 (Location)   전북 남원시 산내면 입석길 94-60, 실상사 (입석리)
시   대 (Era)   고려시대

실상사 안에서 멀리 떨어져 있는 잔디밭에 건립되었다. 탑은 일반적인 양식을 기본으로 하여 맨 아래 바닥돌에서 지붕까지 모두 8각을 이루고 있다. 아래 받침돌에는 용틀임과 구름무늬가 아름답게 새겨져 있고, 가운데 받침돌은 아무런 무늬를 새기지 않았다. 윗 받침돌에는 연꽃 8잎이 위를 향해 피어 탑 몸돌을 받치고, 각 모서리를 따라 꽃장식이 표현되어 있다. 탑 몸돌은 한 면에만 문을 얕게 조각하고, 다른 면에는 아무 장식이 없다. 지붕돌은 윗면의 경사가 급하고, 여덟 곳의 귀퉁이에는 작은 꽃이 장식되었다. 꼭대기에는 꾸밈이 없는 둥근돌이 놓이고, 그 위에 연꽃무늬가 새겨진 보주 (寶珠:연꽃 봉오리 모양의 장식)가 놓여 있다. 너비에 비해 길쭉해 보여 안정감이 없어 보이지만 정제된 편이다. 약한 석질 탓인지 조각은 간소하고 소박한 편이며, 특히 윗 받침돌의 꽃장식 표현은 심하게 닳아 있다. 그러나 이러한 종류에 속하는 탑으로서는 걸작에 속한다고 하겠다. 만들어진 연대는 통일신라시대의 양식을 충실하게 계승한 고려 전기의 것으로 추정되고 있다. 높이는 3.2m이며, 팔각 몸체에는 한 면에만 문틀 모양을 조각하고 나머지면은 전혀 장식하지 않았다.

 Stupa of Silsangsa Temple, Namwon
(Treasure No. 36)

This 3.2m high stupa resembles the style from those of the Tongil—Silla period. However, judging from its simple structure or sculpture, the stupa is thought to have been erected during the Goryeo dynasty. Under the octagonal cornerstone, a dragon and cloud patterns are carved, and the middle part was trimmed without any pattern. Lotus flowers are engraved on the cornerstone, On the steeply—sloped roof corner, flower patterns are carved, Its overall shape reflects simple but restrained and balanced feeling.

남원 실상사 동,서 삼층석탑 (南原 實相寺 東·西 三層石塔)
East and West Three-story Stone Pagodas of Silsangsa
Temple, Namwon (Treasure No. 37)

지 정 일 (Designated date) 1963.01.21
소 재 지 (Location) 전북 남원시 산내면 입석길 94-129, 실상사 (입석리)
시   대 (Era)   통일신라시대

　실상사의 중심 법당인 보광전 앞뜰에 동, 서로 세워져 있는 두 탑이다. 실상사는 통일신라
흥덕왕 3년 (828)에 홍척(洪陟)이 창건하였으며 풍수지리설에 의거하여, 이곳에 절을 세우
지 않으면 우리나라의 정기가 일본으로 건너간다 하여 지은 것이라 한다. 이곳에는 3층 석탑
이외에도 석등, 묘탑, 탑비, 부도, 철조 여래좌상 등이 있어 유명하다. 탑은 2층으로 된 기단
(基壇) 위에 3층의 탑신(塔身)을 올린 모습으로, 동서 두 탑 모두 탑의 머리장식이 거의 완
전하게 보존되어 있는 희귀한 예이다. 탑신은 몸돌과 지붕돌이 각각 하나의 돌로 만들어져
통일 신라시대의 정형을 보이며, 각 층 몸돌에는 모서리마다 기둥 모양이 새겨져 있다. 지붕
돌은 처마 밑이 수평이며, 밑면의 받침은 4단이고, 네 귀퉁이에서 살짝 들려 있는데, 그 정도
가 부드러우면서도 경쾌하다. 특히 탑의 머리장식은 원래대로 잘 보존되어 각 장식부재들이
차례대로 올려져 있다. 이와 같이 두 탑은 규모나 양식이 같아서 동시에 조성된 것임을 알 수
있으며, 대작은 아니지만 돌의 구성이 정돈되어 있는 통일신라 후기의 뛰어난 작품이라 할
수 있다.

보물

East and West Three-story Stone Pagodas of Silsang Temple, Namwon (Treaaure No. 37)

These 8.4m high twin stone pagodas and Silsang temple were built during the late Tongil-Silla paeriod. On every story, the main portion and the roof were made of separate stones, and pillars were carved on the corners of the main portion. Under the corner of the roof, it is level, but the part of the upper corners is rising upwardly. It appears less symmetrical because of the big support, but the whole shape indicates cheerful beauty. Though the pagoda in the west has lost part of its top, the upper parts of these two pagodas keep their originalfrom relatively well.

동쪽에 위치한 탑

서쪽에 위치한 탑

이 쌍둥이 석탑은 통일신라 말 실상사를 처음 지으면서 함께 세운 것이다. 높이는 8.4m로 전형적인 통일신라시대 석탑이다. 층마다 몸체와 지붕을 각각 별개의 돌로 만들고, 각층 몸체의 모퉁이에는 기둥모양을 조각하였다. 지붕 아래면은 수평이나, 윗면 모퉁이 부분은 위로 추켜올려졌다. 받침부가 커서 균형감은 덜하나 전체적인 모습은 경쾌한 아름다움을 보여준다. 서쪽 탑은 아쉽게도 꼭대기 일부를 잃어버렸으나, 두 석탑 모두 윗부분이 비교적 원래대로 남아 있어 그 화려했던 모습을 짐작하게 한다.

동탑상륜부

탑신 몸돌과 지붕돌

실상사 보광전 앞에 동서로 규모가 같은 2기의 석탑이 있는데 2중 기단 위에 3층의 탑으로, 통일신라 시대 석탑의 일반 형식을 따르고 있다. 기단 주위로 넓게 장대석을 돌려 탑구를 마련하고 그 중앙에 장대석으로 지대석을 짜서 하층 기단을 만들었다. 상층 기단 중석은 4매로 구성하였는데 각면에 우주형과 탱주 일주가 깊게 조각되었다. 옥개석은 추녀 밑이 수평으로 통일신라 석탑의 통식이며 받침은 4단으로 감소되었고 낙수면에서 전각의 반전은 경쾌하다. 상륜부는 3층 옥개석 정상에 삼단 부연이 있는 노반으로 시작하여 귀꽃으로 장식된 보륜 4개가 위로 갈수록 체감되면서 차례로 얹은 위에 역시 귀꽃으로 장식된 보개가 얹혔다. 이 위에 동탑에는 수연이 있으나 서탑의 것은 없어졌고 이 위에 높이 솟은 찰간에 보주 용차가 꽂혀있다. 대작은 아니라도 통일신라 후기의 우수한 작품의 하나이며 상륜부까지 2기 모두 완전하게 남아있는 귀중한 예이다.

동쪽탑 기단

서쪽탑 기단

남원 실상사 증각대사탑 (南原 實相寺 證覺大師塔)
Stupa of Buddhist Monk Jeunggak at Silsangsa Temple,
Namwon (Treaaure No. 38)

지 정 일 (Designated date)   1963.01.21
소 재 지 (Location)   전북 남원시 산내면 입석길 94-129, 실상사 (입석리)
시   대 (Era)   통일신라시대

　홍척국사의 사리를 모신 탑으로, 팔각의 평면을 기본으로 삼고 있는 전형적인 팔각 원당형 탑이다. 홍척은 통일신라 후기의 승려로 시호는 '증각'이다. 탑은 기단(基壇)은 팔각형의 석재를 여러층 쌓은 뒤 연꽃이 피어있는 모양의 돌을 올렸다. 각 면의 조각들은 닳아 없어져 거의 형체를 알아보기가 힘들고 윗 받침돌의 연꽃잎만이 뚜렷하다. 탑신은 몸돌과 지붕돌로 구성되었는데 낮은 편이다. 몸돌은 기둥 모양을 새겨 모서리를 정하고 각 면에 아치형의 문 (門)을 새겼다. 그곳에 문을 지키고 있는 사천왕상(四天王像)을 돋을새김 하였다. 지붕돌에는 목조건축의 처마선이 잘 묘사되어 있다. 전체적인 조형과 조각수법으로 보아 9세기 후반의 작품으로 추정된다.

Stupa of Buddhist Monk Jeunggak at Silsangsa Temple, Namwon
(Treaaure No. 38)

This stupa was erected to the memory of monk Hongcheok from the late tongil—Silla period. Its design is similar in style to the stupa of the monk Sucheol, his pupil. Hongcheok who had been to the Dang dynasty of China preached Zen Buddhism and opened the Silsang temple for the first time. The carved door pattern is semi—circular, and the lock and doorpull were engraved delicately. The roof is engraved delicately by modeling it on the shape of a wooden pagoda It is 2.4m high and a masterpiece to indicate the outstanding sculpture from the late Tongil—Silla period.

이 부도탑은(浮屠塔) 은 통일 신라말 홍척 (洪陟) 스님을 추모하 여 세운 것으로, 경내 에 함께 있는 그의 제 자 수철(秀澈) 스님의 부도탑과 비슷한 형식 으로 만들었다. 당(唐) 나라에 다녀온 홍척스 님은 선종을 널리 전파 하였으며, 실상사를 처 음으로 열었다. 탑 몸 체에 새긴 문짝 무늬는 윗부분 이 반원형인데, 자물쇠와 문고리까지 세밀하게 새긴 것이 눈 길을 끄다. 지붕은 목 조탑의 모습을 본떠 정 교하게 조각하였으며 탑의 높이는 2.4m이 다. 이 탑은 통일 신라 시대 후반기의 우수 한 조각술을 보여주는 홀 륭한 작품이다.

　8각 지대석 위에 놓인 하대석은 표면에 운룡문과 사자가 조각되었으나 심하게 닳았다. 이 위에 조식이 있는 1석을 놓아 중대석을 받치고 있다. 중대석은 조식이 없는 8각이고, 상대석은 소판 연화를 한 줄에 16엽씩 3중으로 양각한 앙련을 배치하였다. 그 상면에 탑신을 받치는 1석을 끼웠는데 상면에 2단의 부연을 각출하였다. 탑신은 8각 방주형이며 각 면에는 문비형과 신장상이 조각되었다. 옥개는 목조와 옥의 지붕처럼 추녀가 넓게 전개되었는데 하면에는 연목이 모각되고 옥상에 기와골이 표현되었고 우동 8조가 굵게 흘러내렸다. 옥개 정상에 수층의 단이 있고 그 위에 원형의 작은 석재가 있을 뿐 상륜부는 결실되었다. 이탑은 조각수법으로 보아 9세기 경의 우작(優作)으로 추정된다.

남원 실상사 증각대사탑비 (南原 實相寺 證覺大師塔碑)
Stele for Buddhist Monk Jeunggak at Silsangsa Temple,
Namwon (Treasure No. 39)

지 정 일 (Designated date)   1963.01.21
소 재 지 (Location)   전북 남원시 산내면 입석길 94-129, 실상사 (입석리)
시   대 (Era)   통일신라시대

   실상사에 있는 증각대사의 탑비이다. 증각대사는 일명 홍척국사 · 남한 조사로 불리며, 통
일신라 헌강왕 때에 당나라에 들어갔다가 흥덕왕 1년(826)에 귀국한 뒤 구산선문의 하나인
실상사파를 일으켜 세운 고승이다. 비는 비 몸돌이 없어진 채 현재 거북받침돌과 머릿돌만이
남아있다. 받침돌은 용의 머리를 형상화 하지않고 거북의 머리를 그대로 충실히 따랐다. 머
릿돌은 경주의 '태종무열왕릉비' 계열에 속하는 우수한 조각을 보여주는데, 앞면 중앙에 응료
탑비(凝蓼塔碑)라는 비 명칭을 새겨 두었다. 9세기 중엽에 만들어진 것으로 추정되며, 경주
의 신라 무열왕릉비와 같이 한국 석비의 고전적 형태를 잘 나타내고 있다. 대사의 묘탑인 남
원 실상사 증각대사 탑(보물 제38호)은 탑비의 뒤편 언덕에 세워져 있다.

보물

Stele for Buddhist Monk Jeunggak at Silsangsa Temple, Namwon (Treasure No. 39)

This monument and stupa were erected to the memory of the monk Jeunggak. "Jeunggak" is a pseudonym given to the monk Hongcheok after he passed away and also called "Namhan". Hongcheok, a famous Buddhist monk during the Tongil−silla period, first built Silsang temple here.Unfortunately, the body of the monument is missing with only the head and the cornerstone remaining. Unlike the general trend of changing to the head of dragon, the head of a turtle is still carved on the cornerstone. In general, the decoration of the monument is not exaggerated and is expressed realistically. It indicates a typical classical type of monument in Korea.

　　신라시대 9산 선문의 하나로 실상사파의 개조인 홍척국사의 탑비로 비신은 없어지고 이수와 귀부만 남아있다.
9산선문이란?　통일신라말과 고려초에 형성된 선종의 아홉파를 말 함.

　이 비석은 홍척스님을 추모하여 옆의 부도탑과 함께 세운 것이다. 증각은 홍척(洪陟) 스님이 세상을 떠난 후 그의 공덕을 기려 임금이 내린 칭호이며, 일명 남한(南漢)이라고도 부른다. 그는 통일신라시대 유명한 스님으로 이곳 지리산 자락에 실상사를 처음 세웠다. 아쉽게도 현재 비의 몸체는 없어지고 비 머리와 받침돌만 남아 있다. 받침돌에는 용머리 모양으로 표현하던 일반적인 추세와는 달리 거북 머리를 그대로 조각하였다. 비의 장식이 전체적으로 과장되지 않고 사실적이어서 우리나라 고전 비석의 전형적인 형태를 보여준다.

남원 실상사 백장암 석등 (南原 實相寺 百丈庵 石燈)
Stone Lantern at Baekjangam Hermitage of Silsangsa
Temple, Namwon (Treasure No. 40)

지 정 일 (Designated date)   1963.01.21
소 재 지 (Location)   전북 남원시 산내면 대정리 975번지 실상사 백장암
시   대 (Era)   통일신라시대

　실상사는 지리산 천왕봉의 서쪽 분지에 있는 절로, 통일신라 흥덕왕 3년(828)에 증각대사 (일명 홍척국사, 남한조사)가 선종9산 중 실상산문을 열면서 창건하였다. 절 안의 백장암 남쪽 밑으로 울타리를 마련하여 몇 점의 유물을 보호하고 있는데, 석등은 남원 실상사 백장암 삼층석탑(국보 제10호)과 함께 있다. 석등은 일반적으로 불을 밝히는 화사석(火舍石)을 중심으로 밑에 3단의 받침을 두고, 위로는 지붕돌과 머리장식을 얹는데, 이 석등은 받침의 밑부분이 땅속에 묻혀있는 상태이다. 받침은 가운데에 8각의 기둥을 두고, 아래와 윗 받침돌에는 한 겹으로 된 8장의 연꽃잎을 대칭적으로 새겼다. 화사석 역시 8각형으로 네 면에 창을 뚫어 불빛이 퍼져 나오도록 하였다. 지붕돌은 간결하게 처리하였고, 그 위의 머리장식으로는 보주 (寶珠:연꽃 봉오리 모양의 장식)가 큼지막하게 올려져 있다. 전체적으로 8각의 평면인 점으로 보아 통일신라시대 석등의 기본 형태를 잘 간직하고 있다. 각 부분에 새긴 세부적 조각수법으로 미루어 통일신라 후기인 9세기에 건립된 것으로 짐작된다.

보물

Stone Lantern at Beakjangam Hermitage of Silsangsa Temple
(Treasure No. 40)

This typical octagonal stone lantern, made during the Tongil—Silla period, is preserved relatively well. The design method carving the lotus flower and railing on the cornerstone is the same as that of the adjacent three—tiered stone pagoda. Accordingly, they seem to have been erected in the ninth century. it is 2.5m tall and has square windows on every other side of the octagonal main portion. There is little decoration on main protion and support pillar. and the roof is curved slightly and level. This stone lantern has a simple shape as opposed to that in front of the Daeungjeon in Silsang temple.

이 석등은 각 부분을 팔각형으로 만든 전형적인 통일 신라시대의 작품으로, 비교적 완연한 모습을 갖추고 있다. 받침부에 연꽃이나 난간을 새긴 기법 이 옆에 있는 삼층석탑의 조각기법과 동일하여 서로 같은 시기인 9세기경에 세운 듯하다. 석등의 높이는 2.5m이며 팔각형 몸체에는 한 면씩 건너 네 면에 네모진 창을 내었다. 몸체와 받침 기둥 은 거의 장식을 하지 않았고, 지붕운 간결하면서도 평평하게 처리하였다. 실상사 대웅전 앞에 있는 석등에 비해 전체적으로 간결하고 소박한 모습을 보이고 있다.

화강암으로 된 높이 2.5m의 통일신라시대 석등으로 8각 대지석위에 복연대가 마련되었는 데 큼직한 단엽 8변의 복연안에 화문이 조각되고 측면에는 16구의 이형면상(異形面像)이 돌려져 있어 그 화사한 장식의장이 주목된다. 8각 간주석은 통식으로 무문이며 상대는 하대 복연과 같은 형태의 앙련이 조각되었는데 그 위에 화사석을 받는 상단 주연에 난간을 돌려서 더한층 화려하다. 화사석은 8각으로 4면에 화창이 있을 뿐 아니라 별다른 조각은 없다. 8각 개석은 낙수면의 합각이 뚜렷하고 또한 평박하여 각 전각의 반전과 잘 어울려서 경쾌하다. 옥개석위에는 보주(寶珠:연꽃 봉오리 모양의 장식)는 보이지 않는다.

남원 실상사 철조여래좌상 (南原 實相寺 鐵造如來坐像)
Iron Seated Buddha of Silsangsa Temple, Namwon
(Treasure No. 41)

지 정 일 (Designated date)   1963.01.21
소 재 지 (Location)   전북 남원시 산내면 입석리 50번지 실상사
시   대 (Era)   통일신라시대

　통일신라 후기의 대표적인 작품으로 실상사 창건 당시부터 지금까지 보존되어 오고 있는 유명한
철불이다. 통일신라 후기에는 지방의 선종사원을 중심으로 철로 만든 불상이 활발하게 만들어졌
는데, 이 불상 역시 한 예로서 당시의 불상 양식을 잘 표현하고 있다. 어깨선이 부드럽고 가슴도
볼륨 있게 처리되었지만 전반적으로 다소 둔중한 느낌을 주며, 양 어깨에 모두 걸쳐 입은 옷 역시
아래로 내려올수록 무거운 느낌을 준다. 옷 주름은 U자형으로 짧게 표현되고 있는데 이것은 당시
에 유행하던 옷 주름 표현기법으로 비교적 자연스러운 모습이다. 이상과 같은 특징을 지닌 실상
사 철제 여래좌상은 긴장감과 활력이 넘치던 8세기의 불상이 다소 느슨해지고 탄력이 줄어드는 9
세기 불상으로 변화하는 과도기적인 작품이라는 점에 그 의의를 둘 수 있다.

보물

Iron Seated Buddha of Silsangsa Temple, Namwon
(Treasure No. 41)

Of the many iron Buddha statues from the late Tongil—Silla period. this 2.69m high statue is the oldest on.Because its original form was damaged, the lower part of the knees have been repaired. The broken hands have been later discovered and re-attached. Its round head, curly hair, broad chest and slim waste show character—istics of a Silla kingdom Buddha statue. Because its stern and hard face differs from the gentle and vigorous faces of other Buddha statues made before, it helps us identify the aspects of the changes in Buddha statues from the late Silla kingdom.

통일신라 말 지방의 여러 선종 사찰에서 쇠를 녹여 많은 불상을 만들었는데, 이 불상은 그중 가장 오래된 것으로 높이는 2.69m이다. 무릎 아래는 복원한 것이며, 깨어진 두 손도 근래에 찾아 원래의 모습대로 복원해 붙였다. 두리뭉실한 머리 윤곽, 촘촘한 고수머리,원만하고 시원스런 얼굴, 넓은 가슴에 갸름한 허리 등으로 보아 신라시대 불상의 특징을 그대로 이어받고 있다. 그러면서도 근엄하고 딱딱한 표정을 띤 이 불상은 온유함과 생동감을 보이던 앞 시대의 불상과 달리 신라 말 불상의 변천 양상을 가늠케 한다. 머리에는 소라 모양의 머리칼을 기교 있게 붙여 놓았고, 정수리 위에는 상투 모양의 머리(육계)가 아담한 크기로 자리 잡고 있다. 귀는 그런대로 긴 편이고, 목에 있는 3줄의 주름인 삼도(三道)는 겨우 표현되고 있다. 좁아진 이마, 초승달 모양의 바로 뜬 눈, 다문 입 등의 근엄한 묘사는 이전의 활기차고 부드러운 모습과는 판이하게 다르다.

약사전에 모셔져 있는 불상으로 철
4,000근을 들여 조성하였다고 한다. 실
상사 창건시의 불상으로 나발이며 육계
가 있다. 이마에는 백호가 있으며 삼도
가 있고 통견이다. 손은 꺾어진 것으로
최근에 발견하여 복원하였는데 약병을
든 형태를 취하고 있다. 결가부좌하였으
며 높이 268cm 무릎 부분의 폭 199cm
이다.

보물

남원 용담사지 석조여래입상 (南原 龍潭寺址 石造如來立像)
Stone Standing Buddha at Yongdamsa Temple Site, Namwon (Treasure No. 42)

지 정 일 (Designated date)   1963.01.21
소 재 지 (Location)   전북 남원시 주천면 원천로 165-12 (용담리)
시   대 (Era)   고려시대

　용담사는 백제 성왕 때 창건되었다고 전해지는 사찰로, 전설에 의하면 용담천 깊은 물에 이무기가 살면서 온갖 행패를 부리자 이를 막기 위해 신라말 도선국사가 절을 창건하여 용담사라 이름을 지으니, 그 뒤로는 이무기의 나쁜 행동이 없어졌다고 한다. 전설을 뒷받침하듯 절 안의 대웅전은 북쪽을 향하여 용담천 쪽을 바라보고 있다. 정수리에 있는 상투 모양의 머리(육계)가 높고 큼직하며, 얼굴은 바위의 손상으로 분명하지는 않으나 힘차고 박력 있는 표정임을 알 수 있다. 목에는 형식적으로 새긴 3줄 주름인 삼도(三道)가 있다. 몸은 어깨와 가슴이 떡 벌어져 있고, 다리는 돌기둥처럼 강인해 보인다. 부처의 몸 전체에서 나오는 빛을 형상화한 광배(光背)는 깨어진 곳이 많아 분명하지는 않지만 군데군데 불꽃무늬를 조각한 흔적이 남아있다. 불상이 서 있는 대좌(臺座)는 타원형으로 거대한 자연석을 그대로 이용하였다. 이 불상은 고려 초기에 유행한 거구의 불상 계통을 따르고 있으며, 그 시대의 가장 우수한 작품으로 평가되고 있다.

Stone Standing Buddha at Yongdamsa Temple Site, Namwon (Treasure No. 42)

This 6m high carving shows Buddha standing on a large rock describing light surrounding the body. Its support platform is made of separate round stone. The statue was made stone during the Goryeo dynasty. and the roofstone used a separate oval-shaped natural stone. Though most of the statue was worn and damaged, with only the traces remaining, its clear outline of the head, long face and ears, simple neck wrinkles and clothing design which was carved coarsely show the characteristic features of a Goryeo dynasty Buddha statue. Its body is somewhat big, compared to its face. Its stout shoulders, wide chest, thick lower part conveys a strong and grave impression.

이 불상은 커다란 바위에 부처의 서있는 모습과 그 몸 둘레에 서린 빛을 묘사한 광배를 함께 조각한 것이다. 높이가 6m에 이르는 고려시대의 작품으로, 받침돌은 별개의 타원형 자연석을 그대로 사용하였으나, 많은 부분이 닳거나 깨어져 흔적만 남아 있지만, 뚜렷한 머리 윤곽, 긴 얼굴과 귀, 간략한 목주름, 거칠게 조각한 옷 무늬 등은 고려시대 불상의 특징을 잘 반영하고 있다. 얼굴에 비해 체구가 크며 당당한 어깨, 넓은 가슴, 두터운 하체로 인하여 강인하고도 묵직한 인상을 준다.

고려시대의 화강암제이며 전 높이 6m의 석불입상이다. 마멸로 측면을 제화하고는 거의 판별할 수 없는 거구의 불상으로 육계(肉髻)는 높고 얼굴은 길지만 세부묘사(細部描寫)는 알아볼 수 없고 목에는 형식적인 삼도(三道)가 있다.

측면인 귀는 분명히 남아있어 소홀히 처리하지 않아 보이며 의문(衣文)도 굵고 듬성듬성한 음각(陰刻) 의문이며 발목부분은 종선(縱線) 의문이다. 광배(光背)는 거신광(擧身光)인데 불상과 동일석으로 결실(缺失)된 부분이 많으며 양팔 앞에는 구멍이 있다.

대좌(臺座)는 타원형의 자연석으로 여기에 발밑에 촉을 끼우고 있으며 이 불상은 서향(西向)으로 그 앞 일렬로 석등과 칠층석탑이 배열되어 있다.

남원 만복사지 석조여래입상 (南原 萬福寺址 石造如來立像)
Stone Standing Buddha at Manboksa Temple Site,
Namwon (Treasure No. 43)

지정일 (Designated date)
1963.01.21
소재지 (Location)
전북남원시 왕정동
482-1번지
시　　대 (Era)　고려시대

　전라북도 남원시 만복사 절터에서 있는 화강암으로 만들어진 높이 2m의 불상이다. 만복사는 고려 문종(재위 1046~1083) 때 창건된 사찰이고, 이 석조여래 입상도 창건 때 같이 만들어진 것으로 추정된다. 동국여지 승람에 의하면 만복사에는 동쪽에 5층의 전각, 서쪽에 2층의 전각이 있고 그 안에 35척(尺)의 금동불이 있었다고 하는데, 이런 기록으로 보아 만복사가 매우 큰 절이었음을 알 수 있다. 민머리의 정수리에는 상투 모양의 머리(육계)가 둥글게 솟아 있다. 살이 오른 타원형의 얼굴은 눈, 코, 입의 자연스러운 표현과 함께 원만한 인상을 보여준다.

　살이 오른 타원형의 얼굴은 눈·코·입의 자연스러운 표현과 함께 원만한 인상을 보여준다. 어깨에서 팔로 내려오는 곡선, 몸의 굴곡 등도 아주 원만하고 부드럽게 표현되어 있다. 양 어깨에 걸쳐 입은 옷에는 둥근 칼라와 같은 독특한 옷깃의 접힘이 있으며, 그 아래에는 둥근 옷 주름이 표현되어 있다. 오른팔은 들어 손바닥을 보이고 왼팔은 아래로 내려서 역시 손바닥을 보이고 있던 것으로 보인다. 손은 따로 끼울 수 있도록 만들어 놓았는데 지금은 모두 없어진 상태이다. 광배(光背)는 머리광배와 몸광배로 이루어져 있으며 굵은 선으로 구분되고 있다. 윗부분이 없어진 머리 광배에는 활짝 핀 연꽃잎과 연꽃 줄기가 새겨져 있고, 몸광배에는 연꽃 줄기만이 새겨져 있다. 이들의 바깥에는 불꽃무늬가 조각되어 있고, 좌우에는 각각 2구씩의 작은 부처가 들어 있다. 남원 만복사지 석조여래입상은 얼굴이나 몸 등에서 매우 원만하고 부드러운 성격이 드러나 있지만 옷 주름이나 몸의 자세는 다소 부자연스러운 면이 보인다. 통일신라시대를 거쳐 고려시대로 접어들면서 쇠퇴해 가는 불상 양식을 보여주는 작품이다.

Stone Standing Buddha at Manboksa Temple Site, Namwon
(Treasure No. 43)

This Buddha statue was made when Manbok temple was built during the early Goryeo dynasty. The Buddha is carved to appear to be standing on a rock. It originally showed the Buddha standing in a pool of light, but some of the upper part has been damaged. An octagonal-shaped flat stone is used as a support, and a round stone with carved lotus flowers is placed on it. The outline of its head is clear and the curly hear is expressed simply. The Buddha's gentle smile appears quite alive. The clothes running down from its shoulder and around its body express grace and natural beauty. On the back. the shape of the stood Buddha is carved.

불상뒷면

　　이 불상은 고려 초기에 만복사를 지으면서 함께 만든 것으로, 바위에 부처의 서 있는 모습을 조각한 작품이다. 부처 바깥쪽에는 몸에서 발하는 빛을 묘사한 광배(光背)를 조각했는데, 위쪽 일부가 없어졌다. 받침으로는 팔각형의 납작한 돌을 놓고 그 위에 연꽃으로 장식한 둥근돌을 얹었다. 머리의 윤곽은 뚜렷하고 고수머리는 간략하게 표현하였다. 얼굴은 온화하고 인자한 모습에 미소를 머금어 마치 살아있는 듯하다. 어깨로부터 부드럽게 흘러내린 옷자락과 원만한 굴곡을 이루는 몸매가 어우러져 자연스럽고도 우아한 느낌을 자아낸다. 뒷면에는 부처의 서 있는 모습을 조각해\놓았다.

　　<동국여지승람>에 고려문종시소창
(高麗文宗時所創)이라 하는 이 석불은
높이 2m의 화강암으로 소발의 머리에는
접시 같은 육계가 놓였으며 얼굴은 풍려
한 인상으로 선의 묘사가 두드러져 보인
다. 오른팔은 들었고 왼팔은 내렸지만
손은 없어졌으며 손을 따로 끼우도록 하
고 있다. 납의는 통견으로 독특한 옷 접
힘이며 그 아래는 원심적 유력한 음각선
이고 하체의 의문은 두 다리에 양단이 뾰
족한 구심적 타원형의 특징 있는 표현이
다. 광배는 거신 광인데 두광과 신광을
굵은 철선으로 표현하고 있다. 두광은 상
부가 달아나 버렸지만 가운데 머리를 중
심으로 해서 판단이 보다 넓은 복판 연화
문이 조각되었으며 그 밖으로 고사리 줄
기 같은 연지들을 장식하고 있다. 신광안
에도 연줄기들이 정교하게 묘사되었으
며 두, 신광 밖으로는 화염문들이 치밀하
게 올라가고 있는데 양쪽에 각각 앉아있
는 화불 2구씩이 조각되었다. 만복사지
를 정화하면서 석불 하부에 대한 조사가
실시되어 좌대가 발견되었다. 또 여러 차
례에 걸쳐 보호각이 축조되었음도 밝힐
수 있었고 그에 따라 고려시대의 평면형
을 따라 석불 보호각이 세워 졌다.

남원 광한루 (南原 廣寒樓)
Gwanghallu Pavilion, Namwon (Treasure No. 281)

지 정 일 (Designated date)   1963.01.21
소 재 지 (Location)   전북 남원시 천거동 75번지
시   대 (Era)   조선 세종 16년(1434)

　누(樓)란 사방을 트고 마루를 한층 높여 자연과 어우러져 쉴 수 있도록 경치 좋은 곳에 지은 건물을 말한다. 이 건물은 조선시대 이름난 황희 정승이 남원에 유배되었을 때 지은 것으로 처음엔 광통루 (廣通樓)라 불렸다고 한다. 광한루(廣寒樓)라는 이름은 세종 16년(1434) 정인지가 고쳐 세운 뒤 바꾼 이름이다. 지금 있는 건물은 정유재란 때 불에 탄 것을 인조 16년(1638) 다시 지은 것으로 부속건물 은 정조 때 세운 것이다. 규모는 앞면 5칸·옆면 4칸이며 지붕은 옆면에서 볼 때 여덟 팔(八)자 모양을 한 팔작지붕이다. 누마루 주변에는 난간을 둘렀고 기둥 사이에는 4면 모두 문을 달아 놓았는데, 공포는 기둥 위에 얹은 주두로서 도리를 받고 창방을 생략하여 기둥머리 좌우에서 첨차가 나와 도리 밑의 장혀를 받치도록 한 간단한 구조로 정조 때 증축한 것이라 한다. 여름에는 사방이 트이게끔 안쪽으로 걸 수 있도록 해 놓았다. 또한 누의 동쪽에 있는 앞면 2칸·옆면 1칸의 부속건물은 주위로 툇마루와 난간을 둘렀고 안쪽은 온돌방으로 만들어 놓았다. 뒷면 가운데 칸에 있는 계단은 조선 후기에 만든 것이다. 춘향전의 무대로도 널리 알려진 곳으로 넓은 인공 정원이 주변 경치를 한층 돋우고 있어 한국 누정의 대표가 되는 문화재 중 하나로 손꼽히고 있다.

보물

Gwanghallu Pavilion, Namwon
(Treasure No. 281)

Originally called Gwangtongnu, this historic building was built when Hwang Hui, a renowned early Joseon statesman, was exiled here in Namwon. It was in 1444 (the 26th year of King Sejong's reign), that the pavilion was given the current name Gwanghallu by Jeong In-ji who saw great resemblance between the pavilion and the moon palace Gwanghan Cheongheobu. In 1582 (the 15th year of King Seonjo's reign), a great poet and Confucian statesman Jeong Cheol built a bridge with semilunar arches and named it Ojakgyo, or "Crow and Magpie Bridge" in front of the pavilion, The original building was burnt down in 1597 when Toyotomi Hiddeyoshi sent a second invasion force against Korea, and the current building was erected in 1628 (the 4th year of King Injo's reign). The stairs at the north center of the building was added when Joseon was under the rule of King Gojong to support the building which began to be tilted.

정면에서 본
광한루 모습

앞쪽 측면에서본 광한루

뒷쪽 온돌방 쪽 광한루

뒷쪽 측면에서본 광한루

광한루 2층 내부모습

이 건물은 조선시대 이름난 황희 정승이 남원에 유배되었을 때 지은 것으로 처음에는 광통루(廣通樓)라 불렀다. 세종 26년(1444) 정인지가 건물이 전설 속의 달나라 궁전인 광한청허부(廣寒淸虛府)를 닮았다 하여 광한루(廣寒樓)로 고쳐 부르게 되었다. 이후 선조 15년(1582)에는 정철이 건물 앞에 다리를 만들고 그 위를 가로질러 오작교라는 반월형 교각의 다리를 놓았다. 지금의 건물 은 정유재란(1597) 때 불에 탄 것을 인조 4년(1626)에 다시 지은 것이다. 건물 북쪽 중앙의 층계는 점점 기우는 건물을 지탱하기 위해 고종 때 만들었다.

보물

백장암 청동 은입사 향로 (百丈庵 靑銅 銀入絲 香爐)
Bronze Incense Burner with Silver-inlaid Design of
Baekjangam Hermitage (Treasure No. 420)

지 정 일 (Designated date)　　　1965.07.16
소 재 지 (Location)　　전북 남원시 산내면 천왕봉로 447-76, 백장암 (대정리)
시 　　대 (Era)　　　조선 선조 17년(1584)

　절에서 의식을 행하거나 불단 위에 올려놓고 향을 피우는데 사용한 향로 가운데 이처럼 완형(완形)의 몸체에 나팔형으로 벌어진 다리와 원반형 받침을 둔 형태를 특별히 향완이라 불렀다. 백장암 청동은입사향로(百丈庵靑銅銀入絲香爐)는 높이 30㎝, 입지름 30㎝의 크기로서 몸체와 받침대를 따로 만들어 연결하였고, 전체에 은실을 이용하며 입사한 고려시대의 향완의 전통을 계승한 조선시대 작품이다. 입 주위 넓은 테인 전에는 가는 선으로 된 원이 9개가 있고, 그 안에 범자를 새겼고 그 사이에 덩굴무늬를 가득 차게 새겼다. 몸통의 표면 앞뒤로 이중의 가는 선으로 된 큰 원문을 은실로 새기고, 그 안에 5개의 작은 원을 만들어 내부에 다시 범자를 각각 새겨 넣었다. 원과 원 사이에는 덩굴무늬가 가득 차 있고, 몸통 아래쪽에 두 줄로 18개의 연꽃잎이 있다. 받침대는 2단으로 되어 있으며, 위에 길쭉한 연꽃잎 6장이 있고 그 아래로 덩굴무늬가 있다. 조선시대에 와서 원권의 범지문이 새롭게 바뀐 점을 볼 수 있으며 아직까지 문양은 유려하게 입사되었다. 입 주위 전 아랫부분에는 명문이 남아있어 조선 선조 17년(1584)에 만들었음을 알 수 있어 조선시대 전기까지 고려 향완의 모습이 계승된 점을 잘 보여준다.

Bronze Incense Burner with Silver-inlaid Design of Baekjangam Hermitage (Treasure No. 420)

Among the incense burners used to perform rituals or to burn incense on a Buddhist altar, the shape of a bell-shaped body with trumpet-shaped legs and disc-shaped supports was specially called Hyangwan.Baekjangam Bronze is a Joseon Dynasty work that inherited the tradition of Hyangwan of the Goryeo Dynasty, which was joined by using silver thread throughout, with a size of 30cm in height and 30cm in diameter. Before the wide frame around the mouth, there are nine thin circles, and a tiger is engraved in them, and a vine pattern is filled in between. A large double-thin original text was engraved with silver thread on the front and back of the surface of the body, and five small circles were created in it, and each of the beasts was engraved inside. The circle is filled with vine patterns, and there are 18 lotus petals in two rows at the bottom of the body. The pedestal consists of two stages, with six elongated lotus petals on top and a vine pattern on the bottom. It can be seen that Won Kwon's Beomjimun was newly changed in the Joseon Dynasty, and the pattern has still been joined gracefully. The inscription remains in the lower part of the mouth, indicating that it was built in the 17th year of King Seonjo (1584), indicating that Hyangwan of Goryeo was inherited until the early Joseon Dynasty.

　백장암 청동은입사 향로는 조동 향로라고도 한다. 은입사가 있고 구연부 내에 점선명문이 있으며 범자가 많은 것이 특색이다. 고배형으로서 신부와 대좌로 나뉘어 있고, 노신은 완형으로서 상부는 광구이고 하부는 일단의 받침형 원반이 만들어졌다. 대좌는 상족하관의 병부를 가진 원반형이다. 신부는 전고 30cm (향로높이 14.5cm, 대좌 높이 15.5cm), 향로신상경 30cm, 동구경 19cm(구단 폭 4cm, 구단원대 폭 1cm), 향로심 16cm, 대좌하경 20.8cm(대좌원반 고 1.8cm)이다. 신부와 대좌는 별주되었고 대반이 관대해서 전체적으로 안정감을 주고 있다. 고려시대의 작품으로 추정한다.

보물

남원 선원사 철조여래좌상 (南原 禪院寺 鐵造如來坐像)
Iron Seated Buddha of Seonwonsa Temple, Namwon
(Treasure No. 422)

지 정 일 (Designated date)   1965.07.16
소 재 지 (Location)   전북 남원시 용성로 151, 선원사 (도통동)
시   대 (Era)   고려시대

　남원 선원사 철조 여래좌상(南原 禪院寺 鐵造如來坐像)은 전라북도 남원시의 선원사에
모셔진 철조 여래좌상으로 춘궁리 철조 석가여래좌상(보물 제332호)과 매우 비슷한 모습을
보여주는 전형적인 고려시대 철불이다. 약사전에 봉안되어 있으며 높이 120cm, 무릎 부분
의 폭 90cm이다. 머리에는 작은 소라 모양의 머리칼을 붙여 놓았고 이마 위쪽에는 고려시대
불상에서 유행하던 반달 모양을 표현하였다. 3각형의 얼굴은 유연성이 사라지고 날카로운
코·꽉 다문 입·내민 턱 등에서 근엄한 표정을 엿볼 수 있다. 양 어깨에 걸쳐 입은 옷은 얇
게 표현되었는데, 넓은 옷깃을 오른쪽으로 여민 것은 마치 한복을 입은 것처럼 표현되어 매
우 독특하다. 팔과 다리에 나타난 옷 주름은 凸자 모양으로 간략하게 처리하였다. 신체는 어
깨가 반듯하고 가슴은 건장하고 당당한 느낌을 주며 잘록한 허리에는 두 팔이 붙어 있다. 지
금의 손은 최근에 만들어 붙인 것인데, 팔의 형태로 보아 원래는 오른손을 무릎에 올리고 손
끝이 땅을 향하고 왼손은 배부분에 놓았을 것으로 짐작된다. 이 불상은 추상성이 짙어 보이
기도 하지만 균형 잡힌 체구와 재치 있는 주조 기법 등에서 고려시대 철불의 특징을 잘 보여
주고 있는 귀중한 작품이라고 하겠다.

Iron Seated Buddha of Seonwonsa Temple, Namwon
(Treasure No. 422)

This Buddha statue was made during the Goryeo dynasty. Its height is 120cm and the width of knees is 90cm. From his oval-shaped face, sharp nose, closed mouth, it shows typical features of a Goryeo dynasty Buddha statue. His soft shoulder line, broad chest and slim waist line portray a sense of balance, and the cross-legged lower part of the Buddha's body is quite realistic. The "V" shaped style of the Buddha's tunic is unique and givs the impression that the Buddha wears traditional Korean clothes. The exaggerated expression on his face loses its grace, but its body has a sense of balance, His hands were made and reconnected later.

　이 철불은 고려시대에 만든 것으로 높이는 120Cm, 무릎 폭은 90Cm이다. 타원형 얼굴에 날카로운 눈과 예리한 코, 꽉 다문 입술 등에서 고려시대 철불의 특징을 잘 보여준다. 신체는 부드러운 어깨선, 듬직한 가슴, 좁은 허리가 균형을 이루고 있으며, 책상다리를 한 하체도 비교적 사실적이다. 옷은 얇게 표현하였는데, 마치 한복을 입은 것처럼 옷가슴을 V자로 여민 것이 특이하다. 얼굴은 다소 과장되어 온화함과 우아함을 잃어버린 반면, 신체는 자연스러운 안정을 이루고 있다. 손은 근래에 새로이 만들어 끼운 것이다.

보물 남원 신계리 마애여래좌상 (南原 新溪里 磨崖如來坐像)
Rock-carved Seated Buddha in Singye-ri, Namwon
(Treasure No. 423)

지 정 일 (Designated date)   1965.07.16
소 재 지 (Location)   전북 남원시 대산면 신계리 산18번지
시   대 (Era)   통일신라시대

　거대한 바위를 몸체 뒤의 광배(光背)로 삼고 자연 암반을 대좌(臺座)로 삼은 마애불인데, 매우 도드라지게 조각하여 부피감이 풍부하다. 높이 3.4m, 좌상의 높이 2.94m인 마애불상이다. 이 불상은 현재 상태가 비교적 양호한 편이며, 도선국사가 하룻밤 사이에 만들었다는 전설이 전해지기도 한다. 민머리 위에 있는 상투 모양의 머리(육계)가 유난히 큼직하고 두 귀는 짧고 둥글다. 원만한 얼굴과 거기에 알맞게 묘사된 눈·코·입은 생기가 있으며 근엄한 편이다. 어깨가 넓고 가슴이 발달되어 있는데, 지나치게 볼록하여 다소 어색한 감은 들지만 팔과 다리에 입체감이 살아있어 생동감이 있다. 옷은 오른쪽 어깨를 드러내고 왼쪽 어깨에만 걸쳐 있으며, 옷 주름은 평행의 선으로 간략하게 나타 냈다. 두 손은 배에 놓고 있는데 왼손은 손바닥이 위로 향하였고 오른손은 손등을 보이면서 검지 손가락과 새끼손가락을 펴고 있다. 구슬처럼 둥글게 표현한 머리광배에는 연꽃잎을 표현하였는데 이러한 구슬 모양의 머리광배는 그 예가 별로 없는 특이한 것으로 주목받는다. 양감이 풍부한 얼굴 표현 등은 통일신라 후기의 특징이지만, 풍만한 신체에 비하여 각 부분의 세부 표현이 간략화된 점 등으로 보아 고려시대에 만들어진 불상으로 여겨진다.

Rock-carved Seated Buddha in Singye-ri, Namwon
(Treasure No. 423)

This Buddha image, which was made by cutting a side of a rockwall and embossing a sitting Buddha on it, is a typical Buddha statue from the Goryeo dynasty. A legend states that a monk named Doseon carved it for just one night. It is unique that the light of Buddha is expressed with stringed beads. The colthing hung over its left shoulder is expressed by a simple line. its round face, lips, eyes, nose and ears are carved vividly. Its broad shoulder,fat arms and legs express realistic beauty and active appearance.

이 불상은 자연 암석의 한 면을 다듬어 거기에 부처의 앉은 모습을 돋을새김 한 마애불 이다. 도선스님이 하룻밤만에 만들었다는 전설이 있다. 몸 둘레에 서린 빛을 줄에 꿴 구슬로 둥글게 감싸서 표현한 것은 희귀한 예이다. 왼쪽 어깨에 걸친 옷은 단순한 선으로 간략하게 처리하였다. 얼굴은 둥글고 풍만하며 이목구비를 비교적 생동감 있게 조각 하였다. 넓은 어게, 불룩한 가슴, 통통한 팔, 다리에도 입체감이 실려 있어 역동적인 모습을 보여 준다. 이 불상은 뚜렷한 입체감과 생동감을 보여주는 고려시대의 대표적인 마애불이다.

높이 3.4m, 좌상의 높이 2.94m인 마애불상이다. 육계가 큰 편이고 얼굴은 양감이 풍부한 편이다. 목에는 삼도가 있으며 가슴이 넓고 입체감이 있다. 오른손을 굽혀 상복부에 대고 왼손은 아래로 내려뜨린 형태를 보인다. 결가부좌하고 있으며 법의는 우견편단이다. 광배는 외부에 화염문이 있고 두광은 2줄의 원권을 돌려 구획하고 그 안쪽에 연화문을 11엽 양각하였다. 신광에는 연주문을 돌렸으며 광배의 상부가 일부 떨어져 나갔다.

황진가 고문서 (黃進家 古文書)
Documents of Hwang Jin's Family (Treasure No. 942)

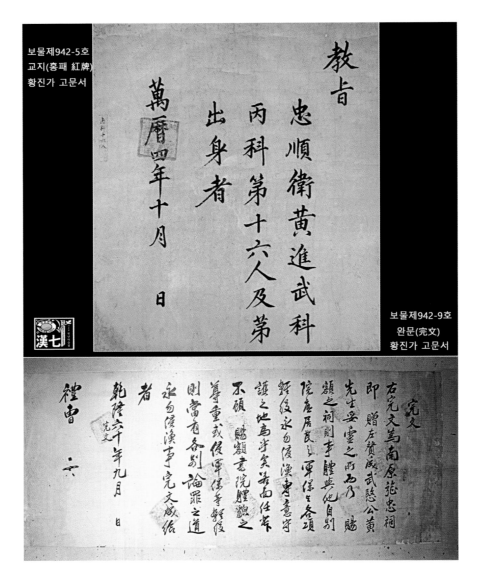

지 정 일 (Designated date)   1987.12.26
소 재 지 (Location)   전라북도 남원시
시   대 (Era)   조선 선조 8년(1575)

   이 책은 조선 선조대의 무신으로 이차 진주성싸움에서 순절한 무민공 황진(1550~1593)
장군의 후손가에 400여 년간 전해 내려온 고문서로, 총 14종 125점이다. 황진은 선조 25년
(1592) 동복 현감으로 있을 때 임진왜란이 일어나자 용인에서 왜군과 싸움을 벌였다. 이어
진안에 침입한 왜장을 사살하고, 이치 싸움에서 적을 격퇴하였으며, 이듬해 왜적의 대군이
진주를 공략하자 진주성에 들어가 성을 지키며 싸우다 장렬하게 전사하였다. 주로 황진과 관
련된 문서들이며, 두 아들의 문서들이 있다. 이 고문서들은 임진왜란 당시의 사실을 밝혀주
는 귀중한 역사자료로 평가된다.

Documents of Hwang Jin's Family
(Treasure No. 942)

This book is an ancient book handed down for 400 years to the descendants of General Moomin Gong Hwang Jin (1550−1593), who passed away in the Second Jinju Castle Fight, a warrior of the Joseon Dynasty, with a total of 125 pieces of 14 species. In the 25th year of King Seonjo (1592), Hwangjin fought against the Japanese army in Yongin when the Japanese Invasion of Korea broke out in 1592. He then killed the Japanese general who broke into Jinan, defeated the enemy in a fight against Ichi, and the following year, when the Japanese army attacked Jinju, he entered Jinjuseong Fortress and fought while defending the castle, and was heroically killed. It is mainly documents related to Hwangjin, and there are documents of two sons. These ancient documents are evaluated as valuable historical materials that reveal the facts of the Imjin War.

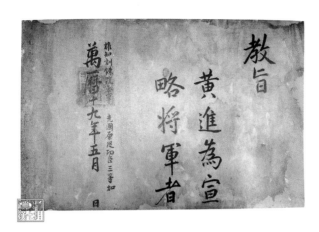

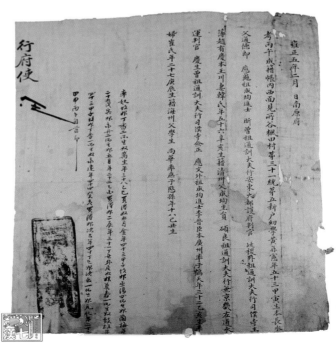

남원 개령암지 마애불상군 (南原 開嶺庵址 磨崖佛像群)
Rock-carved Buddhas at Gaeryeongam Hermitage Site,
Namwon (Treasure No. 1123)

지 정 일 (Designated date)   1992.01.15
소 재 지 (Location)   전북 남원시 산내면 덕동리 산215번지
시   대 (Era)   고려시대

　지리산 정령치에 연이은 고리봉 아래 개령암터 뒤 절벽에 새긴 이 마애불상군은 크고 작은
12구의 불상으로 이루어진 규모가 큰 불상 군이다.　울퉁불퉁한 자연암벽이어서 조각 자체의
양각도 고르지 못하고 훼손도 심한 편이나 3구는 비교적 잘 남아 있다. 이 가운데 가장 거대
한 불상은 4m나 되는데 조각 솜씨도 제일 뛰어나 본존불로 여겨진다. 얼굴은 돋을새김이지
만 신체의 옷 주름은 선으로 처리를 하고 있어 일반적인　고려 마애불의 수법을 따르고 있다.
또한 큼직한 얼굴과 형식화된 이목구비, 장대해진 체구와 간략해진 옷 주름 등에서도 고려
시대에 유행하던 거불적인 특징을 보여주고 있다. 1~2m의 작은 불상들 역시 조각수법이 모
두 같으며, 각 부분의 양식이 비슷한 것으로 보아서 같은 시대에 만들어진 것으로 보인다. 이
처럼 규모가 큰 불상 군은 희귀한 예로서 그 가치가 인정되며, 세전(世田), 명월지불(明月智
佛)등의 글이 새겨 있어 그 중요성을 더해주고 있다.

Rock-carved Buddhas at Gaeryeongam Hermitage Site, Namwon (Treasure No. 1123)

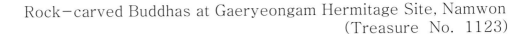

These twelvc Buddha images were carved into a rock on the cliff. The largest on is 4m and its carving skill is considered to be the best. It's oval-shaped face, exaggerated large nose, simple clothes and stout body are typical characteristics of the popular Buddha image from the Goryeo dynasty. The Chinese characters, (Myeongwoljibul) that accompany the statue state that it seems to be Birojana Buddha, the incarnation of Truth. The other Buddha statues are 1~2m high and are also art work from the Goryeo dynasty.

절벽을 이루는 바위에 여러 부처의 모습을 돋을새김 한 이 불상들은 모두 열두 구에 달한다. 가장 큰 불상은 높이 가 4m로 조각 솜씨도 뛰어나, 으뜸으로 모셔진 것이라 여겨진다. 타원형의 얼굴, 다소 과장된 큼직한 코, 간략하게 처리한 옷 주름, 듬직한 체구 등에서 고려시대 유행하던 불상의 특징을 엿볼 수 있다. 이 불상 아래에 (명월지불(明月智佛) 이란 글귀가 새겨져 있어

진리의 화신인 비로자나불을 뜻하는 듯하다. 1~2m 크기의 작은 불상들 역시 비슷한 양식으로 모두 고려시대에 만들어진 것이다. 주위를 감싼 산자락의 적막함이 헐어진 불상의 무상함을 더해준다.

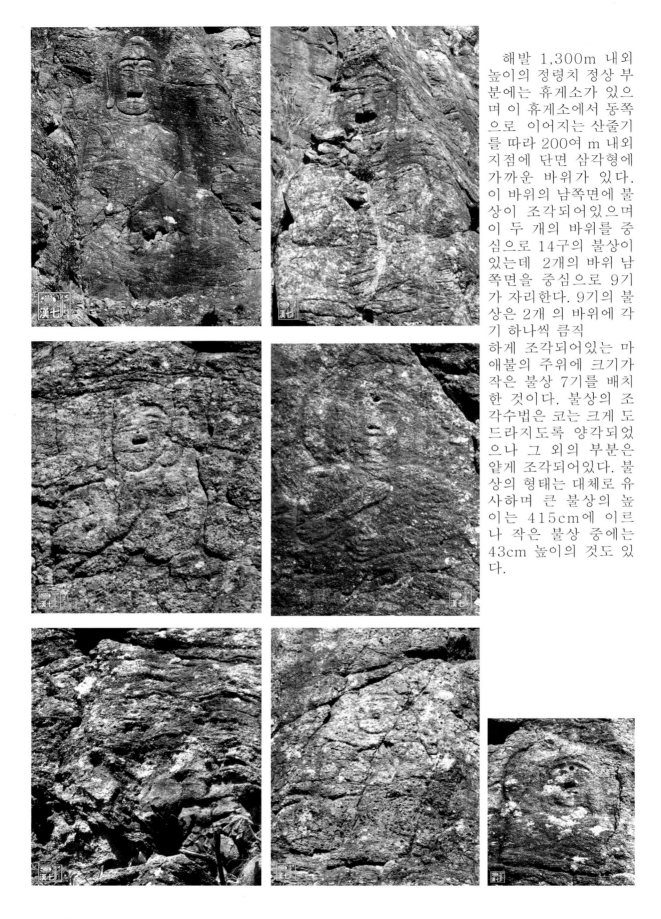

해발 1,300m 내외 높이의 정령치 정상 부분에는 휴게소가 있으며 이 휴게소에서 동쪽으로 이어지는 산줄기를 따라 200여 m 내외 지점에 단면 삼각형에 가까운 바위가 있다. 이 바위의 남쪽면에 불상이 조각되어있으며 이 두 개의 바위를 중심으로 14구의 불상이 있는데 2개의 바위 남쪽면을 중심으로 9기가 자리한다. 9기의 불상은 2개의 바위에 각기 하나씩 큼직하게 조각되어있는 마애불의 주위에 크기가 작은 불상 7기를 배치한 것이다. 불상의 조각수법은 코는 크게 도드라지도록 양각되었으나 그 외의 부분은 얕게 조각되어있다. 불상의 형태는 대체로 유사하며 큰 불상의 높이는 415cm에 이르나 작은 불상 중에는 43cm 높이의 것도 있다.

남원 선국사 건칠아미타여래좌상 및 복장유물
南原 善國寺 乾漆阿彌陀如來坐像 및 腹藏遺物)
Dry-lacquered Seated Amitabha Buddha and Excavated Relics
of Seonguksa Temple, Namwon (Treasure No. 1517

지 정 일 (Designated date)   2007.07.13
소 재 지 (Location)   전북 김제시 금산면 모악15길 1, 금산사 성보박물관
시   대 (Era)   고려시대

　선국사 건칠아미타불좌상은 고려 말에서 조선 초기에 유행한 건칠기법으로 조성된 상으로, 체구가 장대하고 각 부의 비례가 균형감 있게 느껴진다. 상호(相好)는 원만하고 머리는 나발(螺髮)이며 정상계주(頂上계주)와 중앙계주(中央계주)가 있다. 어깨가 둥글고 가슴 부분이 융기되어 있으며 측면 역시 두터워 풍부한 양감이 느껴진다. 재료가 건칠이라는 점은 이 상의 중요성을 더욱 부각시킨다. 현존하는 건칠상은 그 수가 많지 않으며 대부분이 보살상이다. 따라서, 이 아미타불좌상은 14세기 중반의 조각 양식을 잘 보여준다는 점 그리고 드문 고려시대 건칠여래상이란 점에서 보물로 지정할만한 가치가 있다 하겠다. 선국사 건칠아미타불좌상에서는 복장물이 발견되었는데, 일부가 유실되고 현재는 14세기 말에서 15세기 말의 자료들만이 남아있다. 현존하는 인본다라니는 회화적인 도상이 나니라 범자(梵字)를 원상(圓相)으로 배치한 관념화된 도상이란 점에서 불교사상과 관련하여 인쇄사 및 서지학 분야에서 중요한 자료이므로 불상과 함께 일괄로 지정하고자 한다.

Dry-lacquered Seated Amitabha Buddha and Excavated Relics of
Seonguksa Temple, Namwon (Treasure No. 1517)

Dry-lacquered Seated Amitabha Buddha was created with a popular technique
during the lete Goryeo to the early Joseon Period. This Dry-lacquered Seated
Amitabha Buddha of Seonguksa has a majestic and well-proportioned body.
The overall appearance and figure look gentle, with coiled hair and two usnisas,
one on top of the head and one on the front. the statue has rounded shoulders,
a protuberant chest and corpulent torso, which gives a sense of volume. This
Amitabha is regarded as a highly valuable piece well representing the carving style
of the mid-14th century and rare dry lacquered Buddha of the Goryeo Dynasty.
Dry-lacquered Seated Amitabha Buddha was found to contain relics inside,
featuring a round conceptualized design of the Chinese character, meaning Brahman.
These have been designated as treasures along with the Amitabha Buddha because
they are important for the study of Buddhism as well as printing and bibliographic
history.

착의 형식이나 가사의 금구 장식, 내의를 묶은 매듭의 표현 등 양식적으로 장곡사 금동 약사여래좌상(보물 제337호, 1346년 제작) 및 지금은 망실된 문수사 금동여래좌상과 같은 고려 후기 14세기 전반 불상들과 공통된 양식적 특징을 잘 보여주고 있다. 또한 둥근 얼굴이나 왼쪽 어깨에서 접혀져서 늘어진 옷자락 모습은 1274년에 중수하고 1322년에 개금을 한 개운사 목조아미타불좌상(1274년 중수, 1322년 개금) 및 화성 봉림사 목 아미타불좌상(보물 제930호, 1362년 하한)과도 비교가 된다.

선국사 건칠아미타여래좌상은 고려 말에서 조선 초기에 유행한 건칠기법으로 조성된 상으로, 체구가 장대하고 각 부의 비례가 균형감 있게 느껴진다. 상호(相好)는 원만하고 머리는 나발(螺髮)이며 정상계주(頂上계珠)와 중앙계주(中央계珠)가 있다. 어깨가 둥글고 가슴 부분이 융기되어 있으며 측면 역시 두터워 풍부한 양감이 느껴진다.

이 아미타여래 좌상은 14세기 중반의 조각 양식을 잘 보여준다는 점 그리고 드문 고려시대 건칠여래상 이란 점에서 가치가 크다. 선국사 건칠아미타여래좌상에서는 복장물이 발견되었는데, 범자(梵字)를 원상(圓相)으로 배치한 관념화된 도상이란 점에서 불교사상과 관련하여 인쇄사 및 서지학 분야에서 중요한 자료이므로 불상과 함께 일괄로 지정되었다.

보물

남원 선원사 목조지장보살삼존상 및 소조시왕상 일괄
(南原 禪院寺 木造地藏菩薩三尊像 및 塑造十王像 一括)
Wooden Ksitigarbha Bodhisattva Triad and Clay Ten Underworld
Kings of Seonwonsa Temple, Namwon (Treasure No. 1852)

지 정 일 (Designated date)   2015.03.04
소 재 지 (Location)   전라북도 남원시 용성로 151 (도통동, 선원사)
시   대 (Era)   조선시대

　남원 선원사 목조 지장보살 삼존상 및 소조시왕상 일괄은 그 제작시기가 1610년과 1646년의 두 시기로 나뉘어진다. 먼저 지장보살상은 16세기 말부터 활약 기록이 보이는 圓悟(元悟)가 만력 39년(1610)에 수조각승을 맡아 청허를 비롯한 여덟 명의 보조 조각승과 함께 제작한 것이다. 같은 시기에 제작된 무독귀왕과 시왕상 2구의 발원문에는 원오 앞에 인관(印寬)이라는 조각승의 이름이 있어 시왕상과 권속의 상 제작을 지휘했던 것으로 추측된다. 한편 귀왕상에서는 순치 3년(1646)에 수조각승 도색(道色)이 여섯 명의 보조 조각승과 함께 태산대왕을 비롯한 귀왕, 사자, 동자상을 제작한 조성 원문이 발견된 바 있다. 이를 근거로 선원사 명부전 존상들의 제작시기는 1610년부터 1646년까지에 이른다고 할 수 있겠다. 선원사 명부전 존상들은 동자상 몇구를 제외하면 중요한 명부조각의 구성체계를 갖추었고 17세기초 불교 조각계를 이끈 원오와 새로 밝혀진 조각승 인관이 작품을 주도하여 이룬 이 시기의 대표적인 작품이다. 또한 이때 못다 이룬 귀왕 등 권속과 결손된 시왕 일부는 1646년에 도색 등에 의해 보강되고 있다는 점도 흥미롭다. 이들 존상은 17세기 초반과 중반에 시기적 특징을 잘 반영하고 있어 조각사적으로도 중요하다.

보물

Wooden Ksitigarbha Bodhisattva Triad and Clay Ten Underworld Kings of Seonwonsa Temple, Namwon (Treasure No. 1852)

The Ksitigarbha Bodhisattva triad and most of the ten underworld kings enshrined in Myeongbujeon Hall in Seonwonsa Temple, Namwon were produced in 1610 (The 2nd year of the reign of Gwanghaegun of Joseon) by Wono, a master monk sculptor together with his eight assistants. The statue of Taesan, the seventh King of Hell and Ghost King were made in 1646 (The 24th year of the reign of King Injo of Joseon) by a momk sculptor named Dosaek and others. A total of 25 statues and 18 relics inside the Buddha Statue have been designated as treasures. The Ksitigarbha Bodhisattva triad and most of the ten underworld kings enshrined in Myeongbujeon Hall in Seonwonsa Temple,Namwon were originally made in wibongsa Temple in wanju and moved to their current location in the 1910s. The statues of Buddha enshrined in Myeongbujeon Hall in Seonwonsa Temple well reflect the styles of statues of Buddha in the early seventeenth century. The Ksitigarbha Bodhisattva triad and its dependents have remained together as a complete structure. As the period and sculptors of those works have been identified, they have been recognized as crucial relics that can reveal the belief in afterlife from the early seventeenth century, right after the Japanese invasion of Korea (Imjin War).

　　남원 선원사 명부전에 봉안되어 있는 지장보살 삼존상을 비롯한 대부분의 시왕상은 1610년(광해군 2)에 수화승 원오(元悟)를 비롯한 9명의 조각승들이 참여하여 제작한 것이다. 그리고 태산대왕과 귀왕 등의 1646년(인조 24)에 수화승 도색(道色) 등이 조성한 불상으로, 총25구, 복장유물 18점이 일괄 보물로 지정되었다. 선원사 명부전 목조지장보살삼존상과 소조시왕상 등은 원래 완주 위봉사에서 조성된 후, 1910년대 현재 위치로 옮겨 온 것이다. 선원사 명부전 불상들은 17세기 전반의 불상 양식을 잘 반영하고, 지장보살삼존상을 비롯한 권속들이 모두 완전하게 남아있으며, 조성 시기와 작가 등이 밝혀져 임진왜란 직후인 17세기 초반 명부(冥府) 신앙을 밝힐 수 있는 중요한 유물이다.

김제시

김제시편 [Gimje-si]

김제 금산사 미륵전 (金堤 金山寺 彌勒殿)
Mireukjeon Hall of Geumsansa Temple, Gimje
(National Treasure No. 62)

지 정 일 (Designated date)　1962.12.20
소 재 지 (Location)　전북 김제시 금산면 모악15길 1, 금산사 (금산리)
시 　　대 (Era)　　조선 인조 13년(1636)

　모악산에 자리한 금산사는 백제 법왕 2년(600)에 지은 절로 신라 혜공왕 2년(766)에 진표율사가 다시 지었다. 미륵전은 정유재란 때 불탄 것을 조선 인조 13년(1635)에 다시 지은 뒤 여러 차례의 수리를 거쳐 오늘에 이르고 있다. 거대한 미륵존불을 모신 법당으로 용화전. 산호전, 장륙전이라고도 한다. 1층에는 <대자보전(大慈寶殿) > 2층에는 <용화지회(龍華之會) > 3층에는 <미륵전(彌勒殿) >이라는 현판이 걸려있다. 1층과 2층은 앞면 5칸, 옆면 4칸이고, 3층은 앞면 3칸, 옆면 2칸 크기로, 지붕은 옆면에서 볼 때 여덟 팔(八)자 모양인 팔작지붕이다. 지붕 처마를 받치기 위해 장식한 구조가 기둥 위뿐만 아니라 기둥 사이에도 있는 다포 양식이다. 지붕 네 모서리 끝에는 층마다 모두 얇은 기둥(활주)이 지붕 무게를 받치고 있다. 건물 안쪽은 3층 전체가 하나로 터진 통층이며, 제일 높은 기둥을 하나의 통나무가 아닌 몇 개를 이어서 사용한 것이 특이하다. 전체적으로 규모가 웅대하고 안정된 느낌을 준다.

Mireukjeon Hall of Geumsansa Temple, Gimje
(National Treasure No. 62)

Mireukjeon ia a Buuddhist worship hall enshrining a statue of Maitreya, the future Buddha. It is also the main hall of Geumsansa Temple. It is said that when Monk Jinpyo expanded this temple in 776, he built a worship that hall to enshrine an enormous statue of Maitreya. However, during the Japanese invasions of 1592−1598, the Japanese completely destroyed this hall and the statue by fire. The current building was built in 1635 and has since undergone several repairs. From the outside, the hall looks like it has three floors, but inside, it is actually only one open space. Under each level of the roof, there are several complex brackets, which support the roof's weight. Under each corner of the roof, there are additional support pillars. The building has come to be a symbol of Geumsansa Temple and the worship of Maitreya in Korea. Inside the hall, there is a statue of Maitreya in the center with an attendant bodhisattva on each side. This triad was originally made around the time of the building's construction. However, in 1934, there was a small fire which resulted in the original Maitreya statue falling over and breaking. The current Maitreya statue, which measures 12 m in height, was made in 1936 by sculptor Kim Bok−jin (1901−1940). Behind the statue, there is a bronze lotus−shaped pedestal atop which the original Maitreya statue once stood. It is unknown when it was made. Over time, the details of the lotus flower design became worn down, leaving only an overall bowl shape. It is said that if someone makes a wish while touching the pedestal, it will be granted by Maitreya.

거대한 미륵존불을 모신 법당으로 용화전, 산호전, 장륙전이라고도 한다. 1층에는 <대자보전(大慈寶殿)> 2층에는 <용화지회 (龍華之會)> 3층에는 <미륵전(彌勒殿)> 이라는 현판이 걸려있다

1층과 2층은 앞면 5 칸 옆면 4칸이고, 3층은 앞면 3칸, 옆면 2칸 크기로, 지붕은 옆면 에서 볼 때 여덟 팔(八) 자 모양인 팔작지붕 이다.

지붕 처마를 받치기 위해 장식한 구조가 기둥 위뿐만 아니라 기둥 사이에도 있는 다포 양식이다. 지 붕 네 모서리 끝에는 층마다 모두 얇은 기둥(활주)이 지붕 무게를 받 치고 있다.

미륵전 귀공포

내부는 통층으로 미래불인 미륵부처님, 좌측에는 법화림 보살, 우측에는 대묘상 보살의 미륵 삼존상이 봉안되어 있다. 최대는 청동 연화대로써 많은 세월이 흘러 연꽃 문형이 탈락하여 솥 형태로 변형되었다. 손으로 최대를 만지고, 업장 소멸과 소된 성취를 지극정성 으로 발원하면, 미륵부처님께서 가피를 내려주신다는 영험담이 전해 내려온다.

미륵전 1,2,3,층 벽면 전체에 비천상 등 많은 불교 그림이 그려져 있다

김제 금산사 노주 (金堤 金山寺 露柱)
Stone Pillar of Geumsansa Temple, Gimje (Treasure No. 22)

지 정 일 (Designated date)   1963. 01. 21
소 재 지 (Location)   전북 김제시 금산면 모악15길 1, 금산사 (금산리)
시   대 (Era)   고려시대

　『금산사 사적』에 의하면, 금산사는 600년대 창건되어 신라 혜공왕 2년(776)에 진표율
사가 다시 고쳐 세우면서 큰 사찰로서의 모습을 갖추게 되었다. 또한 고려 전기인 935년에
후백제의 신검이 아버지인 견훤을 유폐시켰던 장소로도 유명하다. 이 노주는 금산사 대적광
전에서 서남쪽에 위치한 대장각으로 가는 길의 중간에 있는데, 그 이름을 노주(露柱)라고는
하였으나 실제로 무엇으로 사용한 것인지 그 용도를 알 수 없는 보기 드문 유물이다. 절이 창
건된 때가 통일신라시대라고는 하지만, 당간지주 외에는 통일신라시대의 작품으로 짐작되는
것이 거의 없다. 이 노주도 받침돌에 새겨진 조각의 양식이나 각 부분의 수법으로 보아 고려
전기에 세워진 것으로 추정된다.

꼭대기에 놓인 꽃봉오리 모양의 조각만 없으면 불상을 얹는 사각형의 대좌(臺座)처럼 보인다. 꼭대기에는 석탑과 같은 머리 장식이 남아있는데, 둥근 받침 부분과 보주(寶珠:연꽃봉오리모양의 장식)를 가늘고 긴 사잇기둥이 연결하는 형식이다.

꼭대기에 놓인 꽃봉오리 모양의 조각만 없으면 불상을 얹는 사각형의 대좌(臺座)처럼 보인다. 꼭대기에는 석탑과 같은 머리 장식이 남아있는데, 둥근 받침부분과 보주(寶珠:연꽃봉오리 모양의 장식)를 가늘고 긴 사잇기둥이 연결하는 형식이다.

　이 석조 건조물은 그 용도를 알 수 없는 유물이나 그 형태 가방형(方形)의 연화대처럼 조성된 특이한 석조물임에 착안하여 노주라고 부르고 있다. 석조 건조물의 구조는 상, 중, 하 삼단으로 구성되어 있는데, 각 단마다 안상(眼象)과 화형문 그리고 귀기와 앙련(仰蓮), 복련(伏蓮) 등이 화려하고 다양하게 조각되어 있다. 특히 상대석(上臺石) 위에는 일반 석탑의 상륜부와 유사한 양식이 조각되어 있는데 상륜부가 원형이며 보주 사이는 간주 형식인 것이 매우 특이하다. 들어 작은 수레바퀴 모양의 물건을 잡고 있다. 고려 후기의 불상양식을 충실히 반영하고 있는 이 보살상은 우아하고 세련된 당대 최고의 작품이다.

　이 석조 건조물은 그 용도를 알 수 없는 유물이나 그 형태가방형(方形)의 연화대처럼　조성된 특이한 석조물임에 착안하여 노주라고 부르고 있다. 석조 건조물의 구조는 상, 중, 하 삼단으로 구성되어 있는데, 각 단마다 안상(眼象)과 화형문 그리고 귀기와 앙련(仰蓮), 복련(伏蓮) 등이 화려하고 다양하게 조각되어 있다. 특히 상대석(上臺石) 위에는 일반 석탑의 상륜부와 유사한 양식이　조각되어 있는데 상륜부가 원형이며 보주 사이는 간주 형식인 것이 매우 특이하다. 들어 작은 수레바퀴 모양의 물건을 잡고 있다. 고려 후기의 불상양식을 충실히 반영하고 있는 이 보살상은 우아하고 세련된 당대 최고의 작품이다.

김제 금산사 석련대 (金堤 金山寺 石蓮臺)
Stone Lotus Pedestal of Geumsansa Temple, Gimje
(Treasure No. 23)

지 정 일 (Designated date)　　1963.01.21
소 재 지 (Location)　　전북 김제시 금산면 모악15길 1, 금산사 (금산리)
시 　　대 (Era)　　나말여초(10세기경)

　석련대는 석조연화대좌의 준말로 불상을 올려놓는 돌로 만든 받침대이다. 연화대좌는 흔히 볼 수 있는 것이지만 이것은 형태가 희귀하고 크기도 매우 거대하다. 금산사 대적광전에서 동남쪽으로 10m쯤 되는 돌단 밑에 있는데, 이곳이 원래 위치인지는 알 수 없다. 한 돌로 조각한 것이지만 여러 개의 돌을 사용한 것처럼 상·중·하의 구성이 정연하다. 상대는 윗면이 평평하며 중앙에 불상의 양발을 세워 놓았던 것으로 보이는 네모난 구멍이 두 개 있다. 밑면에는 윗면을 떠받치는 연꽃이 에워싸고 있으며, 꽃잎 사이에도 작은 잎들이 틈틈이 새겨져 있어 더욱 화려하다. 중대는 육각형으로 꽃무늬를 돋을새김하였다. 하대는 엎어놓은 연꽃 모양이 출렁이는 물결무늬처럼 전면을 채우고 있다. 이 작품은 통일신라시대의 양식을 따르고 있으나, 사치스러운 조각 및 장식 등으로 보아 통일신라에서 고려로 넘어가는 시기에 만들어진 것으로 짐작된다.

Stone Lotus Pedestal of Geumsansa Temple, Gimje
(Treasure No. 23)

This lotus-shaped pedestal was made to support a Buddhist statue. It is presumed to have been made sometime between the late period of Unified Silla (668-935) and the early period of the Goryeo dynasty (918-1392).

The pedestal is made from a single granite stone. It consists of a 10-sided base, 6-sided middle part, and a circular top. On the upper side of the top in the center, there are two square holes that are presumed to have been used to fasten the statue to the pedestal. The pedestal is large, measuring 10 m in circumference, and is an outstanding work of art displaying various elaborate patterns.

　　연화대 형식으로 조각한 불상의 좌대(座臺)로 무려 높이가 1.52m, 둘레가 10m에 달하는 거대(巨大)한 연화대(蓮花臺)이다. 연화대 전체가 1개의 돌로 되어있으나 여러 개의 돌로 만들어진 것처럼 상, 중, 하대의 삼단(三檀) 양식을 정연(整然)히 갖추고 있다.

하대석(下臺石)의 측면은 10각형이며 8개 면에는 안상(眼象)을 음각(陰刻)하고 그 안에 서화를 조각하였으며 2개 면에는 사자상(獅子像)을 조각 하였다. 그리고 그 위로 복련판을 각 변에 따라 10판을 돌려 웅려(雄麗)하게 표현하였다. 이와 같은 조각과 장식 이외에도 중대, 상대등에는 안상(眼象)과 화문, 연판문 등을 장식적 의장법으로 조각하였다.

좌대의 조각 수법이 통일신라시대의 양식과 유사하나 무질서한 안상(眼象)의 배치와 연판내(蓮板內)의 사치스러운 조각 및 장식법 등으로 미루어 고려시대 초기, 대략 10세기경의 석조물로 추정하고 있다.

김제 금산사 혜덕왕사탑비 (金堤 金山寺 慧德王師塔碑)
Stele for Royal Preceptor Hyedeok at Geumsansa Temple,
Gimje (Treasure No. 24)

지 정 일 (Designated date)   1963.01.21
소 재 지 (Location)   전북 김제시 금산면 모악14길 268 (금산리)
시   대 (Era)   고려시대(1111)

　금산사 안에 서 있는 탑비로, 혜덕왕사를 기리기 위하여 세운 것이다. 혜덕은 고려 중기의
승려로서, 정종 4년(1038)에 태어나 11세에 불교의 교리를 배우기 시작하였고, 그 이듬해
에 승려가 되었다. 1079년 금산사의 주지가 되었으며 숙종이 불법(佛法)에 귀의하여 그를
법주(法主)로 삼자 왕에게 불교의 교리에 대한 강의를 하기도 하였다. 59세에 입적하였으며,
왕은 그를 국사로 대우하여 시호를 '혜덕', 탑 이름을 '진응'이라 내리었다. 현재 비의 머릿돌
은 없어졌으며, 비문은 심하게 닳아 읽기가 매우 힘든 상태이다. 비의 받침돌에는 머리가 작
고 몸통이 크게 표현된 거북을 조각하였고, 비문이 새겨진 몸돌은 받침돌에 비해 커 보이는
듯하며, 주위에 덩굴무늬를 새겨 장식하였다. 비문에는 혜덕의 생애·행적, 그리고 덕을 기리
는 내용이 담겨 있다. 글씨는 구양순법(歐陽詢法)의 해서체로 썼는데, 구양순의 글씨보다 더
욱 활달하여 명쾌한 맛이 있다. 신라나 조선에 비하여 고려시대의 글씨가 훨씬 뛰어남을 보
여주는 부분이기도 하다.

Stele for Royal Preceptor Hyedeok at Geumsansa Temple, Gimje (Treasure No. 24)

This stele was erected to honor the life and achievements of Sohyeon (1038—1096), an eminent Buddhist monk of the Goryeo period (918—1392). Sohyeon was a son of Yi Ja—yeon (1003—1061), a man of political power who served as prime minister of the Goryeo dynasty. Sohyeon became a monk in 1048 and passed the state examination for monk in 1061. In 1079, he became the head monk of Geumsansa Temple and led the expansion of the temple in terms of both physical scale and cultural influence. It was at this time the temple reached its greatest size. After his death, King Sukjong (R. 1054—1105) bestowed him with the posthumous title of royal preceptor and named him Hyedeok, meaning "wise and virtuous."

This stele was erected in 1111. It consists of a body stone and tortoise—shaped pedestal with a dragon head. It should have a capstone, but it is missing. The epitaph carved on the from side commemorates Sohyeon's life and achievements, and the inscription on the back records the names of his followers, which amount to nearly 1800.

이 비문을 쓴 사람은 당대의 명필인 정윤(鄭允)이며 비문에 의하면 비를 세운 것은 예종 6년(1111)으로 혜덕이 입적한 지 15년이 지난 후의 일이다. 글씨는 구양순법(歐陽詢法)의 해서체로 새긴 비문이다. 지금 비수는 없고 비신부는 당초문을 새겼고 육각갑문 중에는 화문이 있으며 지대석 주위에는 파상선문(波狀線文)이 조각되어 있다. 비문의 찬자(撰者), 필자(筆者)는 식별할 수 없다. 제액(題額)에는 <증시혜덕왕사진응지탑(贈諡 慧德王師眞應 之塔)>이라 새겨있다. 비의 높이 2.78m, 폭 1.5m이다. 양측면에는 아무런 조각이나 장식이 없다. 전체적으로 신석은 크며 두부(頭部)가 작은데 귀부(龜趺)는 하나의 돌이 용두(龍頭) 거북이 형태로 되어 있다. 당대의 일반적인 형식에서 벗어나려는 변화(變化) 있는 조각물이다.

김제 금산사 혜덕 왕사 탑비는 소현 (昭顯 1038–1096)의 생애와 업적 등을 기록한 탑비이다. 소현은 고려 문종 33년(1079)에 금산사 주지가 되어 사찰을 크게 고쳐 지었는데, 금산사는 이때 역사상 가장 큰 규모를 갖췄다고 한다.

전체적으로 신석은 크며 두부 (頭部)가 작은데 귀부(龜趺)는 하나의 돌이 용두(龍頭) 거북이 형태로 되어 있다. 당대의 일반적인 형식에서 벗어나려는 변화 (變化) 있는 조각물이다. 받침돌과 거북이를 하나의 통돌로 조각하였고, 특이하면서도 용맹스러운 기상이 돋보인다. 전라북도에서 매우 찾아보기 어려운 고려시대의 희귀한 탑비라는 점에서 가치가 높고, 불교사와 서예사에서도 중요한 자료로 평가된다.

보물

보물 김제 금산사 오층석탑 (金堤 金山寺 五層石塔)
Five-story Stone Pagoda of Geumsansa Temple, Gimje
(Treasure No. 25)

지 정 일 (Designated date)   1963.01.21
소 재 지 (Location)   전북 김제시 금산면 모악15길 1, 금산사 (금산리)
시   대 (Era)   고려시대

　금산사 안의 북쪽에 송대(松臺)라고 불리는 높은 받침 위에 세워져 있는 탑이다. 바로 뒤에
는 석종 모양의 사리 계단이 있는데, 이렇듯 사리 계단 앞에 석탑을 세워놓은 것은 사리를 섬
기던 당시 신앙의 한 모습 이기도 하다. 상·하 2단의 기단(基壇) 위에 5층 탑신(塔身)을 올
린 모습의 탑이다. 기단부는 아래층 기단의 규모가 좁아져 있고, 각 기단의 윗면에 다른 돌을
끼워서 윗돌을 받치도록 하고 있어 주목된다. 탑신부는 2층 이상에서 줄어드는 비율이 제법
부드럽고, 각 층의 몸돌에 새겨진 기둥 조각이 넓은 편이다. 지붕돌은 밑면에 3단의 받침을
두었으며, 처마는 완만한 곡선을 그리고 있다. 통일신라시대 석탑의 기본 양식을 따르면서,
기단이나 지붕돌의 모습 등에서 색다른 면을 보이고 있어 고려시대 작품으로서의 모습을 잘
나타내고 있다

Five-story Stone Pagoda of Geumsansa Temple, Gimje
(Treasure No. 25)

A pagoda is a symbolic monument enshrining the relics or remains of the Buddha. Usually, pagodas are built in front of the main worship hall, but this pagoda stands in front of an ordination platform, since it is considered an especially sacred place. This 7.2m-tall stone pagoda is composed of a two-tiered base, five sets of body and roof stones, and a decorative top, which is in exceptionally good condition. The pagoda was made over the span of four years be tween 979 and 982 during the Goryeo period (918-1392). In 1492, it was dismantled and reassembled. According to records, it originally had nine stories. In 1971, when the pagoda was dismantled reassembled, various artifacts were found inside it Notably, tow crystal-like pieces of the remains of Dipankara (one of the past Buddhas) and five of Sakyamuni were discovered, as well as eight statues of Buddha and bodhisattvas, a miniature five-story bronze pagoda, seven brass coins, two silver and two bronze reliquaries, and a record of the reassembly of the pagoda in 1492. In 2018, when the pagoda was dismantled and renovated, new reliquaries were made and the remains were enshrined again in the monument. The rest of the artifacts are kept on display at the museum Geumsansa Temple.

김제 금산사 오층석탑은 고려 경종 4년(979)부터 성종 원년(982)에 걸쳐 세워졌다. 본래는 9층이었으나, 현재는 5층 석탑으로 남아있다. 탑의 구조는 통일신라 석탑의 일반형을 따르고 있으나 하층 기단이 협소하고 옥개석(屋蓋石), 추녀 끝이 살짝 들려 고려의 시대적 특징을 보여 준다. 상륜부(相輪部)의 노반(露盤)이 크고 넓으며 그 위에 특이한 복발(覆鉢)이 있고 복발 위에 보륜(寶輪)과 보주(寶珠)가 설치되어 있다. 석탑의 상륜부는 대장전 용마루 한가운데도 설치되었다. 높이는 7.7m이다.

2층 기단(基壇) 위에 조성되었는데 1층을 제외하고는 탑신과 옥개(屋蓋)가 각 하나의 석재이다. 옥개는 낙수 면이 넓고 전각의 반전이 있다. 상륜은 큰 노반(露盤)이 있고 그 위에 보주(寶珠)가 있다.

기단부는 아래층 기단의 규모가 좁아져 있고, 각 기단의 윗면에 다른 돌을 끼워서 윗돌을 받치도록 하고 있어 주목된다. 탑신부는 2층 이상에서 줄어드는 비율이 제법 부드럽고, 각 층의 몸돌에 새겨진 기둥 조각이 넓은 편 이다. 지붕돌은 밑면에 3단의 받침을 두었으며, 처마는 완만한 곡선을 그리고 있다.

6번째 층은 다른 층처럼 몸돌의 각 귀퉁이에 기둥이 새겨져 있고, 지붕돌 모양의 것이 덮여 있으나, 이것은 탑의 머리장식을 받치기 위한 노반(露盤)으로 다른 탑에서는 볼 수 없는 독특한 모습이다. 머리장식은 온전히 유지 되어 원형이 잘 남아 있다.

보물 김제 금산사 금강계단 (金堤 金山寺 金剛戒壇)
Ordination Platform of Geumsansa Temple, Gimje
(Treasure No. 26)

지 정 일 (Designated date)   1963.01.21
소 재 지 (Location)   전북 김제시 금산면 모악15길 1, 금산사 (금산리)
시   대 (Era)   고려시대

　모악산에 자리한 금산사는 백제 법왕 2년(600)에 창건된 절로, 통일신라 경덕왕 때 진표
가 두 번째로 확장하여 대사찰의 면모를 갖추게 되었다. 금산사 경내의 송대(松臺)에 5층 석
탑과 나란히 위치한 이 석종은 종 모양의 석탑이다. 매우 넓은 2단의 기단(基壇) 위에 사각
형의 돌이 놓이고, 그 위에 탑이 세워졌다. 석종형 탑은 인도의 불탑에서 유래한 것으로 통일
신라 후기부터 나타나기 시작한다. 외형이 범종과 비슷해서 석종으로 불린다. 기단의 각 면
에는 불상과 수호신인 사천왕상(四天王像)이 새겨져 있다. 특히 아래 기단, 네 면에는 인물
상이 새겨진 돌기둥이 남아 돌난간이 있었던 자리임을 추측하게 한다. 난간, 네 귀퉁이마다
사천왕상이 세워져 있다. 탑신(塔身)을 받치고 있는 넓적한 돌 네 귀에는 사자머리를 새기고
중앙에는 연꽃무늬를 둘렀다. 판석 위에는 종 모양의 탑신이 서 있다. 꼭대기에는 아홉 마리
의 용이 머리를 밖으로 향한 모습으로 조각되어 있고 그 위로 연꽃 모양을 새긴 2매의 돌과
둥근 석재를 올려 장식하였다. 기단에 조각을 둔 점과 돌난간을 두르고 사천왕상을 배치한
점 등으로 미루어 불사리를 모신 사리 계단으로 해석되고 있다. 이 탑은 가장 오래된 석종으
로
조형이 단정하고 조각이 화려한 고려 전기의 작품으로 추정된다.

Ordination Platform of Geumsansa Temple, Gimje
(Treasure No. 26)

An ordination platform is a place where an ordination ceremony is held in which a lay follower of Buddhism formally vows to uphold the precepts given by the Buddha. In the center of the platform, there is a bell-shaped pagoda where the remains of the Buddha are enshrined. It symbolizes the eternal presence of the Buddha in this place. Geumsansa Temple is a center of the cult of Maitreya (the Buddha of the future). Therefore, this ordination platform is said to represent Tusita (Dosolcheon in Korean), which is the fourth of the six heavenly realms in Buddhist cosmology. It is said that Maitreya is currently residing in this realm as a bodhisattva, awaiting his won rebirth as the Buddha. The platform was built by Monk Jinpyo in 762, and has since undergone several repairs. The platform is made of stones stacked into two square tiers. Along the sides of the tiers, images of buddhas and guardian deities are carved in relief. Judging from the remaining stone pillars standing near the bottom tier, the platform was originally surrounded by a stone railing. The bell-shaped pagoda is presumed to have been made in the Goryeo period (918-1392). The four corners of the base stone are each carved in the shape of a lion's head. The top part of the pagoda rests on a stone carving of nine dragon heads. Among ordination platforms enshrining the remains of the Buddha in Korea, this one is considered to be in the best condition, which makes it a particularly valuable cultural heritage.

이곳 금강계단에서는 출가자와 재가 사의 수계 의식이 행해졌으며, 미륵 십선계를 주었다. 미륵전은 미륵 하생 신앙, 금강계단은 미륵 상생 신앙을 상징하는 도솔천을 표현하였다.

수계(受戒) : 부처님의 가르침을 믿고 따르는 사람이 반드시 지켜야 할 계율을 받는 의식.
십선계(十善戒) : 불교에서 세속인이 지켜야 할 열 가지 계율

대좌의 밑면에 기록한 묵서 명에서 불상의 조성과정방형(方形)의 상하 이중기단을 구비한 높이 2.57m의 석종형(石鐘形)의 부처님 진신(眞身) 사리탑이다. 기단은 대석, 면석, 간석으로 되어 있고 상, 하의 기단 면석에는 불상과 신장상(神將像)이 조각되어 있고 하층 기단이면에는 난간을 돌렸던 흔적이 있다.

석주에는 기이(奇異)한 인물상이 새겨져 있으며 석난간 네 귀에는 사천왕상(四天王像)을 새겨 놓았다. 그리고 탑신을 받치고 있는 판석 네 귀에는 사자(獅子)의 머리만을 부각시켜 조상(造像)하였다.

　대좌 탑신(塔身) 받침 부분 주위(周圍)에는 연판(蓮板)을 돌리고 있고, 밑바닥의 평면은 범종(梵鐘) 모양으로 되어 있으며 특히 밑 부분에는 범종의 하대(下臺)와 같이 화문대(花紋帶)를 조각(彫刻)하였다. 정상(頂上)에는 9룡(九龍)이 전각(篆刻)되어 있으며　그 위로 보주석(寶珠石)을 올려놓고 있다. 이와 같은 석종형(石鐘形)의 사리탑은 통일신라 말부터 나타나기 시작하는데 인도(印度)의 불탑(佛塔) 형식에서 연유(緣由)된 것이다.

보물 김제 금산사 육각 다층석탑 (金堤 金山寺 六角 多層石塔)
Hexagonal Multi-story Stone Pagoda of Geumsansa Temple,
Gimje (Treasure No. 27)

지 정 일 (Designated date)   1963.01.21
소 재 지 (Location)   전북 김제시 금산면 모악15길 1, 금산사 (금산리)
시   대 (Era)   고려시대

금산사 소속의 봉천원(奉天院)에 있던 것을 현재 자리인 대적광전 앞의 왼쪽으로 옮겨 왔다. 우리나라의 탑이 대부분 밝은 회색의 화강암으로 만든 정사각형의 탑인 데 비해, 이 탑은 흑백의 점판암으로 만든 육각 다층석탑이다. 탑을 받치는 기단(基壇)에는 연꽃조각을 아래 위로 장식하였다. 탑신부(塔身部)는 각 층마다 몸돌이 있었으나 지금은 가장 위의 2개 층에만 남아 있다. 몸돌은 각 귀퉁이마다 기둥 모양이 새겨져 있고, 각 면에는 원을 그린 후 그 안에 좌불상(坐佛像)을 새겨 놓았다. 지붕돌은 낙수 면에서 아주 느린 경사를 보이다가, 아래의 각 귀퉁이에서 우아하게 들려있다. 밑면에는 받침을 두었는데, 그 중심에 용과 풀꽃 무늬를 새겨놓았다. 꼭대기의 머리 장식은 남은 것이 없었으나, 훗날 보충한 화강암으로 만든 장식이 놓여 있다. 벼루를 만드는데 주로 쓰이는 점판암을 사용하여 이색적인 분위기를 자아내고 있으며, 각 층의 줄어드는 정도가 온화하고 섬세하다. 몸돌과 지붕돌에 새겨진 조각 수법으로 보아 고려 전기에 세워진 탑으로 짐작된다.

Hexagonal Multi-story Stone Pagoda of Geumsansa Temple, Gimje
(Treasure No. 27)

A pagoda is a symbolic monument enshrining the relics or remains of the Buddha. In many cases, a pagoda does not contain the actual remains, but is still regarded as a sacred place enshrining the Buddha. This multi-story stone pagoda is presumed to have been made in the Goryeo period (918-1392). It originally stood in another section of the temple where monks practiced meditation. However, after the temple was destroyed in the Japanese invasions of 1592-1598, this section was not rebuilt, and so the pagoda was moved to its current location in 1635 This pagoda is composed of a three-tiered base, 13 roof stone, two body stone, and a decorative top. Body and roof stones come in sets, but in this pagoda, all but the top two body stones arc missing. Korean pagodas are usually made of light gray granite, as seen in this pagoda's base and ecorative top. However, its roof and body stones were made of black slate, which is a unique characteristic of this pagoda. On the corners of the roof stones, there are holes where a wind chime would have been hung. The decorative top is shaped like a wish-fulfilling jewel embedded in a lotus flower.

이 탑은 고려 초의 석탑으로 봉천원(奉天院) 터에서 옮겨온 것이다. 대다수의 탑은 밝은 회색의 화강암으로 조성되지만, 벼루를 만드는 점판암으로 제작된 것이 특징이다. 옥개석은 기단부의 연화대 위에 겹겹이 쌓았고, 추녀, 밑에는 풍경을 달았던 구멍이 있다.

3단의 6각 지대석에
는 각 면에 사자상이 있
고 그 위에 앙연과 복
연을 새긴 대석이 있다.
다시 그위에 11층 옥게
만이 층첩되는데 옥게
는 추녀 밑이 수평이고
낙수 면은 완만하여 전
각에서는 반전이 있고
초화와 용이 조각되어
있으며 맨 위에 2층만
남아있는 탑신에는 불
상이 선각 되었다. 상륜
부는 후에 조각한 화강
암재가 놓여있는데 전
체 높이는 2.18m이다.

현재의 높이는 2.18m이며 11층 탑으로 우
리나라의 탑이 대부분 화강암으로 만든 방형
탑(方形塔)인 데 비(比)해 이 탑은 점판암
(粘板岩)의 육각 다층석탑임이 특색이다.

이색적(異色的)인 각층의 체감비례가 아름다
우며, 섬세한 조각 기법을 보여주고 있다. 원래
이 탑에는 층(層) 탑신이 있었으며, 육각의 모
서리마다 풍경(風磬)이 달려 장엄(莊嚴) 스러
웠으나, 지금은 가장 위의 2개 층의 탑신과 11
개 층의 옥계석만 남아있다.

김제 금산사 당간지주 (金堤 金山寺 幢竿支柱)
Flagpole Supports of Geumsansa Temple, Gimje
(Treasure No. 28)

지 정 일 (Designated date)	1963.01.21
소 재 지 (Location)	전북 김제시 금산면 금산리 28-3번지
시 대 (Era)	통일신라시대

　절에 행사가 있을 때 절 입구에 당(幢)이라는 깃발을 달아두는데 이 깃발을 달아두는 장대를 당간(幢竿)이라 하며, 장대를 양쪽에서 지탱해 주는 두 돌기둥을 당간지주라 한다. 금산사 경내에 있는 이 당간지주는 높이 3.5m로 양쪽 지주가 남북으로 마주 보고 서 있다. 지주의 기단은 한 층인데, 잘 다듬은 6장의 길쭉한 돌로 바닥을 두고, 그 위를 두 장의 돌을 붙여서 마무리했다. 기단 위로는 당간을 세우는 받침을 지주 사이에 둥근 형태로 조각하였고, 받침 주변에는 괴임을 새겨두었을 뿐 별다른 꾸밈은 없다. 양쪽 지주의 안쪽 면에는 아무런 조각도 없는 반면에, 바깥면에는 가장자리를 따라 세로띠를 돋을새김하였다. 지주의 꼭대기부분은 안쪽 면에서 바깥쪽 면으로 떨어지는 선을 둥글게 깎았다. 당간을 고정시키기 위한 구멍은 각각 지주의 위, 중간, 아래의 3곳에 뚫었다. 이처럼 구멍을 3곳에 두는 것은 통일신라시대의 양식적 특징으로, 경주 보문사지 당간지주(보물 제123호), 익산 미륵사지 당간지주(보물 제236호)에서도 볼 수 있다. 기단부와 당간 받침을 완전하게 갖추고 있는 작품으로, 지주의 면에 새겨진 조각 수법이 훌륭하다. 우리나라 당간지주 중에서도 가장 완성된 형식을 갖추고 있으며, 통일신라시대의 전성기라고 할 수 있는 8세기 후반에 세워진 것으로 보인다.

Flagpole Supports of Geumsansa Temple, Gimje
(Treasure No. 28)

flagpole supports are a pair of stone pillars set up to support a flagpole which was used to mark Buddhist temple precincts by hanging flags or to celebrate special events and large gatherings by hanging banners. These flagpole supports were constructed in the second half of the 8th century which makes them one of the oldest historical monuments in Geumsansa Temple. They are also known to be the most fully preserved flagpole supports in Korea.

They consist of a foundation, base, and two supports. In the stone base, there is a hole between the two supports in which the flagpole would have been placed. On the interior side of each support, there are two rectangular holes, and on the top, there is on rectangular groove. Metal belts were inserted into these holes and grooves to secure the erected flagpole. The exterior side of the supports are decorated with engraved designs.

깃발을 당, 깃발을 매는 긴 장대를 간이라고 한다. 그리고 당간을 지탱해주는 두 개의 돌 기둥이 지주 역할을 하기 때문에 당간지주라고 부른다. 당간지주는 사찰에서 대형 불화를 설치하는 법회나 신성한 영역을 나타내는 깃발을 걸 때 주로 사용한다.

양쪽에 놓인 지주가 동서로 마주 보고 있고 안쪽에는 당간을 고정하는 데 필요한 구멍이 3개 뚫려 있다. 바깥쪽의 각 면과 받침돌에 서는 화려한 조각 기법을 엿볼 수 있다.

　기단석(基壇石)과 간대(間帶)를 완벽하게 구비하고 있는 국내 유일의 당간지주이다. 이 당간지주(幢竿支柱)는 통일신라시대 전성기인 8세기 후반에 건립된 것으로 보인다.

　기단부와 당간 받침을 완전하게 갖추고있는 작품으로, 지주의 면에 새겨진 조각 수법이 훌륭하다. 우리나라 당간지주 중에서도 가장 완성된 형식을 갖추고 있다.

당간지주 측면의 기단부 조각

보물

김제 금산사 심원암 삼층석탑 (金堤 金山寺 深源庵 三層石塔)
Three-story Stone Pagoda at Simwonam Hermitage of Geumsansa Temple, Gimje (Treaaure No. 29)

금산사 심원암에서 볼 때 북쪽 산꼭대기 가까운 곳에 위치하고 있는 탑이다. 금산사 사적에 의하면, 금산사는 600년대 창건되었는데, 백제 법왕이 그의 즉위년 (599)에 칙령으로 살생을 금하고 그 이듬해에 이 절을 창건하여 38인의 승려를 득도시킨 것으로 기록되어 있다. 탑은 2층의 기단(基壇) 위에 3층의 탑신(塔身)을 올린 모습으로, 탑신의 몸돌에는 네 면마다 모서리에 기둥 모양을 새겼다. 각 몸돌을 덮고 있는 3개의 지붕돌은 넓적하며, 낙수면의 경사를 급하게 처리하였고, 처마의 양끝에서의 들림이 부드러운 곡선을 그리고 있어 고려 시대의 특징이 잘 담겨져 있다. 정상에는 머리 장식을 받치는 노반(露盤) 만이 남아 있다. 깊은 산중에 있었던 탓 인지 탑의 모습이 거의 완전하게 남아있는 아름다운 석탑이다.

지정일 (Designated date)   1963.01.21
소재지 (Location)   전북 김제시 금산면 모악15길 413 (금산리)
시 대 (Era)   고려시대

Three—story Stone Pagoda at Simwonam Hermitage of Geumsansa Temple, Gimje (Treasure No. 29)

A pagoda is a symbolic monument enshrining the relics or remains of the Buddha. Although not all pagodas contain the true remains, they are nonetheless worshiped as sacred places that enshrine the Buddha. This stone pagoda is presumed to have been built during the Goryeo period (918—1392). It measures around 4,5 m in height and consists of a two—tiered base, three sets of body and roof stones, and a decorative top. The decorative top is in fairly good condition but has partial damage. The body stones are narrow and tall which gives the pagoda a slender look, a common feature of the stone pagoda made at the time in this area. Simwonam Hermitage was originally located nearby this pagoda, but was moved elsewhere in 1849. after he founded Geumsansa Temple.

2층 기단 위의 3층 방형 석탑으로 하층 기단은 하대석, 중석, 갑석의 폭이 거의 같고 중석은 각 면에 우주와 탱주가 있는 판석을 세워 조립하였다. 갑석은 2매의 판석으로 만들고 1층 탑신도 4매의 판석으로 이루어졌으며 옥개석은 넓은 편으로 추녀밑이 반곡되어 있다. 낙수면은 경사가 있고 상륜부에는 노반만이 남아있다. 전체 높이는 4.5m이다.

남원 실상사 약수암 목각아미타여래설법상
(南原 實相寺 藥水庵 木刻阿彌陀如來說法像)
Wooden Amitabha Buddha Altarpiece at Yaksuam
Hermitage of Silsangsa Temple, Namwon (Treasure No. 421)

문화재정자료

지 정 일 (Designated date)   1965.07.16
소 재 지 (Location)   전북 김제시 금산면 모악15길 1, 금산사 성보박물관 (금산리)
시   대 (Era)   조선 정조 6년(1782)

　　남원 실상사 약수암 목각아미타여래설법상은 나무에 불상을 조각해서 만든 탱화인데, 탱화
는 대개 천이나 종이에 그린 그림을 족자나 액자 형태로 만들어 거는 불화를 말하지만, 나무
로 조각한 것이 특이하다. 크기는 가로 183㎝, 세로 181㎝로 거의 정사각형에 가까우며, 현
재 전하고 있는 조선 후기의 목조 탱화 가운데 가장 간략한 배치구도를 가지고 있다. 화면은
크게 상하로 나누었는데, 하단에는 아미타불을 중심으로 오른쪽으로는 보현보살과 세지보살
을, 왼쪽으로는 문수보살과 관음보살을 배치하였다. 상단에는 석가의 제자인 아난과 가섭을
중심으로 오른쪽으로 월광보살과 지장보살을, 왼쪽으로는 일광보살과 미륵보살을 배치하였
다. 본존인 아미타불은 타원형의 광배를 가지고 있고 사자가 새겨진 대좌에 앉아 있다. 불상
들은 모두 사각형의 넓적한 얼굴에 근엄하면서도 친근감이 넘친다. 좁은 어깨가 목 위로 올
라붙어 마치 앞으로 숙인 듯한 자세를 취하고 있으며 양어깨에 걸친 옷자락은 길게 연꽃의
대좌 밑까지 흘러내리고 있다. 정조 6년(1782) 제작된 것으로 제작연대가 확실하고 원만한
불상들의 모습과 배치구조, 정교한 세부 조각 등은 조선 후기 목각탱화의 기준이 되는 중요
한 작품으로 평가되고 있다.

Wooden Amitabha Buddha Altarpiece at Yaksuam Hermitage of Silsangsa Temple, Namwon (Treasure No. 421)

Namwon Silsangsa Temple's Yaksuam Wooden Amitabha Buddha Seolbeop is a Buddhist painting made by carving Buddha statues on wood, which usually refers to Buddhist paintings drawn on cloth or paper in the form of scrolls or frames, but it is unique that they are carved with wood. The size is about 1.81m high and 1.83m wide, and the material is woodblock. On top of the square wooden board, Palbosal and Dujonja are embossed in two layers below, centering on the main Buddha. The main Buddha in the middle of the bottom is on the wooden board. It slightly protrudes and sits, and a support is provided underneath. The main Buddha is a seated statue seated on a high lotus pedestal. It is very different to express the pattern of clothes under the knees in a long wave. The expression of distrust and justice follows the common sense of Buddha in the Joseon Dynasty. A triangular lotus decoration was carved around the back of the engraved reception light on the back plate, with a large lotus flower at the top of the halo, a standing statue on the upper side of the universe, and a seated statue on the upper side. On the left and right sides of the chief monk, Munsu on the left side of Bohyeon, Seji on the right side, and Sabosal of Gwaneum on the left side filled the bottom. All of them are standing statues on Angryeon or Bokryondae, wearing flower crowns on their heads and holding infantry and flower branches, and lotus trees are engraved between them. At the top, Ananjonja and Wolgwangjijang Bodhisattva were arranged from the center of the right, and Gaseopjonja and Ilgwang Maitreya Bodhisattva were arranged from the center of the left, all of which are standing. The two monks have Yukgye on their heads, and the rest of the Bodhisattva are wearing corolla. It can be seen from the inscription in the Buddha statue that it was produced in the 6th year of King Jeongjo (1782).

석가의 제자인 아난과 가섭

본존인 아미타불

김제 귀신사 대적광전 (金堤 歸信寺 大寂光殿)
Daejeokgwangjeon Hall of Gwisinsa Temple, Gimje
(Treasure No. 826)

지 정 일 (Designated date)   1985.01.08
소 재 지 (Location)   전북 김제시 금산면 청도6길 40, 귀신사 (청도리)
시   대 (Era)   신라시대 16세기

 귀신사(歸信寺)는 신라 문무왕 16년(678) 의상대사가 세운 절로 8개의 암자가 있었다고
전한다. 이 절에는 예스러운 맛이 배어 있는 건물과 연꽃무늬로 된 받침대, 동물 모양의 돌
등 많은 석물을 볼 수 있다. 지혜의 빛을 비춘다는 비로자나불을 모신 대적광전은 17세기경
에 다시 지은 것으로 짐작된다. 앞면 5칸·옆면 3칸 규모이며, 지붕은 옆면에서 보았을 때 사
람 인(人)자 모양의 맞배지붕이다. 지붕 처마를 받치기 위해 장식하여 짜는 구조가 기둥 위
뿐만 아니라 기둥 사이에도 있는 다포 양식이다. 앞면 3칸 문에는 빗살무늬 창호를 달았고,
오른쪽과 왼쪽 끝칸인 퇴칸은 벽으로 만든 점이 특이하다

보물

Daejeokgwangjeon Hall of Gwisinsa Temple, Gimje
(Treasure No. 826)

This is a Buddhist worship hall enshrining a statue of Vairocana, the Cosmic Buddha, who represents the truth body (Dharmakaya). The building's name, meaning "hall of great peace and light," refers to the Buddha's brilliance emanating out to all places. It is unknown when this building was first established. However, it is known to have a two-story roof. In 1823, it was rebuilt to have a single-story roof. Based on the differences among the intricate bracket structures directly below the roof, it is presumed that the materials from the original building were reused during the reconstruction. Inside the hall, there is a clay seated Buddha triad (Treasure No. 1516). Vairocana is depicted at the center with Bhaisajyaguru (Medicine Buddha) and Amitabha (Buddha of Western Paradise) to each side.

맞배지붕

소조비로자나 삼불좌상

다포양식 공포

　김제 귀신사 대적광전은 흙으로 빚어 만든 소조 불상인 소조 비로자나 삼불좌상(보물제1516호)이 모셔져 있는 건물이다. 본래 이 건물은 2층으로 지어졌으나 조선 순조 23년(1823)에 1층으로 낮추어 다시 지어졌다. 지붕은 전체적인 비례에 비해 크고 높으며, 사람인(人)자 모양의 맞배지붕이다. 대적광전은 기둥과 기둥 사이에 공포를 짜 올린 다포양식으로 지어졌는데, 기존 건물의 부재를 사용하여 건물의 앞면과 뒷면의 공포가 서로 다른 것이 특징이다. 김제 귀신사 대적광전은 조선 후기 대표적인 목조 건물이라는 점에서 조선 후기 건축사를 연구하는데 필요한 귀중한 자료로 평가된다.

김제 금산사 대장전 (金堤 金山寺 大藏殿)
Daejangjeon Hall of Geumsansa Temple, Gimje
(Treasure No. 827)

지 정 일 (Designated date)　　　1985.01.08

소 재 지 (Location)　　　전북 김제시 금산면 금산리 35-2번지 금산사

시　　　대 (Era)　　　조선 인조

　금산사는 금산사 사적에 따르면 백제 법왕(600) 때 세운 절이라고 한다. 이 건물은 원래 미륵전 뜰 가운데 세운 목조탑으로 불경을 보관하던 곳이었는데, 지금은 예전의 기능은 없어지고 안에 불상을 모시고 있다. 조선 인조 13년(1635)에 다시 짓고, 1922년에 지금 있는 위치로 옮겼다. 지붕 위에 남아 있는 조각들은 목조탑이었을 때 흔적이며 건물 안에는 석가모니와 가섭, 아난의 제자상을 모시고 있다. 규모는 앞면 3칸 옆면 3칸 크기이며 지붕은 옆면이 여덟 팔(八)자 모양을 한 팔작지붕이다. 기둥 윗부분에 장식하여 지붕 처마를 받치는 공포는 기둥 위와 기둥 사이에도 있다. 이를 다포 양식이라 하는데 양쪽 칸에는 1개, 가운데 칸에는 공포를 2개씩 올렸다. 건물 안쪽 천장은 우물 정(井)자 모양으로 꾸민 우물천장이고 석가모니가 앉아 있는 수미단에는 정교한 장식문을 조각해 놓았다. 전체 건물 구조와 크기가 비교적 간단하고 작지만 큰 관심을 끄는 변형 건물로, 탑 형식의 목조 건축물 연구에 귀중한 자료가 되는 문화재이다.

Daejangjeon Hall of Geumsansa Temple, Gimje
(Treasure No. 827)

This building is a worship hall enshrining a Sakyamuni Buddha triad. When this worship hall was first built in 1635, it enshrined copies of the Korean Buddhist scriptures (Tripitaka Korean), and was therefore named Daejangjeon, meaning "Hall of the Tripitaka." It is unknown at what point the hall stopped enshrining the Buddhist scriptures, but in the 17th century Buddha triad was enshrined here. In 1922, the building was relocated slightly behind its original position, to allow for a better view of Mireukjeon hall. The outer walls of the building display mural paintings of Buddhist stories and the Buddhist paradise of the West. The Buddha triad inside the hall, which features an ornate golden mandorla behind the Buddha, is designated as Jeollabuk−do Tangible Cultural Heritage No. 253.

지붕 위에는
금강계단과
오층석탑에
서 볼 수 있는
복발과 보주
가 장식되어
있다.

대장전문살

본래 금산사에서 간행된 불교 경전 등을 건물 내부에 보물처럼 보관하였지만, 경전 등이 유실되자 석가 삼존상을 봉안 하였다. 외부 벽면에는 오달국 사인 명창, 저지 화상 도담 문수보살, 보현보살, 달마대사와 혜가스님, 안수 등 등의 10폭의 벽화가 그려져 있다.

가섭존자(迦葉尊者)

석가모니불

아난존자(阿難尊者)

법당 안에는 석가모니불과 상수제자 가섭존자(迦葉尊者)와 아난존자(阿難尊者)를 봉안하고 있다. 석가모니불(釋迦牟尼佛) 후불광배(後拂光背)의 조각(彫刻)이 뛰어나게 아름답다.

본래는 불상이나 경전을 보관하는 건물인데 조선 인조 13년(1635)에 재건하여 오늘에 이른다. 정면 3칸, 측면 2칸 팔작지붕이다. 건물 안쪽 천장은 우물 정(井)자 모양으로 꾸민 우물천장이다

외부 벽면에는 오달국 사인 명창, 저지화상 도담, 문수보살, 보현보살, 달마대사와 혜가스님 , 안수 점등 등의 10폭의 벽화가 그려져 있다.

문수보살

보현보살

달마대사와 혜가스님

안수점등

김제 금산사 석등 (金堤 金山寺 石燈)
Stone Lantern of Geumsansa Temple, Gimje
(Treasure No. 828)

지 정 일 (Designated date)   1985.01.08
소 재 지 (Location)   전북 김제시 금산면 모악15길 1, 금산사 (금산리)
시   대 (Era)   고려시대

　김제 금산사 대장전 앞뜰에 놓여 있는 8각 석등으로, 불을 밝히는 부분인 화사석(火舍石)을 중심으로 그 밑에 아래 받침돌, 가운데 기둥, 위 받침돌로 3단을 쌓고, 위로는 지붕돌과 머리장식을 얹어 놓았는데, 꼭대기의 머리 장식까지 모두 온전히 남아 있다. 아래받침돌은 둥근 평면 위에 여덟 장의 연꽃잎을 새겼고, 그 위의 세워진 가운데기둥은 위는 좁고 아래가 넓은 모양이다. 위 받침돌은 아래 받침돌보다 크고 무거운데, 역시 둥근 평면 위에 여덟 장의 연꽃잎을 조각하였다. 화사석은 네 면에 창을 만들어 불빛이 퍼져 나오도록 하였다. 창 주위에는 구멍이 3개씩 뚫려있는데, 창문을 달기 위한 구멍이었던 듯하다. 지붕돌은 여덟 곳의 귀퉁이마다 작은 꽃 조각으로 꾸며 놓았다. 전체적으로 단순함의 아름다움 을 보여주고 있는데, 지붕돌의 꽃조각이나 석등 각 부분의 조각 수법 등으로 미루어 고려시대의 작품으로 짐작된다.

보물

Stone Lantern of Geumsansa Temple, Gimje
(Treasure No. 828)

Stone lanterns placed In Buddhist temples to be used for light offerings to the Buddha. They are typically placed in front of the main worship hall or a pagoda. This stone lantern is presumed to have been built in the early period of the Goryeo dynasty (918–1392). It originally placed in front of Mireukjeon Hall but was moved to the current location in 1922. The lantern is composed of a round base engraved with lotus designs, an octagonal pillar, a light chamber with four openings, an octagonal roof stone with flower-shaped decorations at the corners, and a decorative top shaped like a lotus bud. Apart from some minor damage, the lantren has maintained its original structure.

법당 앞을 밝히는 등불로 인등(引燈), 장명등(長命燈)이라고도 한다. 이 석등은 화강암으로 만든 높이 3.9m의 고려시대의 작품으로 1922년 대장전을 이전(移轉)할 때 현 위치로 옮겼다. 방형판석(方形板石)을 지대석(地臺石)으로 하대(下臺)는 원형인데 복련으로 장식하였다. 간석(竿石)은 팔각형이며 각(各) 모서리마다 선(線)을 쳐서 우주(隅柱)인 듯이 강조하였다. 상대(上臺)는 앙련(仰蓮)으로 장식하였다. 화사석(花絲石)과 개석(蓋石)은 팔각형이며 개석 정상에는 원대(圓臺)를 두어 상륜부를 받들게 하였다.

지붕돌은 여덟 곳의 귀퉁이마다 작은 꽃 조각으로 꾸며 놓았다.상륜부에는 복발(覆鉢)과 보륜(寶輪) 보주(寶珠)가 있다. 가운데 기둥은 위는 좁고 아래가 넓은 모양이다.

화사석은 8면인데 4면에 화창이 있다.

지대석은 둥글며 복련(伏蓮)이 갑석(甲石)에는 앙연(仰蓮)이 조각되어 있다

김제 귀신사 소조비로자나삼불좌상
(金堤 歸信寺 塑造毘盧遮那三佛坐像)
Clay Seated Vairocana Buddha Triad of Gwisinsa Temple,
Gimje (Treasure No. 1516)

지 정 일 (Designated date)　　　2007.04.20
소 재 지 (Location)　　　전북 김제시 금산면 청도6길 40, 귀신사 (청도리)
시　　대 (Era)　　　1624년－1633년경

　지권인(智拳印)의 비로자나불을 본존으로 하고 좌우에 약사불(向右)과 아미타불(向左)을 배치한 삼불형식으로, 흙으로 제작한 소조상이다. 임진왜란 이후 17세기에는 대형의 소조불상이 많이 만들어졌는데 이 삼불좌상은 보물 제1360호 법주사 소조삼불좌상(玄眞 作, 1626년), 보물 제1274호 완주 송광사 소조삼불좌상(淸憲 作, 1641년) 등과 더불어 이러한 양상을 입증하여 주는 좋은 예이다. 이 삼불좌상은 규모가 매우 커서 보는 이를 압도하게 하는데, 인자하고 부드러운 얼굴표현과 허리가 긴 장신형(長身形)의 불신(佛身)은 매우 우아하고 품위 있는 불격을 보여준다. 특히, 오른손으로 왼손을 감싸 쥐고 왼쪽 검지 끝을 오른쪽 검지 첫째마디 쪽으로 뻗은 지권인의 표현은 명대 비로자나불에서 나타나는 수인(手印)이며 허리가 긴 장신형의 불상비례 역시 명초에 유행하던 표현이어서 명대 조각의 영향을 엿볼 수 있다. 이 삼불좌상은 조선시대 1633년에 작성된 귀신사 나한전 낙성문에 1633년 이전에 삼불상이 만들어진 것으로 기록되어 있고 자수(子秀) 무경(無竟)의 <전주모악산귀신사사적사인(全州母岳山歸信寺事蹟詞引)>에 의하면 절의 중건이 1624년이라고 하므로 1624년에서 1633년 사이에 삼불좌상이 조성된 것으로 추정된다. 귀신사 비로자나 삼불좌상은 17세기 전반, 명대의 조각양식을 수용하면서 이를 조선불상에 정착시키고 나아가 새로운 양식을 창출해 내고자 하였던 일면을 드러내 줄 뿐만 아니라 거대한 규모와 소조불상 조각의 뛰어난 기법을 잘 보여준다는 점에서 중요한 작품으로 평가된다.

Clay Seated Vairocana Buddha Triad of Gwisinsa Temple, Gimje (Treasure No. 1516)

This clay seated Buddha triad enshrined in Daejeokgwangjeon Hall of Gwisinsa Temple depicts Vairocana, the Cosmic Buddha, at the center with Bhaisajyaguru (Medicine Buddha) and Amitabha (Buddha of Western Paradise) to each side.
Vairocana, the Cosmic Buddha, represents the truth body (Dharmakaya), i. e. the absolute universal knowledge. Bhaisajyaguru is believed to possess the power to heal illness and prolong one's life, and Amitabha is believed to guide the dead to be reborn in the Buddhist paradise of the West. This triad is presumed to have been created between 1642 and 1633. They are relatively tall, all measuring 3 m in height, with long waists. The Vairocana statue was so severely damaged that it had to be repaired in 2017. At this time, pieces of crystal were attached to each of the statue's foreheads.

비로자나불

약사불   아미타불

　김제 귀신사 소조비로자나 삼불좌상은 대적광전에 모셔져 있는 삼불상으로, 17세기 초에 만들어진 것으로 추정된다. 가운데에 모셔진 비로자나불은 불교의 진리 그 자체를 상징하는 부처이며, 왼쪽의 약사불은 모든 중생의 질병을 고치고 수명을 연장해주는 부처이며, 오른쪽의 아미타불은 죽은 이를 서방 극락 세계로 인도하여 그 영혼을 구제하는 부처이다. 이 삼불상은 점토로 만들어졌으며, 높이가 3m나 될 정도로 매우 크다. 허리가 긴 모습과 손 모양 등에서 명나라의 불상 양식을 엿볼 수 있다. 귀신사 소조 비로자나 삼불상은 소조 기법이 뛰어나고 16세기와 17세기 불상의 특징을 잘 보여 준다는 점에서 중요한 자료로 평가 된다.

김제 청룡사 목조관음보살좌상 (金堤 靑龍寺 木造觀音菩薩坐像)
Wooden Seated Avalokitesvara Bodhisattva of
Cheongnyongsa Temple, Gimje (Treasure No. 1833)

지 정 일 (Designated date)　　　2014.09.19
소 재 지 (Location)　　　전라북도 김제시 모악15길 80−122 (금산면, 청룡사)
시 　 대 (Era)　　　조선시대 (효종 6년 1655년)

　김제 청룡사 목조관음보살좌상은 완주 봉서사 향로전에 봉안하기 위해 제작된 관음보살상이다. 특히 1655년이라는 정확한 제작 시기와 조능이라는 조각승, 봉서사 향로전이라는 봉안장소, 그리고 왕실의 안녕과 모든 중생의 성불을 염원하는 발원문을 남기고 있어 17세기 중엽경 불상연구에 기준이 되는 작품이다. 불상의 양식도 조선 후기의 미의식인 대중적인 평담미를 담담하게 담아내어 비록 상은 소형이지만 이 시기의 특징을 잘 반영하고 있다. 조각승 조능은 스승인 법령을 통해 조각적 역량을 키웠으며, 특히 선배로 추정되는 혜희에게서 큰 영향을 받은 것으로 보인다. 이 불상은 태진(太顚), 현진(玄眞), 청헌(淸憲), 응원(應元), 인균(印均) 등과 함께 조각 활동을 했던 법령의 조각유파가 혜희를 거쳐 어떻게 전개되고 발전되어 가는지를, 이 작품을 통해 알 수 있다는 점에서 중요한 조각적 의미를 가진다. 또한 현재까지 조능이 수조각승으로 참여한 작품 가운데 시기적으로 가장 빠른 작품이라는 점도 중요하다.

보물

Wooden Seated Avalokitesvara Bodhisattva of Cheongnyongsa Temple, Gimje (Treasure No. 1833)

This statue depicting Avalokitesvara, the Bodhisattva of Great Compassion, was created in 1655 under the direction of the prolific Buddhist monk-sculptor joneung to wish for the well-being of the royal family and the salvation of all living things. The statue was carved from wood and then gilded. The ornate headdress has been newly remade. It had originally been enshrined in Bongseosa Temple in Wanju, but it was moved to the current location in the 1950s when that temple burned down. In 1997, various artifacts were discovered inside the statue, including the Lotus Sutra, Dharani Sutra, and a record of the sculpture's creation.

청룡사 관음전

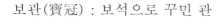

보관(寶冠) : 보석으로 꾸민 관

이 불상은 나무로 만들어졌으며 그 위에 금박을 덧입혔다. 머리에는 화려한 보관을 썼고 고개는 약간 앞으로 숙인 모습이다. 본래 이 불상은 완주 봉서사의 향로전에 모셔져 있었으나 1950년대에 봉서사가 불에 타 없어진 후에 청룡사로 옮겨졌다. 1977년에 불상 내부에 있던 묘법연화경, 다라리경, 조성 발원문 등이 발견되면서 구체적인 제작 시기, 만든 사람, 봉안 장소를 알 수 있게 되었다. 김제 청룡사 목조 관음보살 좌상은 중적이고 평범하면서도 담백한 아름다움을 잘 표현한 작품으로 평가된다.

고창군

고창군편 (Gochang-gun)

고창 선운사 금동지장보살좌상 (高敞 禪雲寺 金銅地藏菩薩坐像)
Gilt-bronze Seated Ksitigarbha Bodhisattva of Seonunsa
Temple, Gochang (Treasure No. 279)

지 정 일 (Designated date)　1963. 01. 21
소 재 지 (Location)　　　전라북도 고창군 선운사
시　　　대 (Era)　　　　조선시대 (the Chosun Dynasty era)

　고창 선운사 금동지장보살좌상(高敞 禪雲寺 金銅地藏菩薩坐像)은 신라 진흥왕대에 창건하고 광해군 5년(1613)에 재건한 선운사에 있는 불상으로 청동 표면에 도금한 것이다. 머리에 두건(頭巾)을 쓰고 있으며, 이마에 두른 굵은 띠는 귀를 덮고 배에까지 내려오고 있다. 선운사 도솔암에 있는 선운사지장보살좌상(보물 제280호)과 같은 형태의 불상이다. 두건을 쓴 모습, 네모지고 원만한 얼굴, 형식적이고 수평적인 옷 주름 처리 등으로 보아 조선 초기에 만들어진 보살상으로 추정된다

Gilt−bronze Seated Ksitigarbha Bodhisattva of Seonunsa Temple, Gochang (Treasure No. 279)

The Seated Stone Seated Gilt−bronze Site Bodhisattva of Seonunsa Temple in Seonunsa Temple, which was founded during the reign of King Jinheung of Silla and rebuilt in the 5th year of King Gwanghaegun (1613), was plated on the bronze surface. A hood is worn on the head, and the thick band around the forehead covers the ears and comes down to the belly. It is a Buddha statue in the same form as the Seated Seated Bodhisattva of Seonunsa Temple Site Treasure No. 280) in Dosolam Hermitage, Seonunsa Temple. It is presumed to be a Bodhisattva statue made in the early Joseon Dynasty based on the appearance of a hood, a square and smooth face, and formal and horizontal wrinkle treatment.

지장보궁(地藏寶宮)

넓적하고 살찐 얼굴에 눈·코·입이 작게 묘사되었다. 굵게 주름진 삼도(三道)가 표현된 목은 짧아서 움츠린 듯한 느낌을 준다. 가슴은 당당한 모습이지만 두꺼운 옷에 싸여 몸의 굴곡은 나타나 있지 않다. 오른손은 어깨까지 들어 엄지와 중지를 맞댈 듯 굽혔고, 왼손은 배에 붙여서 엄지와 중지를 약간 구부렸는데 비교적 사실적으로 표현되었다. 옷은 무겁고 장식적이며 어깨의 2단으로 된 주름, 그 아래의 띠 매듭, 팔의 세로줄 주름 등은 형식적이다.

특히 다리의 평행적인 옷주름 처리, 넓은 가슴의 수평적인 아랫도리 자락 등의 표현은 세조 12년(1467)에 만든 원각사탑(圓覺寺塔)에 새겨진 불상의 모습과 유사하다

고창 선운사 도솔암 금동지장보살좌상
(高敞 禪雲寺 兜率庵 金銅地藏菩薩坐像)
Gilt-bronze Seated Ksitigarbha Bodhisattva at Dosoram
Hermitage of Seonunsa Temple, Gochang (Treasure No. 280)

지 정 일 (Designated date)　　 1963. 01. 21
소 재 지 (Location)　　　　전라북도 고창군 선운사
시 　　대 (Era)　　　　　　조선시대

　　고창 선운사 도솔암 금동지장보살좌상(高敞 禪雲寺 兜率庵 金銅地藏菩薩坐像)은 청동 불상 표면에 도금한 불상으로 선운사 도솔암 내원궁에 모셔져 있다. 머리에는 두건(頭巾)을 쓰고 있는데, 고려 후기의 지장보살 그림에서 보이는 양식이다. 이 보살상은 선운사 금동보살좌상(보물 제279호)과 두건을 쓴 모습, 목걸이 장식, 차분한 가슴표현 등에서 서로 닮았지만, 이마에 두른 띠가 좁아지고 귀를 덮어내리고 있지 않으며 용모 등에서 수법이 다르다

도솔암 내원궁

 Gilt−bronze Seated Ksitigarbha Bodhisattva at Dosoram
Hermitage of Seonunsa Temple, Gochang (Treasure No. 280)

This is a statue of Ksitigarbha Bodhisattva, or the Bodhisattva of Great Vows, who
took on the responsibility of rescuing unfortunate beings from hell and vowed to
postpone Buddhahood until all beings are saved from the world of suffering. It is
presumed to have been made in the late period of the Goryeo dynasty(918−1392).
In general, a statue of Ksitigarbha Bodhisattva is enshrined in a worship hall called
Myeongbujeon, symbolizing the realm of the dead in uddhist cosmology. However, in
Dosoram Hermitage, Ksitigarbha is enshrined in Naewongung Hall, which symbolizes
the Inner Court of the fourth heavenly realm. A statue of Ksitigarbha Bodhisattva
usually holds a scepter or a wish−fulfilling jewel in his hand, but this statue has a
"wheel of dharma" in his left hand which symbolizes the perfect teachings of the
Buddha. He raises his right hand in front of his chest with the thumb and middle
finger put together, indicating he is giving a lecture. The green, shoulder−length
hood he is wearing is characteristic of Ksitigarbha Bodhisattva statues made in the
late Goryeo period.

일반적으로 지장보살은 다른 불상들과 달리 머리에 두건을 쓰고 있으며, 지옥에서 고통 받는 중생을 구제한다는 의미를 가진다. 둥근 얼굴은 단아한 인상이며, 목에서 어깨로 내려가는 선은 부드럽다.

상체나 하체 모두가 균형을 이루고 있으며, 띠를 매고 배가 들어가는 등 사실적으로 표현하였다. 양어깨를 감싸고 있는 두꺼운 옷은 배 부분에서 띠 매듭을 지었고, 다리에는 간략한 몇 가닥의 옷 주름을 나타내고 있다. 앉은 자세는 오른발을 왼 무릎에 올린 모양으로 발을 실감 나게 표현하였다. 오른손은 가슴에 들어 엄지손가락과 가운데 손가락을 맞대고 있으며, 왼손은 배에 들어 작은 수레바퀴 모양의 물건을 잡고 있다. 고려 후기의 불상 양식을 충실히 반영하고 있는 이 보살상은 우아하고 세련된 당대 최고의 작품이다.

고창 선운사 대웅전 (高敞 禪雲寺 大雄殿)
Daeungjeon Hall of Seonunsa Temple, Gochang
(Treasure No. 290)

지 정 일 (Designated date)   1963.01.21
소 재 지 (Location)   전북 고창군 아산면 선운사로 250, 선운사 (삼인리)
시   대 (Era)   조선시대 중기

　선운사는 도솔산 북쪽 기슭에 있는 절로 신라 진흥왕이 세웠다는 설과 백제 고승 검단 선사
가 세웠다는 두 가지 설이 전한다. 그러나 가장 오래된 조선 후기의 사료에는 진흥왕이 세우
고 검단 선사가 고쳐 세운 것으로 기록하고 있다. 선운사 대웅전은 신라 진흥왕 때 세워진 것
으로 전하며, 현재 건물은 조선 성종 3년(1472)에 다시 지은 것이 임진왜란 때 불타 버려 광
해군 5년(1613)에 다시 지은 것이다. 앞면 5칸 · 옆면 3칸의 규모로, 지붕 처마를 받치기 위
해 만든 기둥 위의 장식구조가 기둥과 기둥 사이에도 있는 다포 양식으로 꾸몄다. 지붕은 옆
면에서 볼 때 사람 인(人)자 모양을 한 맞배지붕으로 옆면에는 높은 기둥 두 개를 세워 간단
히 처리하였다. 전체적으로 기둥 옆면 사이의 간격이 넓고 건물의 앞뒤 너비는 좁아 옆으로
길면서도 안정된 외형을 지니고 있다.

Daeungjeon Hall of Seonunsa Temple, Gochang
(Treasure No. 290)

This building is the main hall of Seonunsa, one of the most renowned Buddhist temples in Gochang. The temple`s name "Seonun (鮮雲)" means "to attain the profound truth by meditating in clouds." Founded in 557, the temple was burnt down in 1597 during the Japanese invasions and was rebuilt in the 1610s. The current Daeungjeon Hall was constructed in 1614 and went through several repairs and reconstructions. The pillars of this building were made by using curved tree trunks, adding natural beauty to the building. Inside the hall, there is a coffered ceiling, which is exquisitely decorated with paintings of dragons, clouds, cranes, and lotus flowers. In general, a Daeungjeon Hall enshrines Sakyamuni Buddha. However, Daeungjeon Hall of Seonunsa Temple has Vairocana (the Cosmic Buddha) at the center, with Bhaisajyaguru (the Medicine Buddha) and Amitabha (the Buddha of the Western Paradise) to either side. This buddha triad was designated as Treasure No. 1752 in 2012.

선운사 대웅전

선운사 대웅전 (불단후불 벽화)
수묵관육도

선운사 대웅전 내부 불상

　　앞면 5칸·옆면 3칸의 규모로, 지붕 처마를 받치기 위해 만든 기둥 위의 장식구조가 기둥과 기둥 사이에도 있는 다포 양식으로 꾸몄다. 지붕은 옆면에서 볼 때 사람 인(人)자 모양을 한 맞배지붕으로 옆면에는 높은 기둥 두 개를 세워 간단히 처리하였다. 전체적으로 기둥 옆면 사이의 간격이 넓고 건물의 앞뒤 너비는 좁아 옆으로 길면서도 안정된 외형을 지니고 있다.

　　건물 뒤쪽의 처마는 간략하게 처리되어 앞뒤 처마의 모습이 다르며 벽은 나무판으로 이루어진 널빤지 벽이다. 안쪽 천장은 우물 정(井)자 모양을 한 우물천장을 설치하였고 단청벽화가 매우 아름답다. 조선 중기의 건축답게 섬세하고 장식적인 구성과 빗살 여닫이문이 화려한 건물이다.

고창 선운사 참당암 대웅전 (高敞 禪雲寺 懺堂庵 大雄殿)
Daeungjeon Hall of Chamdangam Hermitage of Seonunsa Temple, Gochang (Treasure No. 803)

지 정 일 (Designated date)　　1984.11.30
소 재 지 (Location)　　전북 고창군 아산면 도솔길 194−77, 선운사 (삼인리)
시　　대 (Era)　　조선 영조 22년(1746)

　선운사에 속해 있는 암자인 창당암의 대웅전이다. 선운사는 신라 진흥왕이 절을 세웠다는 설과 백제 위덕왕 24년(577) 고승 검단 선사가 지었다는 두 가지 설이 전한다. 조선 선조 30년(1597) 정유재란 때 모든 건물이 불에 탄 것을 다시 세우기 시작하여 광해군 11년 (1619)에 끝을 맺었는데 그 뒤로도 여러 차례 수리를 거쳐 오늘에 이르고 있다. 선운사에는 원래 많은 암자가 있었으나 지금은 동운암, 석상암, 참당암, 도솔암만 남아 있다. 고창 선운사 참당암 대웅전은 의문화상이 신라 진평왕의 부탁으로 지었다고 하는데 여러 차례 수리를 거친 것으로 지금 있는 건물은 조선시대의 것이다.

Daeungjeon Hall of Chamdangam Hermitage of Seonunsa Temple, Gochang (Treasure No. 803)

With the support of King Jinheung of Silla Dynasty (Reign : 540~576), Chamdangam Hermitage was founded by the royal head monk, Euiwoon. The Chamdangam Hermitage, at its time, was called Daechamsa or Chamdangsa, and was one of the chief temples along with Seonun Temple. Three sacred Buddhist statues are enshrined in the main sanctuary of the temple known as the Daeungjeon hill, which is constructed with materials that were used during Goryeo Dynasty. The main Buddhist statue in the compassion of all Buddhas. The statues are made out of wood and casted with gold, Chamdangam Hermitage is one of the main representation of Ksitigarbha Bodhisattva prayer for repentance sites, and is where buddhist disciplinants seek enlightment and religious purification.

대웅전 전면
다포양식

규모는 앞면 3칸·옆면 3칸이며 지붕은 옆면에서 볼 때 사람 인(人)자 모양을 한 맞배지붕이다. 지붕 처마를 받치기 위해 장식하여 짜는 구조가 기둥 위뿐만 아니라 기둥 사이에도 있다. 이를 다포 양식이라 하는데 앞면에 짜인 공포는 전형적인 18세기 다포 양식을 보이고 있는 반면, 뒷면은 기둥 위에만 공포가 있는 주심포 양식을 취하고 있다. 이는 건물을 수리할 때 고려시대의 부재를 재활용한 것이라 짐작한다. 고려시대 다른 건축물과 비교할 수 있는 중요한 자료가 되는 건물이다.

고창 선운사 동불암지 마애여래좌상
(高敞 禪雲寺 東佛庵址 磨崖如來坐像)
Rock-carved Seated Buddha at Dongburam Hermitage
Site of Seonunsa Temple, Gochang (Treasure No. 1200)

지 정 일 (Designated date)　　1994.05.02
소 재 지 (Location)　　　　　전북 고창군 아산면 도솔길 294, 선운사 (삼인리)
시　　대 (Era)　　　　　　　고려신라

　선운사 도솔암으로 오르는 길옆 절벽에 새겨진 마애여래좌상으로, 머리 주위를 깊이 파고 머리 부분에서 아래로 내려가면서 점차 두껍게 새기고 있다. 평판 적이고 네모진 얼굴은 다소 딱딱하지만, 눈꼬리가 치켜 올라간 가느다란 눈과 우뚝 솟은 코, 일자로 도드라지게 나타낸 입술 등으로 얼굴 전체에 파격적인 미소를 띠고 있다. 목에는 3개의 가느다란 주름이 있기는 하지만 상체와 머리가 거의 맞붙어서, 상체 위에 머리를 올려놓은 것처럼 보인다.

보물

Rock-carved Seated Buddha at Dongburam Hermitage Site of Seonunsa Temple, Gochang (Treasure No. 1200)

This rock-carved Buddha is said to have been made by Buddhist monk Geomdan, the founder of Seonunsa Temple, on the request of King Wideok (r. 554-598) of the Baekje Kingdom. However, the sculptural features of this Buddha are more representative of rock-carved Buddhas made during later periods. This Buddha is sitting on a pedestal carved with a lotus petal design. The carving measures 15.5 m in height and 8.5 m in width between the knees. There was once a wooden canopy above the Buddha's head, built as a protective structure for the Buddha. Holes remain where the wooden canopy was once installed. The square carving at the center of the Buddha's chest is believed to be a chamber for enshrining sacred objects. An old local legend says the chamber once contained mythical divination about the country's fortune.

상체는 사각형인데 가슴이 넓고 평판 적이어서 양감 없는 형태를 보여주고 있다. 옷은 양어깨를 감싸고 있으며 옷 주름은 선을 이용해 형식적으로 표현하였고, 평판적인 가슴 아래로는 치마의 띠 매듭이 선명하게 가로질러 새겨져 있다. 무릎 위에 나란히 놓은 두 손은 체구에 비해서 유난히 큼직하고 투박하여 사실성이 떨어지는데 이는 월출산에 있는 마애여래좌상과 비슷한 고려 특유의 마애불 양식이다.

층단을 이루어 비교적 높게 되어 있는 대좌는 상대에 옷자락이 늘어져 덮여 있으며, 하대에는 아래를 향하고 있는 연꽃무늬를 표현하였다. 이 불상은 고려 초기의 거대한 마애불 계통 불상으로 크게 주목받고 있으며, 특히 가슴의 복장에서 동학농민전쟁 때의 비밀 기록을 발견한 사실로 인해 더욱 주목받고 있다.

보물

고창 선운사 소조비로자나삼불좌상
(高敞 禪雲寺 塑造毘盧遮那三佛坐像)
Clay Seated Vairocana Buddha Triad of Seonunsa Temple,
Gochang (Treasure No. 1752)

지 정 일 (Designated date)   2012.02.22
소 재 지 (Location)   전라북도 고창군 선운사로 250 (아산면, 선운사 대웅보전)
시   대 (Era)   조선시대 1633년(인조11)

　고창 선운사 소조비로자나불좌상의 형태는 넓고 당당한 어깨, 긴 허리, 넓고 낮은 무릎으로
인하여 장대하고 웅장한 형태미를 보여준다. 이러한 장대하고 웅장한 형태미를 갖춘 대형 소
조상들은 법주사 소조비로자나삼불상, 귀신사 소조비로자나삼불상, 완주 송광사 소조석가여
래삼불상 등 17세기 전반기 각지의 대표적인 사찰에서 조성된다. 대형의 소조 불상의 조성
목적은 이전 시대와 달리 새로워진 불교계의 위상을 한껏 드러내고, 전란으로 소실된 불상을
빠른 시간 내에 재건하고자 하는 의지가 담겨있는 것으로 볼 수 있다. 따라서 이 비로자나삼
불상은 양대 전란 이후 재건 불사 과정과 당시 달라진 시대적 분위기를 직·간접적으로 대변
해 주는 매우 귀중한 작품으로 평가된다.

Clay Seated Vairocana Buddha Triad of Seonunsa Temple, Gochang (Treasure No. 1752)

This triad consists of Vairocana as the principal buddha in the center with Bhaisajyaguru (Medicine Buddha) and Amitabha (Buddha of Westem Paradise) to each side.Vairocana, the Cosmic Buddha, represents the truth body (Dharmakaya), i.e. the absolute universal knowledge. Bhaisajyguru is believed to possess the power to heal illness and prolong one's life, and Amitabha is believed to guide the dead to be rebom in the Buddhist paradise of the west. There is an inscription on the underside of the pedestal of the Vairocana statue which states the identities of the triad and that the triad was made in 1633 by 10 monk sculptors, including Muyeom, one of the most renowned monk sculptors of the 17th century. The statues were made by applying clay to wooden pillars, then covered with layers of fabric the next year, and completed with lacquering and gilding. The detailed information in this inscription serves as a valuable benchmark in the study of Buddhist statues of the Joseon period (1392−1910). The triad's broad shoulders, long waists, and broad, low knees are typical of Buddhist statues made in the 16th and early 17th centuries, while their quaint eyes, flattened nose bridges, and slightly raised mouth comers that create a gentle smile are characteristic of works by Muyeom.

소조 비로자나
삼불 좌상

비로자나불

대좌의 밑면에 기록한 묵서명에서 불상의 조성과정을 상세히 기록하고 있을 뿐만 아니라 비로자나, 약사, 아미타라는 삼불상의 존명을 분명히 적시하고 있어 비로자나 삼불상의 도상 연구에 기준이 된다. 그리고 1633년이라는 정확한 제작 시기와 17세기 전반기의 대표적 조각승 무염과 그의 문하승(門下僧)에 의해 제작되었다는 정확한 조성 주체가 밝혀져 있고, 대형의 상임에도 불구하고 조각적 종교적 완성도가 높은 우수한 작품이다.

아미타불

약사여래불

고창 문수사 목조석가여래삼불좌상
(高敞 文殊寺 木造釋迦如來三佛坐像)
Wooden Seated Sakyamuni Buddha Triad of Munsusa
Temple, Gochang (Treaaure No. 1918)

지 정 일 (Designated date)　　2016.11.16
소 재 지 (Location)　　전라북도 고창군 칠성길 135 (고수면, 문수사)
시　　　대 (Era)　　조선시대

　　고창 문수사 목조석가여래삼불좌상은 중앙에 석가여래를 본존으로 좌우에 약사여래와 아
미타여래가 배치된 삼불형식이다. 석가여래좌상과 아미타여래좌상에서 발견된 발원문과
1756년의 「文殊寺創建記」 현판, 1843년의 「高敞懸鷲領山文殊寺寒山殿重창記」 현판을
통하여 1654년에 彫刻僧 海心, 性守, 勝秋, 敏機, 道均, 妙寬, 勝照, 勝悅, 智文, 信日, 明照,
景性, 一安, 處仁, 元辨 등 15인의 조각승에 의해 조성된 불상으로서, 조선 후기 불교 조각사
연구의 중요한 기준자료이다. 석가여래와 약사여래, 아미타여래로 구성된 이와 같은 삼불형
식은 임진왜란·정유재란 이후 황폐해진 불교를 재건하는 과정에서 신앙적으로 크게 각광을
받았던 형식이다. 이 삼불상은 17세기 전반기 불상에 비해 양감이 강조되어 중량감이 있으
며, 선묘는 비교적 깊이가 얕고 힘 있는 간결한 선묘를 구사하였다.

목조석가여래 삼불
좌상이 봉안된 대웅전

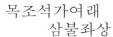

목조석가여래
삼불좌상

 보
물
Wooden Seated Sakyamuni Buddha Triad of Munsusa Temple, Gochang (Treaaure No. 1918)

The wooden seated Sakyamuni Buddha triad enshrined in Daeungjeon Hall of Munsusa Temple, Gochang consists of the principal Buddha, Sakyamuni, flanked by his acolytes Bhaisajyaguru and Amitabha. The statues appear more voluminous and heavier than the Sakyamuni Buddha triads msde in the first half of the saventeenth century, while their faces are depicted with shallow, simple and dynamic lines. The details show that the statues were made by monk—sculptors of the Muyeon School who were active in the Jeolla—do region during the late Joseon period, thus providing an important source of knowledge about Buddhist statues of the period. The prayer written to commemorate the production of the statues shows that they were made in 1654 by a group of monk—sculptors led by Haesim. An inscription on the top surface of one of the octagonal pedestals engraved by Baekpa Geungseon in 1844 reveals that the statues were renovated in 1844 by a group led by the monk—artist Wondam Naewon.

약사여래불

문수사 대웅전

아미타여래불

석가여래불

　　17세기 전, 중엽경 전라도 지역을 기반으로 크게 활동한 조각승 無染派 조각의 특징이다. 불상 조각을 주도한 수조각승 해심은 무염의 조각을 계승한 조각승으로, 이곳에는 그의 스승의 조각풍에 존중하면서 그가 추구했던 조각적 의지도 함께 담아낸 것으로 볼 수 있다. 수조각승 해심은 1930년대 초반부터 스승 무염의 조각 작업에 보조 조각승으로 참여하여 조각적 역량을 키웠으며, 1640년대 후반부터는 일군의 조각승을 이끌 수조각승으로 성장하였던 것으로 생각된다. 문수사 석가여래삼불좌상은 현재까지 알려져 있는 수조각승 해심의 조각 작품 중, 완성도와 완결성 등을 두루 갖춘 작품이라는데 중요한 조각사적 의의를 가진다. 조성 발원문을 통해 1654년이라는 제작 시기, 등 제작 주체와 조각승 등을 알 수 있어 17세기 불교 조각사 연구에 기준자료이다. 이와 더불어 팔각대좌의 윗면에 1844년에 백파 긍선(白坡 亘璇)의 증명으로 원담 내원(圓潭 乃圓)이 중수화원으로 참여하여 불상을 중수하였다는 묵서명을 남기고 있어 불상의 중수 과정을 이해하는 데도 유익한 자료를 제공한다.

고창 문수사 목조지장보살좌상 및 시왕상 일괄
Wooden Seated Ksitigarbha Bodhisattva and Ten Underworld Kings of Munsusa Temple, Gochang (Treaaure No. 1920)

지장보살상

지장보살상 및 시왕상 일괄

지 정 일 (Designated date)　　　2016.11.16
소 재 지 (Location)　　　전라북도 고창군 칠성길 135 (고수면, 문수사)
시 　　대 (Era)　　　조선시대 1654년(효종5)

　　고창 문수사 지장보살상 및 시왕상 일괄은 비구형(比丘形)의 지장보살상과 제왕형(帝王形)의 십대왕(十大王)으로 구성되어 있다. 문 앞을 지키고 섰던 장군상 2구는 도난당하였고, 이외 판관, 귀왕, 동자 등의 권속들은 전하지 않는다. 이 상들은 제8 평등대왕상에서 발견된 조성발원문(造成發願文)을 통해 1654년에 당시 불교계를 대표했던 벽암각성(碧巖覺性)과 회적성오(晦跡性悟), 그리고 회적성오의 제자 尙裕 등 벽암각성의 문도들이 주도한 불사임을 알 수 있고, 조각승(彫刻僧)은 대웅전 석가여래삼불좌상을 만들었던 해심 등 15인의 동일한 조각승들이 모두 참여하였다. 지장보살상은 팔각 삼단대좌 위에 결가부좌 하였고, 왼손으로 보주를 들었다. 얼굴은 통통하게 살이 오른 중후한 인상이며, 사용된 주름은 힘 있고 간결한 선을 사용하였다.

 보물 Wooden Seated Ksitigarbha Bodhisattva and Ten Underworld Kings of Munsusa Temple, Gochang (Treaaure No. 1920)

This group of eleven wooden statues consisting of Ksitigarbha and his attendants, the Ten UnderWorld Kings, is enshrined in Myeongbujeon Hall of Munsusa Temple, Gochang. The bodhisativa is depicted in the guise of a monk, while his assistants are characterized by a stately, regal appearance. Made of wood and gilt, the principal figure of Ksitigarbha Bodhisattva is depicted with a nicely plump face, seated cross-legged on an octagonal, triple-tier pedestal, the folds of his robe rendered with a few simple, dynamic lines. The Ten under world kings were made by plaster over wooden armatures and gilding after wards. They are seated in their chairs dressed in kingly robes, ready to impose sentences on souls enterring the underworld. Although the judges are depicted rather realistically, there is something a little comical about them. The prayer written at the time of enshrinement shows that these statue were made in 1654 together with the Sakyamuni Buddha Triad enshrined in the main prayer hall of the same temple by the same monk-artists. Some of the statues are damaged, and two of the gate guardians have been lost, but the archaic colors combined with refined techniques and their dignified appearance make them a fine example of the statuse of the Buddhist underworld produced in the mid-seventeenth century.

시왕상은 제왕의 관복을 갖추어 입고 엉덩이가 꼭 끼는 의자에 앉아 지옥 중생을 심판하는 모습인데, 때로는 사실적으로, 때로는 익살스럽게 연출하였다. 이 지장시왕상을 조각한 수조각승 해심은 1630년대부터 무염의 문하에서 조각 수업을 배운 조각승으로, 1640년대 후반에는 수조각승으로서의 조각적 역량을 갖추었던

것으로 이해 된다. 그의 작품으로는 1648년에 師翁 幸思와 養師 無染을 위로 모시고 首畵員으로 참여 한 해남 도장사 석가 여래삼존좌상과 1654년에 수조각승으로 제작한 같은 절 목조석가여래삼불좌상이 있는데, 대체로 중량감 있는 양감을 통해 중후하고 실재감 있는 존상 표현을 구현한 스승 무염의 조각 전통을 최대한 존중한 것으로

생각된다. 이 지장시왕상 역시 이러한 무염의 조각 전통을 충실히 계승하고 있는 해심의 대표작 중 하나로 평가된다. 이 지장보살상과 시왕상은 일부 권속들이 험난한 세월을 지나는 동안 소실과 도난을 당해 완전하지 않은 점은 아쉬우나, 고색 찬연한 채색과 명부존상으로서의 위엄 있는 기품과 감각적인 표현기법이 돋보 이는 17세기 중엽 경의 대표적인 명부조각의 기준 작품으로 평가된다.

고창 선운사 참당암 석조지장보살좌상
(高敞 禪雲寺 懺堂庵 石造地藏菩薩坐像)
Stone Seated Ksitigarbha Bodhisattva of Chamdangam
Hermitage, Seonunsa Temple, Gochang (Treaaure No. 2031)

지정일 (Designated date)
　　　　　　　2019.06.26

소재지 (Location) 전라북도
　　　　　　고창군 선운사로
　　　　　　250 선운사

시　대 (Era)　　고려말~조선초

　　고창 선운사 참당암 석조지장보
살좌상은 고려 말~조선 초에 유행
한 두건을 쓴 지장보살좌상으로, 온
화한 표정과 불룩한 입술, 양쪽에
서 드리워져서 여의두(如意頭) 형
태로 마무리 진 띠 장식, 둥근 보주
(寶珠)를 든 모습 특히 불교회화에
서 많이 그려진 도상이다. 이 지장
보살좌상은 전체적으로 균형 잡힌
비례와 띠로 묶어 주름잡은 섬세한
두건의 표현 등이 조형적으로 우수
할 뿐만 아니라, 보주를 든 두건 지
장의 정확한 도상을 구현했다는 점
에서 여말 선초의 지장 신앙 및 지
장도상 연구에 귀중한 사례이다. 이
시기 금동과 목조로 제작된 지장보
살상은 몇 점이 전하고 있으나, 석
조로 제작된 지장보살 중 보존 상태
가 거의 완벽한 사례는 참당암 지장
보살좌상이 거의 유일하다.

Stone Seated Ksitigarbha Bodhisattva of Chamdangam
Hermitage, Seonunsa Temple, Gochang (Treaaure No. 2031)

The Seated Stone Seated Bodhisattva of Chamdangam Hermitage in Seonunsa Temple, Gochang, is a Seated Bodhisattva with hoods that were popular in the late Goryeo Dynasty and early Joseon Dynasty, especially painted in Buddhist paintings. The gentle expression, bulging lips, the decoration of the band finished in the form of a head of Yeouidu hanging from both sides, the appearance of holding a round jewel, and the knot of the belt held on the chest faithfully reflect the style of the Bodhisattva statue in the late Goryeo Dynasty. This Seated Jijang Bodhisattva is a valuable example for the study of Jijang faith and Jijangsang at the beginning of the late summer in that it is not only excellent in formative terms of balanced proportion and delicate expressions of the wrinkled hood. There are several statues of Jijang Bodhisattva made of gold and wood during this period, but the Chamdangam Jijang Bodhisattva is almost the only example of the stone Jijang Bodhisattva in almost perfect preservation.In the case of the pedestal, it is not clear whether it was built with the Bodhisattva statue, but it is worth preserving and managing as it is designated as a treasure because it is fully equipped with upper, middle, and lower parts, and has distinctive features of the mid—Goryeo period.

선운사 참당암 석조지장보살
좌상이 봉안된 지장전
(地藏殿)

가슴에 들려진 띠 매듭 등은
고려 말기 보살상 양식을 충실
하게 반영하고 있다. 이 지장보
살 좌상은 전체적으로 균형 잡
힌 비례와 띠로 묶어 주름잡은
섬세한 두건의 표현 등이 조형
적으로 우수할 뿐만 아니라, 보
주를 든 두건 지장의 정확한
도상을 구현했다는 점에서 여
말 선초 의 지장 신앙 및 지장
도상 연구에 귀중한 사례이다.
대좌의 경우 보살상과 함께 조
성되었는지는 명확하지 않으
나, 상, 중, 하대를 완전하게 갖
추고 있고 가늘고 긴 형태, 여
의두문(如意 頭文)이 새겨진
안상(眼象) 등에서 고려 중기
의 시대적 특징이 뚜렷하므로
함께 보물로 지정하여 보존 관
리할 가치가 있다.

고창 선운사 만세루 (高敞 禪雲寺 萬歲樓)
Manseru Pavillion of Seonunsa Temple, Gochang
(Treaaure No. 2065)

지 정 일 (Designated date)   2020.06.01
소 재 지 (Location)   전라북도 고창군 선운사로 250 (아산면)
시   대 (Era)   조선시대

「고창 선운사 만세루」는 선운사에 전해지고 있는 「대양루열기」(1686년), 「만세루중수기」(1760년)에 따르면 1620년(광해군 12)에 대양루로 지어졌다가 화재로 소실된 것을 1752년(영조 28)에 다시 지은 건물이다. 처음에는 중층 누각구조로 지었으나 재건하면서 현재와 같은 단층 건물로 바뀐 것으로 전해지며, 이는 누각을 불전의 연장 공간으로 꾸미려는 조선시대 후기 사찰 공간의 변화 경향을 보여 주는 것으로 볼 수 있다. 만세루는 변화하는 불교사원의 시대적 흐름을 적절하게 반영한 누각 건물의 예라고 평가된다. 만세루의 특징은 사찰 누각으로는 가장 큰 규모인 정면 9칸을 형성하고 있다는 점이다. 현존 사찰 누각은 대체로 정면 3칸이 주류이고 5칸, 7칸 규모도 있으나, 9칸 규모는 흔치 않다. 그리고 이 건물의 가운데 3칸은 앞뒤 평주 위에 대들보를 걸고 좌우 각 3칸은 가운데 고주를 세워 맞보를 거는 방식을 취했다.

Manseru Pavillion of Seonunsa Temple, Gochang
(Treasure No. 2065)

The name of this building, "Manseru (萬歲樓)," literally means "pavilion of ten thousand years." This building's rear side faces the main hall, Daeungjeon, and does not have any walls, making it optimal for viewing monastic lectures and ceremonies, It also serves as a place for tea ceremony lectures. Manseru was first constructed in 1620, and the current building was rebuilt in the late 19th century. As raw wood materials were used for pillars, beams, rafters, and other features of the structure,many parts of this building show natural curves and irregular shapes.

건물은 정면 9칸 측면 2칸 규모의 익공계 단층건물이며 맞배지붕으로
현재까지 잘 남아 있다.

자연에서 둘로 갈라진 나무를 의도적으로 사용하여 마치 건물 상부에서 보들이
춤을 추는 듯한 모습을 보이는 것이 이 건물의 또 하나의 특징이다.

이처럼 만세루는 하나의 건물 안에서 두 가지 방식으로 보를 걸어 구조적 안전을 꾀하면서 누각의 중앙공간을 강조하고 있다. 또한 어칸 고주 종보는 한쪽 끝이 두 갈래로 갈라진 자연재를 이용하였다. 이는 일부러 가공한 것이 아닌 자연에서 둘로 갈라진 나무를 의도적으로 사용하여 마치 건물 상부에서 보들이 춤을 추는 듯한 모습을 보이는 것이 이 건물의 또 하나의 특징이다. 따라서, 만세루는 조선 후기 불교사원 누각 건물이 시대적 흐름과 기능에 맞추어 그 구조를 적절하게 변용한 뛰어난 사례인 동시에 구조적으로는 자재 획득의 어려움을 극복하고 독창성 가득한 건축을 만들어 낸 대표적인 사례의 하나로 평가된다는 점이다.

만세루 내부가구

만세루 대들보

안국사 영산회 괘불탱 (安國寺 靈山會 掛佛幀)
Hanging Painting of Anguksa Temple
(The Vulture Peak Assembly) (Treasure No. 1267)

지 정 일   1997.08.08
소 재 지   전북 무주군 적상면 괴목리 산18-1번지 안국사
시   대   1730년대조성(1792,乾隆57)

　석가가 설법하는 장면을 그린 영산회괘불인데, 괘불이란 절에서 큰 법회나 의식을 행하기 위해 법당 앞뜰에 걸어놓고 예배를 드리는 대형 불교 그림이다. 길이 10.75m, 폭 7.2m 크기의 이 영산회상도는 석가불을 중심으로 오른쪽에 다보여래, 문수, 보현보살이 있고, 왼쪽에는 아미타불, 관음, 대세지 보살이 서 있다. 화면을 가득 채운 석가모니는 화면 중앙에 서 있는데 이목구비는 큼직큼직하며 건장하고 각진 어깨, 노출된 가슴, 유난히 길게 늘어진 팔, 짧아 보이는 하체를 지녔으며 이렇게 크고 건장한 신체는 보는 이를 압도하는 듯하다. 인다. 녹색과 주황색을 주로 사용하였고 회색, 분홍 등 중간색을 넣어 은은한 분위기를 나타내며 구름, 연꽃, 단청 문양 등으로 화려하고 환상적인 느낌을 연출하고 있다. 의겸 등 여러 승려 화가들이 그린 이 그림은 본존불을 강조하여 시선을 집중시키는 효과를 의도적으로 나타내고 있다. 조선 정조 16년(1792), 순조 9년(1809)에 뒷벽을 새단장한 기록이 있어 승려화가인 의겸이 활약한 영조 6년(1730)경에 만들어진 것으로 보인다.

Hanging Painting of Anguksa Temple
(The Vulture Peak Assembly) (Treasure No. 1267)

This hanging painting was made by Monk Cheonsin and Monk Euigyeon in year 4 (1728 A.D.) of King Yeongjo of Joseon. Size of the painting is 7.50m in length and 10.75m in height. Sakyamuni is enshrined as the main Buddha at the center, surrounded by four Bodhisattva on the left and right sides such as Manjusri, Samantabhadra and Mahasthamaprata and six side Bodhisattva such as Prabhutaratna and Amitabha Buddha. This is a vulture peak assembly painting of seven Buddha. Round faces and bright facial expressions of Bodhisattva create comfortable mood. The glow behind Sakyamuni was colored in gold and filled in the blank with patterns of clouds, Hanging painting is hung during grand outdoor Bud−dhist ceremonies and events. Appropriate painting is selected and en−shrined depending on characteristics of the ceremony and type of ritual for rain in year 4 (1728 A.D.) of King Yeongjo of Joseon.

문수,보현보살   관음,세지보살

　이 괘불탱화는 조선 영조 4년(1728)에 천신 스님과 의견 스님 등이 제작한 것으로, 크기는 가로 7.50m, 세로 10.75m이다. 가운데 석가모니를 주불로 모시고, 좌우로 문수, 보현, 관음, 대세지등 네 보살과 다보여래, 아미타여대 등 여섯 분을 협시보살로 모신 석가칠존도(釋迦七尊圖) 형식의 영산회산도 이다. 보살들의 둥그런 얼굴과 밝은 표정에서 편안함이 느껴지며, 석가모니 뒤의 광채를 금색으로 채색하고 여백에 구름무늬를 넣은 점이 매우 이채롭다. 괘불이란 야외에서 큰 법회나 불교 행사를 할 때 걸어두는 그림으로, 법회의 성격, 의식의 종류 등에 따라 맞는 것을 봉안한다. 이 그림은 조선 영조 4년(1728), 안국사에서 기우제를 지낼 때 조성한 것이다.

보물

무주 한풍루 (茂朱 寒風樓) Hanpungnu Pavilion, Muju
(Treasure No. 2129)

지 정 일 (Designated date)　　2021.06.24
소 재 지 (Location)　　　　전라북도 무주군 한풍루로 326-5 (무주읍, 한풍루)
시　　대 (Era)　　　　　　조선시대

　조선 시대 관아 건물인 무주 한풍루는 선조 때 문신 백호(白湖) 임제가 호남의 삼한(三寒)인 무주 한풍루(寒風樓), 남원 광한루(廣寒樓), 전주 한벽당(寒碧堂) 중에서도 으뜸으로 꼽으며 찬사를 아끼지 않았던 문화재이다. 현판은 한석봉이 썼다고 전해지며, 수많은 묵객들이 글과 그림으로 풍류를 즐기던 곳으로 당시 시대상과 문화상을 알 수 있는 건물이다. 정확한 창건 연대는 알 수 없으나, 15세기 조선 전기 문신 성임과 유순 등이 한풍루를 보고 쓴 시와 신증동국여지승람 등 여러 기록을 통해 조선 초기부터 존재해 왔음을 알 수 있고, 임진왜란(1592) 당시 전소된 이후 다시 건립된 것을 확인할 수 있다. 무주 한풍루는 정면 3칸, 옆면 2칸의 중층 누각 팔작지붕 건물로 이익공 양식 등의 특성을 보이고 있어 조선 후기 관아 누정 격식에 충실하게 건축되었다. 누 하층에 평주 설치, 누 하주와 누 상주의 비례와 흘림 수법, 대량의 항아리보 치목, 추녀에 강다리 설치 등의 건축적 요소에서 구조적 안정감과 미적가치를 고려한 무주 한풍루만의 건축적 특이성을 볼 수 있다. 또한, 최근에 목재 연륜 연대 분석에서 16~17세기 중수 당시 기둥과 창방 등 주요 목 부재가 확인되어 진정성 있는 복원이 이루어졌다는 점과 임진왜란 전후의 중수와 복설, 일제강점기 훼철될 위기에 있던 건물을 원래의 모습과 자리로 되찾으려 한 무주군민의 애환이 담겨 있는 점, 우리나라 몇 안 되는 중층 관영 누각으로 17세기 시기적 특성이 잘 나타나 있는 점 등 역사, 건축, 학술적 가치가 크다고 판단된다

Hanpungnu Pavilion, Muju (Treasure No. 2129)

Hanpungnu Pavilion was a part of the local government office complex during the Joseon period (1392−1910). It is unknown exactly when the pavilion was first estab−lished, but accounts of the pavilion in poems written by visiting civil officials suggest that it dates to at least the 15th century.The pavilion was originally located at the site of what is now the Muju Post Office. It was burned down during the Japanese invasion of 1592 and rebuilt in 1599. During the Japanese colonial period (1910−1945), the pavilion served as a workshop of Muju Public Primary school and as a Buddhist dharma propagation center, until it was pur−chased by a Japanese man. It was then sold in 1936 to another individual who moved the pavilion to the bank of Geumgang River in Yeongdong −gun County, Chungc−heongbuk−do Province and renamed it Geumhoru Pavilion. In 1960, the Hanpungnu Pavilion Restoration Committee was formed and by November 1971, the pavilion had returned to Muju. Over the centuries, many renowned scholars, Post, and artists created their works in this pavilion. On Hanpungru Pavilion, there is a signboard written by Seokbong Hanho and Kangam Song Seongyong.

　한풍루는 조선시대 관아 건물이다. 선조 때 백호 임제가 호남의 삼한이라 일컬어지는 무주 한풍루, 남원 광한루, 전주 한벽당 중 으뜸으로 꼽으며 찬사를 아끼지 않았던 곳이다. 조선시대부터 수많은 명사와 시인, 묵객들이 글과 그림을 남기며 풍류를 즐기던 곳으로 무주 지역의 역사와 정치, 문화 성숙기에도 중요한 역할을 했다. 한풍루가 원래 있던 곳은 관아 앞으로 지금의 무주 우체국 자리이다. 건립 시기는 정확히 알 수 없으나 15세기 김담, 성임, 유순이 한풍루를 다녀간 뒤 남긴 시와 신증 동국여지승람(1530) 등의 여러 기록을 통해 조선 초기부터 있었던 것으로 짐작된다. 이후 한풍루는 선조 25년(1592)에 왜군의 방화로 불에 타서 없어졌다가 선조 32년(1599)에 다시 지어졌고, 그 후에도 여러 차례 고쳐졌다. 일제강점기인 1910년 이후에는 무주 공립보통학교 공작실과 불교 포교당으로 사용되기도 했다. 그 후 한 일본인이 사들였다가 1936년 충청북도 영동군의 개인에게 팔았는데 이때 영동군 금강변으로 옮겨져 금호루(錦湖樓)라 불렸다. 1960년대 한풍루 복구 추진위원회가 결성 되었으며 한풍루를 되찾기 위한 무주 군민의 끈질긴 노력 끝에 1971년 11월 현 위치로 옮겨져 복원됐다. 이듬해인 1972년 도지정문화재로 지정된후 2021년 국가지정문화재인 보물로 승격됐다. 한풍루에는 석봉 한호, 강암 송성용 선생이 쓴 현판이 걸려 있다.

부안군

부안군편 (Buan-gun)

부안 내소사 동종 (扶安 來蘇寺 銅鍾)
Bronze Bell of Naesosa Temple, Buan (Treasure No. 227)

지 정 일   1963.01.21
소 재 지   전북 부안군 진서면 내소사로 243, 내소사 (석포리)
시   대   고려 고종 9년(1222)

　부안 내소사 동종(扶安 來蘇寺 銅鍾)은 고려 시대 동종의 양식을 잘 보여주는 종으로 높이
103㎝, 입지름 67㎝의 크기이다. 종의 아랫부분과 윗부분에는 덩굴무늬 띠를 둘렀고, 어깨
부분에는 꽃무늬 장식을 하였다. 종의 어깨 밑에는 사각형의 유곽이 4개 있고, 그 안에는 9개
의 돌출된 유두가 있다. 종을 치는 부분인 당좌는 연꽃으로 장식했고, 종의 몸통에는 구름 위
에 삼존상이 새겨 있다. 가운데 본존불은 활짝 핀 연꽃 위에 앉아 있고, 좌·우 양쪽에 협시
불이 서 있다. 종 정상부에는 소리의 울림을 돕는 음통과 큰 용머리를 가진 종을 매다는 고리
인 용뉴가 있다. 고려 고종 9년(1222)에 청림사 종으로 만들었으나, 조선 철종 원년(1850)
에 내소사로 옮겼다. 한국 종의 전통을 잘 계승한 종으로, 그 표현이 정교하고 사실적이어서
고려 후기 걸작으로 손꼽힌다.

Bronze Bell of Naesosa Temple, Buan (Treasure No. 227)

In Buddhist temples, large bronze bells are used to gather people for rituals and to announce time. This bronze bell kept in naesosa temple was originally made in 1222 to be enshrined in a temple named Cheongnimsa in Byeonsan Mountain. The temple closed, and the bell was later found buried underground and was relocated to Naesosa Temple in 1850. The cannon at the top of this bell, by which it is hung, has a dragon−shaped decoration. The top and bottom parts of the bell are cast in relief with scroll designs. The main body of the bell is decorated with four Buddha triads, and the four lotus flowers on the lower part serve as striking panels.

　높이 1.03m, 구경 0.67m의 범종으로서 고려 시대의 양식이 잘 나타난 데다가 조식이나 형태의 아름다움에 있어 고려 동종의 대표작이라 할 수 있으며 명문에 의하여 주조 연대도 명확하다. 이 명문에 따르면 고려 고종 9년(1222)에 청림사에서 주성하여 달았던 것으로, 폐사 후 오랫동안 매몰되었다가 조선 철종 4년(1853)에 내소사에 옮겨진 것으로 되어 있다

　부안 내소사 동종 扶安 來蘇寺 銅鐘 보물 제277호 부안 내소사 동종은 고려 고종 9년(1222)에 만든 것인데, 원래 내변산의 청림사에 있던 것을 조선 철종 원년(1850)에 이곳으로 옮겨 왔다. 이 종은 주로 절에서 시간을 알리거나 의식을 치를 때 사용한다. 종을 매다는 고리에는 용무늬를 새겼고, 종의 윗부분과 아랫부분에는 화려한 식물 문양을 조각하였다. 종을 치는 자리인 당좌(撞座)에는 연꽃무늬를 새겼고, 종의 가운데에는 세 분의 부처를 조각하였다. 가운데 본존불은 연꽃 위에 앉은 모습이며, 좌우의 협시불은 서 있는 모습이다. 종에 새겨진 장식과 문양이 정교하고 사실적이어서 고려 후기의 걸작으로 손꼽힌다.

부안 내소사 대웅보전 (扶安 來蘇寺 大雄寶殿)
Daeungbojeon Hall of Naesosa Temple, Buan (Treasure No. 291)

지 정 일 (Designated date)   1963.01.21
소 재 지 (Location)   전북 부안군 진서면 내소사로 243, 내소사 (석포리)
시 　　 대 (Era)   조선시대 중기

　내소사는 백제 무왕 34년(633)에 혜구두타(惠丘頭陀)가 세운 절로 원래 이름은 소래사였
다고 한다. 이 대웅보전은 석가모니를 중심으로 좌우에 문수보살과 보현보살을 모신 불전으
로 조선 인조 11년(1633) 청민대사가 절을 고칠 때 지은 것이라 전한다. 규모는 앞면 3칸·
옆면 3칸이며, 지붕은 옆면에서 볼 때 여덟 팔(八)자 모양을 한 팔작지붕이다. 지붕 처마를
받치기 위해 기둥 윗부분에 짜는 장식구조가 기둥 위뿐만 아니라 기둥 사이에도 있는 다포
양식인데, 밖으로 뻗쳐 나온 부재들의 포개진 모습은 우리 옛 건축의 특징을 잘 보여주고 있
다. 또한 앞쪽 문에 달린 문살은 꽃무늬로 조각하여 당시의 뛰어난 조각 솜씨를 엿보게 한다.
건물 안쪽으로 들어가면 벽체 윗부분에 있는 부재 끝을 연꽃 봉오리 모양으로 장식하였고 보
머리에는 용이 물고기를 물고 있는 모습을 나타내 건물의 화사함을 더해 준다. 천장은 우물
정(井)자 모양으로 짜 맞추어 지붕 윗부분을 가리고 있는 우물천장으로 꾸몄다. 불상 뒤쪽
벽에는 우리나라에 남아있는 것 중 가장 큰 '백의관음보살상'이 그려져 있다. 공예로 가치
가 높은 문살 조각과 독창적인 장식물 등 조선 중기 이후의 건축 양식을 가늠할 수 있게 해주
는 중요한 건물이다.

Daeungbojeon Hall of Naesosa Temple, Buan (Treasure No. 291)

Daeungbojeon is a Buddhist worship hall enshrining a statue of Sakyamuni, the Buddha This building, which is the main worship hall of Naesosa Temple, was built in 1633 during the temple's reconstruction. The coffered ceiling decorated with various painting and patterns, as well as the exquisite floral grid lattice on the doors, are great examples of the advanced architectural and artistic techniques of the time. On the back of the wall behind the Buddha triad is a painting of Avalokitesvara in a white robe, and it is the largest of its kind remaining in korea.

다포 집에 속하는 불당 건축물인데 원주 들은 배흘림이 있고 공포들은 삼출목 형식이다. 대들보는 앞뒤 기둥 위의 공포에 걸쳤으며 그 위에 동자형의 대공을 세워 종량을 받치고 우물천장을 가설하였다. 문은 가운데 칸에 4분합문(4分閤門), 좌우 칸에는 2분합문이 있다. 정면 3칸, 측면 3칸 팔작 건물이다.

대웅전 꽃 문살

대웅전 내부의 화려한 천정 장식

　　대웅보전은 절의 중심 건물로 석가모니불을 모시는 법당이다. 부안 내소사 대웅보전은 인
조 11년(1633)에 청민대사가 절을 건립한 것인데, 호랑이가 변한 대호선사가 지었다는 전
설도 내려온다. 대웅보전의 불상 뒤쪽 벽에는 우리나라에서 가장 큰 백의관음보살상이 그려
져 있으며, 단청은 관세음보살이 오색 찬란한 새의 모습을 하고 칠했다는 이야기가 전해진
다. 이 대웅보전은 쇠못을 쓰지 않고 목재로만 지었는데, 천장의 화려한 장식과 꽃무늬로 조
각한 앞쪽 문살은 당시 목수들의 뛰어난 조각 솜씨를 엿보게 한다.

부안 개암사 대웅전 (扶安 開岩寺 大雄殿)
Daeungjeon Hall of Gaeamsa Temple, Buan (Treasure No. 292)

지 정 일 (Designated date)　　1963.01.21
소 재 지 (Location)　　　전북 부안군 상서면 개암로 248, 개암사 (감교리)
시　　대 (Era)　　　　조선시대 중기

　개암사의 연혁에 대해서는 확실하지 않지만 《부안향토문화지》 등에는 백제 무왕 35년 (634)에 묘련왕사(妙蓮王師)가 변한의 궁궐을 절로 고쳤다고 기록하고 있다. 개암사 중건사 적을 보면 고려 숙종조에 원감국사(圓鑑國師)가 절을 크게 중창하였는데, 당시 개암사는 황 금전을 중심으로 동쪽에 청연각, 서쪽에 백옥교, 남쪽에 청허루가 있었으며 경내에는 연못이 있어 못 속에 화죽(花竹)이 서로 반영됨으로써 마치 극락세계와 같았다고 한다. 그러나 개암 사의 현황은 기록상의 배치와 전혀 일치하지 않는다. 지금은 주 불전인 대웅전을 중심으로 서쪽에 응향각, 동쪽에 응진전이 있고 도량 아래에는 월성대와 요사가 마당 한쪽에 치우쳐 있다. 대웅전은 울금바위를 등지고 남향하여 높게 자리하고 있다. 기단은 2중인데 장대석을 5단으로 가지런히 쌓은 상부 기단은 원래의 것이고, 자연석을 허튼층으로 쌓은 하부 기단은 마당을 낮추며 근래에 만든 것이다. 이 건물의 두드러진 특징은 공포의 짜임과 그 부재에 새 겨진 화려한 조각이다. 공포는 모두 내외 3출목 구조로서 전면의 공포는 연꽃의 모습을 사실 적으로 조각하였다.

Daeungjeon Hall of Gaeamsa Temple, Buan (Treasure No. 292)

This is a main sanctum where three Buddha statues such as, Shkyamuni, Munsu Bodhisattva and Bohyeon Bodhisattva are enshrined. Munsu is the symbol of the wisdom and Bohyeon works the salvation of all creatures. The building was built by the monk Myoryeon in 634 an down at the end of the sixteenth century (lmjinwaeran). It was repaired by the monk Gyeho in 1636. Despite its large scale, the building projects a sense of stability by using a large pillar. A refined dragon's head and a phoenix are carved in many places and a magnificent lotus flower is engraved under the eaves. Generally, it portrays grave feeling.

이 건물은 정면 3칸, 측면 3칸의 다포계 팔작집으로 추녀 끝에는 활주가 받치고 있다. 1636년(인조 14)에 계호대선사(戒浩大禪師)가 중건한 것이며 1783년(정조 7)과 1913년에 중수가 있었다. 초석은 자연석 주초를 사용하였고 기둥은 두리기둥이다. 기둥간에는 창방을 결구하고 그 위에 주간포를 배치하기 위한 평방을 짜올렸는데 평방을 통부재로 쓰지 않고 두 개의 부재를 맞대고 촉을 끼워 단일재처럼 사용한 것이 특이하다. 이것은 통부재 보다 목재의 뒤틀림에 대해 보다 효과적이며 이와 같은 방법은 위봉사 보광명전이나 내소사 대웅보전에서도 볼 수 있다.

이 대웅전은 석가모니를 주불로 하여 문수보살과 보현보살을 협시로 모신 개암사의 본전이다. 문수보살은 지혜의 상징이며, 보현보살은 중생을 제도하는 일을 돕는 분이다. 이 대웅전은 백제무왕 35년(634)에 묘련(妙蓮) 스님이 처음 지었으며, 임진왜란(1592) 때 불탄것을 조선 인조 14년(1636)에 계호(戒浩) 스님이 다시 지었다. 규모에 비해 우람한 기둥을 사용하여 안정감을 준 건물로, 곳곳에 용의 머리와 봉황을 새겼으며, 처마 밑에는 화려한 연꽃을 조각 하였다. 전체적으로 장중한 느낌을 주는 건물이다.

개암사는 고려 숙종 때 원감 국사에 의하여 창설되고 조선 인조 14년(1636)과 효종 9년(1658)에 대웅전이 건립되었다. 정조 7년(1783)에 승담선사(勝潭禪師)가 중수하여 오늘에 이른다. 기둥은 민흘림 기둥이고 처마 밑에는 내외삼출목(內外三出目)의 다포계 공포를 배열하였다. 고주로 지탱된 대들보 위에는 동자주형(童子柱形)의 대공(臺工)을 세워 종량을 받쳤고 여기에 우물천장을 가설하였는데 불단의 상부에는 닷집을 만들어 달아 놓았다. 각 살미의 뒷몸이 용머리로 발달하여 충량(衝樑)이 여의주(如意珠)를 문 용과 같다 우물천정판에는 연화 무늬가 그려졌다. 규모는 정면 3칸, 측면 3칸 팔작지붕 건물 이다.

출목첨차의 모습은 그 유래가 드문 독창적인 형태이다. 줄기와 연화문을 초각한 첨차와 소로의 중첩된 모습은 마치 연꽃이 올라가며 겹겹이 피어 있는 것과 같다. 이처럼 화려한 공포는 숭림사 보광전과 정수사 법당을 들 수 있는데 특히 숭림사 보광전은 공포의 세부적 수법과 천장의 구성수법 등 전체적인 기법이 이 건물과 거의 유사한다. 지역적으로도 멀리 떨어져 있지 않아 동일목수 또는 같은 계보를 가진 목수의 작품일 가능성이 있다. 정면과는 달리 측면과 배면의 공포는 당시 일반적인 교두형 첨차로 꾸며져 있어 정면성을 중시하는 전통건축의 특성을 볼 수 있다. 창호도 전면만 화려하게 꽃살문을 달아 화려하게 장식하였으나 이전에는 정자살문이었다. 인근의 내소사 대웅보전에서 볼 수 있듯이 17~18세기에 중건된 건물들이 꽃살창을 많이 사용함에 따라 최근에 바꿔 단 것이다. 17세기에 중건된 건물들은 전부터 내려오던 전통적인 건축술을 바탕으로 불교계의 새로운 요구를 반영한 장식화 경향이 나타나기 시작한다. 이러한 경향은 내부에서 더욱 활발하게 전개되는데 개암사 대웅전도 마찬가지다.

대웅전의 내부에는 두 개의 고주를 세워 후불벽을 형성했다. 통례와 같이 측면 평주 보다 고주를 뒤로 물려 배치하고 충량이 대량에 걸치도록 하였다. 그 위에 세 단의 층급천장을 구성함으로써 내부 공간은 실제보다 높게 느껴지는데 이 공간을 용과 봉황으로 가득 꾸미고 있다. 특히 전면 주간포와 귀포 그리고 두 개의 충량에서 뻗어 나온 9개의 용두는 강렬하게 불단을 장엄하고 있으며, 주간포에는 용두와 어우러져 날개를 활짝 편 봉황을 배치하고 있다. 불단에는 석가삼존불을 봉안하였고 상부에는 닫집을 설치했다. 닫집은 정자형의 물림닫집으로 정면 처마 위에 박공면을 가진 특수한 형태이다. 그 속에는 세 마리의 번룡(飜龍)이 또아리를 틀고 매달려 있으며 공중에는 구름과 여의주를 장식하였다. 이처럼 이 건물은 안팎을 연꽃, 용, 봉황 등 불교적 상징물로 가득 장식하여 부처님이 주재하는 불국토를 상징하고 있다.

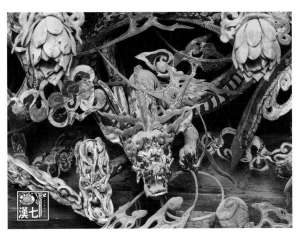

고희 초상 및 문중유물 (高曦 肖像 및 門中遺物)
Portrait of Go Hui and Relics Related to the Buan Branch of the Jeju Go Clan (Treasure No. 739)

공신녹권

고희초상

지 정 일 (Designated date)　　　1982.11.09
소 재 지 (Location)　　　전라북도 부안군 하서면 영성로(청호리)
시　　　　대 (Era)　　　조선 중종 17년~고종 31년

　　고희 초상 및 문중유물(高曦 肖像 및 門中遺物)은 조선 중기의 무신인 고희(1560~1615)의 영정과 유품을 비롯하여 제주 고씨 부안 문중에서 12대손까지 13대 372년 동안(1522~1894) 작성된 각종 고문서와 일괄 유물들이다. 고희는 조선 선조 17년(1584)에 무과에 급제 선전관이 되어 임진왜란 당시 왕을 호종한 공으로 선조 37년(1604)에 호성공신 3등에 책봉되었다. 후에 호조판서로 추증되었다. 지정된 유물을 연대별로 간략하게 살펴보면 중종 때부터 인조 때까지의 유물 76점, 숙종~고종때까지 유물이 139점 등 총 20종 215점이다. 이 중 영정은 전부 고희의 것으로 전신상 1폭과 안면상 2폭 등 그 외 고희와 관련된 유품들이다. 이 유물들은 전북 부안의 석불산 아래 효충사 유물관에 보관, 전시되어 있다.

보물

Portrait of Go Hui and Relics Related to the Buan Branch of the Jeju Go Clan (Treasure No. 739)

These artifacts are handed down from Go Hui's grandfather to his descendants for twelve generations around 400 years. Go Hui (1560~1615) rendered distinguished services by guarding the king during the war against japanese army at the end of the sixteenth century. His name was listed on the roster as Hoseonggongsin. After his death, the king posthumously granted him the honorary title of Minister of Finance, estate and land within 4km from his house. His son, Go Hong-geon, was also registered as a meritorious retainer for performing great services during Yi Gwal's revolt and the war against Cheong dynasty of China in the mid-seventeenth century. There are 215 artifacts including three portraits of Go Hui, many writs of Go Hui and his son which were written by the best master calligrapher of the Joseon dynasty, Han Seok-bong.

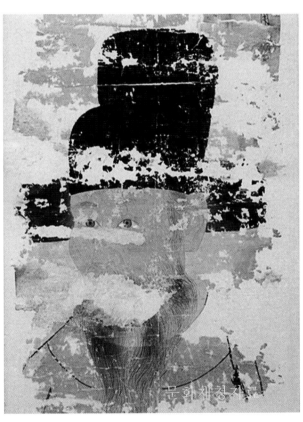

　　고희 선생의 영정은 1604년 10월 제훈과 동시에 하사하였다고 한다. 이 유물들은 고희 (1560~1615)의 할아버지로 부터 12대 손까지 대략 400여 년 동안의 것들로, 고희의 후손들이 대대로 보관해 오고 있다. 고희는 임진왜란때 왕을 호휘한 공으로 이름이 호성공신(扈 聖 功臣)에 오른 사람으로, 죽은 후에는 호조판서로 벼슬이 높여지고, 사방 10리의 땅과 바다를 하사 받았다. 고희의 아들 홍건 (弘建)도 조선인조 때의 이괄의 난과 병자호란 때 공을 세워 공신록에 이름이 올랐다.

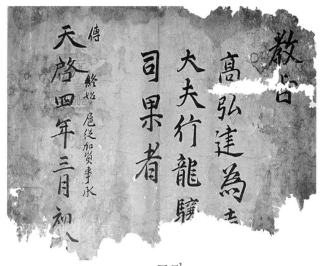

교지

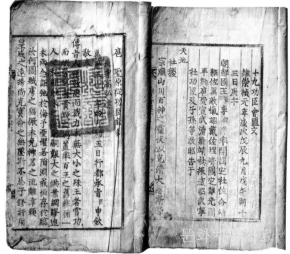

공신녹권

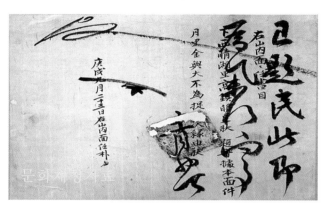

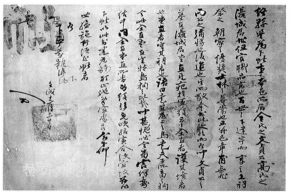

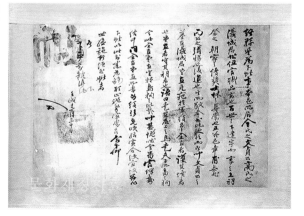

　　고희는 1592년 임진왜란 때 선전관 재직중 선조가 북쪽으로 파천하게 되자 어가를 호종하고 평양에 가서 곽산군수가 되었다. 이후 여러관직을 거쳤다. 선조가 승하하자 낙향하여 1615년(광해군 7)에 56세를 일기로 서거하니 조정에서는 호조판서를 증직하고 영성군에 봉작함과 어울러 예관을 보내어 치장하였다. 선생이 묻힌 부안 하서면 석불산 일대를 사비하고 부도지전을 하사하였다. 이곳에 보관된 유품은 고희의 영정 3점을 비롯하여, 고희 부자가 공신에 책봉될 때 받은 공신책봉록 그리고 각종 교지등 모두 215점이다. 이 중 공신책봉록은 조선 최고의 명필인 한석봉이 쓴 것이다.

부안김씨 종중 고문서 일괄 (扶安金氏 宗中 古文書 一括)
Documents of the Buan Kim Clan (Treasure No. 900)

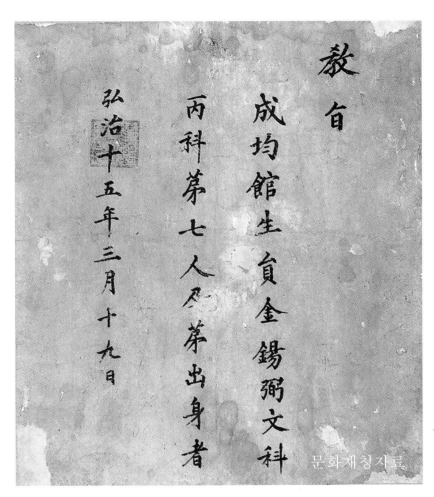

교지

문화재청자료

지 정 일 (Designated date)   1986.11.29
소 재 지 (Location)   전라북도 부안군 보안면 우동길
시   대 (Era)   조선시대

　이 문서는 전라북도 부안의 부안김씨 종중에 소장되어온 고문서이다. 연산군·중종 때의 문신 김석필에게 임금의 명을 적어 발급한 교지 및 재산분배기록인 분재기를 비롯하여 그외 자손들에게 발급한 유지(승정원에서 왕의 뜻을 받들어 전달하는 중요한 명령서) 명문 등 중요한 서류를 뽑아 일괄 지정한 것이다. 종중에서 보관하고 있는 문서들 가운데 편지글과 제사에 쓰는 제문은 지정대상에서 제외되었다. 이 문서의 내용을 간략히 살펴보면, 선조 33년(1600) 4월 6일 국왕의 특별 명령에 따라 금산군수 김홍원에게 상으로 옷감 1벌을 내리는 유지 1점을 비롯하여, 교지 및 교첩, 양반을 포함한 백성들이 관청에 청원할 일이 있을 때 제출하는 진정서인 소지, 분재기, 명문과 공신으로 임명한다는 증명서인 공신록권 등이 있다. 이 문서는 6종 80여점으로 유지와 교지는 인사행정제도 연구에, 소지는 사회상 연구에, 분재기와 명문은 경제·사회·가족제도 연구에, 공신록권은 공신도감의 기능 연구와 관련하여 귀중한 자료로 평가된다.

Documents of the Buan Kim Clan (Treasure No. 900)

The collection of ancient documents of Buan Kim clan refers to about 80 pieces of 6 kinds of ancient documents held by the family. There are documents related to Kim Seok-pil, who became a contributor to the Jungjongbanjeong (1506) of the Joseon Dynasty, and Kim Hong-won, the eldest son of Kim Seok-pil, who became a righteous army commander during the Japanese Invasion of Korea. There are important documents such as Gyoji, a document given to the servants by writing down the king's orders, and Bonsai, a record of property distribution, which is considered important data for studying not only the function of contributors during the Joseon Dynasty but also the overall appearance of society.

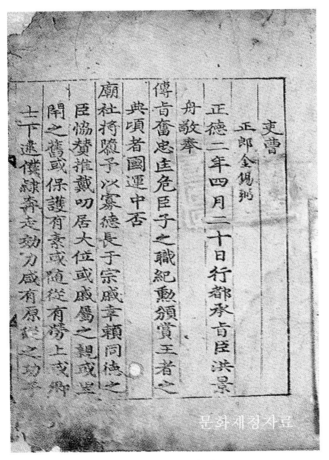

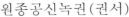

원종공신녹권(권서)

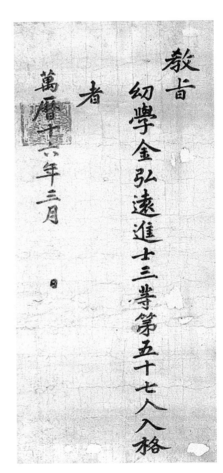

교지

 부안 김씨 종중 고문서 일괄은 문중에서 소장하고 있는 고문서 6종 80여점을 가리킨다. 조선 중종반정(1506)에 참여한 공으로 정국원종공신에 오른 김석필(金錫弼), 정유재란 때 의병장으로 공을 세워 선무원종공신에 오른 김석필의 종손 김홍원(金弘遠) 등과 관련한 문서들이 있다. 왕의 명령을 적어 신하에게 내리는 문서인 교지(敎旨), 재산 분배 기록인 분재기(分財記) 등 중요한 문서들이 있어 조선 시대 공신도감의 기능 뿐 아니라 당시 사회의 전반적인 모습을 연구하는 데 중요한 자료로 평가된다.

부안 김씨 종중 고문서는 부안에서 세거하는 부안 김씨 중에 보관되어 온 것으로서 15세기 중엽부터 한말에 이르기까지 약 400여 년 동안 문서이다. 내용은 대개 교지, 호적, 분재기, 토지문기, 노비문기, 소지, 시권, 간찰등으로 당시의 사회경제사 법제사 국어 분야의 연구에 귀중한 자료를 제공하게 될 것이다. 특히 본 고문서는 한 집안에서 여러 대에 걸쳐 보관해온 것으로 조선시대 연구에 중요한 자료이다.

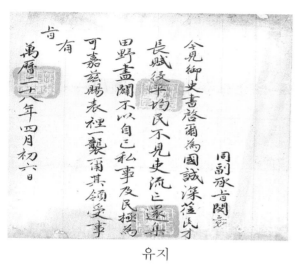

유지

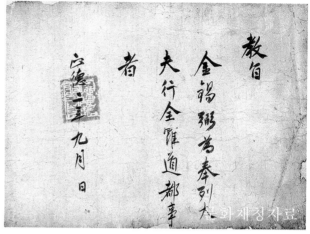

교지

명문

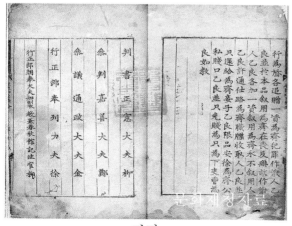

분재기

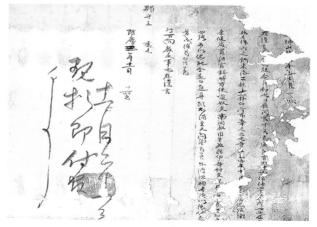

권말

소지

보물

내소사 영산회 괘불탱 (來蘇寺 靈山會 掛佛幀)
Hanging Painting of Naesosa Temple
(The Vulture Peak Assembly) (Treasure No. 1268)

지 정 일 (Designated date)   1997.08.08
소 재 지 (Location)   전북 부안군 진서면 내소사로 243, 내소사 (석포리)
시   대 (Era)   조선 숙종26년(1700,康熙39)

석가가 영축산에서 설법하는 장면을 그린 영산회괘불탱으로, 괘불이란 절에서 큰 법회나
의식을 행하기 위해 법당 앞 뜰에 걸어놓고 예배를 드리는 대형 불교그림이다. 이 괘불은 길
이 10.50m, 폭 8.97m로 본존불인 석가불은 중앙에 화면 가득 그리고 석가불 좌우로 문수보
살과 보현보살을 배치 하였으며, 그 뒤로 다보여래와 아미타여래, 관음보살, 세지보살 등의 4
보살이 서 있는 7존 형식구도를 이루고 있다. 각 존상들은 둥근 얼굴에 원만한 체구를 지니
며 뺨과 눈자위, 턱밑, 손과 발은 옅은 분홍색 으로 처리해 밝아 보인다. 주로 붉은색과 녹색
을 사용하였고 연한색을 넣어 경쾌함을 느끼게 한다. 숙종 26년(1700)에 그려진 이 괘불은
콧속의 털까지 묘사하는 선의 정밀함, 화려한 옷의 무늬와 채색 으로 더욱 돋보이는 작품으
로 17세기말에서 18세기초의 전형적인 특징을 보여주며 각 인물마다 명칭이 있어 불화를 연
구하는데 중요한 역할을 하는 귀중한 작품이다.

Hanging Painting of Naesosa Temple
(The Vulture Peak Assembly) (Treasure No. 1268)

Hanging banner paintings were displayed outdoors on special occasions such as the buddha's birthday, outdoor rites, and the funerals of eminent monks. this panting, painted in 1700, depicts the scene of the buddha's lecture at Vulture Peak. In this painting, Sakyamuni is potrayed in the center, with Samantabhadra and Manjusri(Bodhisattva of Wisdom and Insight) illustrated on his left and right side, respectively. The other four standing in the back, from the left, are Mahasthamaprapta(Bodhisattva of Wisdom and Strength), and Amitabha(Buddha of the Western paradise), Prabhutaratna(Buddha of Abundant Treasure), and Avalokitesvara(Bodhisattva of Great Compassion). The name of each Buddha and Bodhisattva is written in the red rectangle in the halo encircling their heads, which is a rare case this kind of Buddhist painting.

석가모니불

문화재청자료

보현보살 세
지보살 극락
도사 아미타
여래불

문수보살
관음보살
증청묘법
다보여래불

　　괘불은 절에서 큰 법회나 의식을 행할 때 법당 앞 야외에 걸어 놓는 불화를 말한다. 내소사 영산회 괘불탱은 조선 숙종 26년(1700)에 제작되었는데 석가모니가 영축산에서 설법하는 장면을 묘사하고 있다. 이 괘불은 중앙에 석가모니불이 있고 좌우에 문수보살과 보현보살이 있으며 그 뒤에 네 분의 보살이 서 있는 석가칠존도(釋迦七尊圖) 형식의 영산회상도이다. 그림에 그려진 부처님의 옷 무늬와 채색은 화려하고 정밀하게 묘사되어 있으며, 이 영산회상도는 불교 의식인 영산재에 사용되었다.

개암사 영산회 괘불탱 및 초본 (開巖寺 靈山會 掛佛幀 및 草本)
Hanging Painting and the Sketch of Gaeamsa Temple
(The Vulture Peak Assembly) (Treasure No. 1269)

본존불대의끝단의꽃무늬

지 정 일 (Designated date)   1997.08.08
소 재 지 (Location)   전북 부안군 상서면 개암로 248, 개암사 (감교리)
시   대 (Era)   조선 영조25년(1749,乾隆14)

　　석가가 영축산에서 설법하는 장면을 그린 영산회괘불탱으로, 괘불이란 절에서 큰 법회나 의식을 행하기 위해 법당 앞 뜰에 걸어놓고 예배를 드리는 대형 불교그림을 말한다. 괘불에서 많이 그려지는 영산회상도는 석가가 설법하는 장면을 묘사한 그림이다. 길이 14m, 폭 9m의 이 괘불은 석가를 중심 으로 좌우에 문수·보현보살이 서 있고 뒷쪽에는 다보여래, 아미타여래, 관음보살, 세지보살이 있으며, 앉아 있는 2구의 작은 불상도 보인다. 석가는 머리끝에서 다섯 줄기의 빛이 나며 오른쪽 어깨가 드러난 우견편단의 옷을 걸치고 서 있는 모습이다. 각 상들의 얼굴 형태와 어깨는 각지게 표현하여 경직되어 보이며, 눈썹은 처지게 처리했고 선은 매우 정밀하고 세련되어 강한 인상을 준다. 채색은 주로 붉은색과 녹색에 금색을 사용하였고 군청색을 넣어 색채 대비도 보여주고 있다. 조선 영조 25년 (1749) 승려화가 의겸이 참여한 그림으로 화면을 꽉 채운 구도와 경직된 형태, 강렬한 색채 등으로 18세기 중엽의 양식적 특징을 보여주는 뛰어난 작품이며, 제작연대도 확실하여 우리나라 불교회화 연구에 중요한 역할을 한다. 개암사 괘불탱의 밑그림도 남아 있는데, 현재 밝혀진 유일한 것으로 당시 괘불화의 제작과정과 필치 등을 파악하는데 큰 도움을 주고 있다.

Hanging Painting and the Sketch of Gaeamsa Temple (The Vulture Peak Assembly) (Treasure No. 1269)

This Gwaebul was painted by the two moks Uigyeom and Yeongan in 1749. It is a Yeongsanhoesangdo in the form of Seokachiljondo; Sakyamuni is on the center with six Bodhisattvas on both sides. The 13.25m by 9.19m portrait is an outstanding work in the composition and the coloring. The five rays of light emitting from Sakyamuni's head seem to shed a light of mercy on the world. Gwabul is hung when the Buddhist ceremonies are held, the kind of which is various according to the character of Buddhist mass and the kind of ritual. This Yeongsanhoesangdo was used for the Buddhist ceremony (Yeongsanje) to pray for longevity and the Land of Happiness.

괘불도밑그림(본존과다보여래,아미타여래

개암사영산회괘불탱초본

보현보살의태극무늬장식

이 괘불은 조선 영조25년(1749)에 의겸(義謙)과 영안(永眼) 두 스님이 그린 것으로, 석가모니불을 중심으로 좌우에 여섯분의 보살을 모신 석가칠존도(釋迦七尊圖) 형식의 영산회상도이다. 크기는 길이 13.25m, 폭 9.19m로, 구도와 채색 등이 매우 뛰어난 작품이다. 석가모니의 머리에서 발하고 있는 다섯 줄기의 빛은, 온 천하에 부처님의 자비의 빛을 비추 어주려는 듯하다. 괘불이란 야외에서 큰 법회나 불교 행사를 할 때 걸어두는 그림으로 법회의 성격, 의식의 종류 등에 따라 맞는 것을 봉안한다. 이 영산회상도는 장수와 극락정토를 기원하는 영산재(靈山齋)에서 사용하던 것이다.

최광지 홍패 (崔匡之 紅牌)
Choe Gwangji Hongpae (Treasure No. 2062)

문화재청자료

최광지 홍패
(국새 부분)

지 정 일 (Designated date)   2020.04.23
소 재 지 (Location)   전라북도 부안군
시   대 (Era)   1389년(고려 창왕 1)

　최광지 홍패는 고려 말~조선 초에 활동한 문신 최광지(崔匡之)가 1389년(창왕 1) 문과 병과 3인(丙科 第三人)으로 급제하여 받은 문서로서, 약 630년 전 고려 말에 제작된 매우 희귀한 사료이다. 홍패(紅牌)는 왕명으로 발급된 과거합격증을 말하며, 보통 홍화씨 등으로 붉게 염색한 종이로 발급되었기 때문에 이러한 명칭을 갖게 되었다. 최광지는 고려 말기~조선 초기에 활동한 학자로, 활동연대는 대략 14~15세기에 이른다. 본관은 전라북도 부안에 집성촌을 둔 전주최씨(全州崔氏)로, 당시 정치경제적으로 영향력이 있었던 전주최씨의 위상을 감안할 때 이 홍패는 고려 말~조선 초의 가문과 인물, 제도를 이해하는 데 기초가 된다. 홍패에는 성균생원 최광지 병과 제삼인 급제자(成均生員崔匡之丙科第三人及第者)와 홍무 이십이년 구월 일(洪武貳拾貳年玖月日)이라는 문장이 두 줄로 적혀 있으며, 발급연월일 위에 고려국왕지인(高麗國王之印)의 국새가 찍혀 있다. 문서의 형식과 성격 측면에서도 왕지(王旨)라는 문서명과 국새가 찍힌 정황으로 보아 임금의 명령을 직접 실천한 공식문서로서 완결된 형식을 갖추고 있다는 점에서 역사적 의의가 있다.
현재까지 국보와 보물로 지정된 고려시대 홍패는 총 6점으로, 시대는 '최광지 홍패'보다 빠르지만 왕명이 아닌 관청에서 발급되어 국새가 찍히지 않았다는 점이 다르다. 따라서 왕명의 직인이 찍혀 있고 형식상 완결성을 갖춘 고려시대 홍패로서는 이 '최광지 홍패'가 지금까지 유일하게 알려져 있다. 이러한 형식은 후대로 계승되어 조선시대 공문서 제도에 큰 영향을 끼쳤다는 점에서 중요한 의의가 있다. 보물 제2062호 '최광지 홍패'는 1276년(충렬왕 2)부터 과거합격증에 '왕지(王旨)'라는 용어를 사용하게 했다는 『고려사(高麗史)』의 기록을 처음 확인시켜 준 실물이자, 조선시대 문서제도와 관련성이 밀접하다는 점에서 역사적,학술적 가치 및 희소성이 인정되는 자료이다.

Choe Gwangji Hongpae (Treasure No. 2062)

Choi Gwang-ji's Hongpae is a document received by Choi Gwang-ji, a civil official who was active from the end of Goryeo to the beginning of Joseon Dynasty, in 1389 (Changwang 1) and three soldiers, and is a very rare document produced at the end of Goryeo about 630 years ago. Hongpae refers to a past pass issued under the royal name, and this name was given because it was usually issued in red-colored paper such as safflower seeds. Choi Gwang-ji was a scholar who was active from the late Goryeo Dynasty to the early Joseon Dynasty, and his active years ranged from about the 14th to 15th centuries. The family clan is Jeonju Choi, who has a clan village in Buan, Jeollabuk-do, and considering the status of Jeonju Choi, who was politically and economically influential at the time, this Hongpae is the basis for understanding the families, figures, and institutions of the late Goryeo Dynasty and early Joseon Dynasty. On the red plaque, the sentences "Sungkyunkwan Choi Gwang-ji's disease and the third-party student" and "Hongmu's twelfth year Guwolil" are written in two lines, and the national bird of the Goryeo Dynasty is stamped on the date of issuance. In terms of the format and nature of the document, it is of historical significance in that it has a completed form as an official document that directly practiced the king's order, considering that the document name Wangji and the national bird were stamped.So far, there have been a total of six red plaques in the Goryeo Dynasty designated as national treasures and treasures, which are faster than Choi Gwang-ji's red plaques, but are different in that they were issued by government offices other than royal names. Therefore, this "Choi Gwang-ji Hongpae" is the only Goryeo Dynasty Hongpae that has been stamped with the seal of the king's name and is formally complete. This form is of great significance in that it was inherited to a later generation and had a great influence on the official document system of the Joseon Dynasty.Treasure No. 2062 "Choi Gwang-ji Hongpae" is the first to confirm the record of "Goryeosa" that allowed the use of the term "wangji" in past acceptance since 1276 (2nd year of King Chungryul) and is recognized for its historical and academic value and scarcity.

순창군 순창군판 (Sunchang-gun)

월인석보 권15 (月印釋譜 卷十五)
Worinseokbo(Songs of the moon's reflection on a
thousand rivers and episodes of the life of the buddha part15)
(Treasure No. 745)

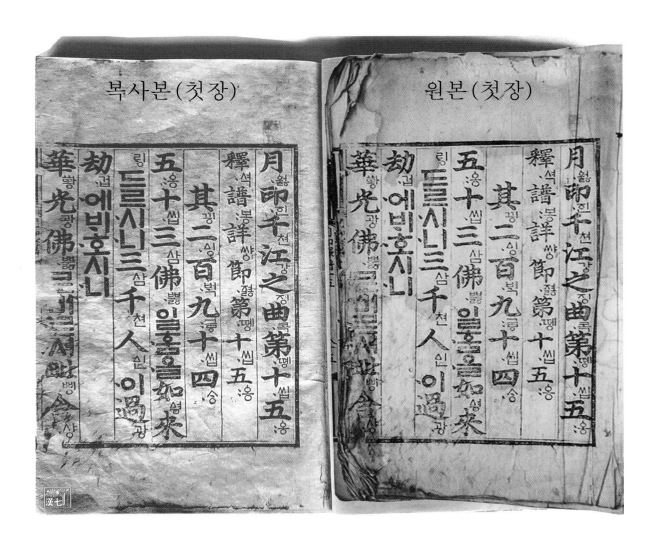

복사본(첫장)　　　　　원본(첫장)

지 정 일　　　2000.12.22
소 재 지　　　전북 순창군 복흥면 봉덕길 131-144, 구암사 (봉덕리)
시　　대　　　조선 세조5년(1459)

　　순창(淳昌) 구암사(龜巖寺)에서 발견된 월인석보 권15(月印釋譜 卷十五)는 그 동안 완전한 상태로 전존(傳存)되는 판본이 없었다는 점에서, 초간본(初刊本)으로서 중요한 의미를 지니고 있다. 이는 1998년에 소개된 바 있는 성암본(誠庵本)이 모두 30장에 불과한 점으로보아, 구암사본(龜巖寺本)은 비록 앞뒤의 표지(表紙)가 결락되어 있으나, 본문에는 낙장(落張)이 전혀 없는 완전한 상태여서 학술 및 문화재적 가치가 높다. 더욱이 월인석보 권15(月印釋譜 卷十五)는 완전한 초간초쇄본('初刊初刷本')이라는 점에서 그 진가가 높다

Worinseokbo(Songs of the moon's reflection on a thousand rivers and episodes of the life of the buddha part15)
(Treasure No. 745)

This is Volume 15 of Episodes from the Life of Sakyamuni Buddha (Worin seokbo), a biography of Sakyamuni Buddha Published by King Sejo in1459. The book consists of Songs of the Moon's Reflection on a Thousand Rivers (Worin cheongangjigok) as its main text, with Details of the Buddha's Geneology (Seokbosangjeol) as a commentary. Songs of the Moon's Reflection on a Thousand Rivers was compiled by King Sejong in 1449. Details of the Buddha's Geneology is a biography of Sakyamuni Buddha, translated from classical Chinese into the Korean vernacular alphabet Hangeul, that was Previously Published in 1447 by King Sejo during his time as a Prince. The book has great value as a work complied Published over the reigns of two Kings, and also as the first example of the biography of the Buddha being Published in Hangeul. Episodes from the Life of Sakyamuni Buddha is Presumed to originally consist of 25 volumes, but only 19 volumes have been found. This single book of volume 15 was printed on a mulberry paper mixed with silk. Apart from the missing front and back covers, the volume is complete without any omission.

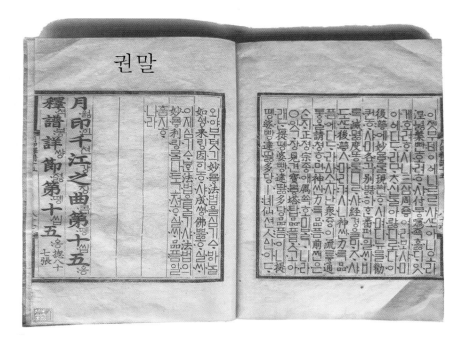

　월인석보는 세조5년(1459)에 간행한 석가모니의 일대기이다. 이 책은 "월인천강지곡"을 본문으로 하고, "석보상절"을 그에 대한주석 형식으로 합하여 간행한 것이다. "월인석보"는 총25권으로 이루어진 것으로 추정되며, 현재까지 총 19권이 발견되었다. 이 중 2000년 순창 구암사에서 발견된 "월인석보" 권15는 1권 1책으로 구성되어 있다. 총87장이고 비단이 섞인 한지에 인쇄되었다. 비록 앞 표지는 없으나, 본문 내용은 전혀 누락되지 않은 완전한 상태이다. "석보상절"은 세조사 수양대군 시절 석가모니의 일대기를 한글로 번역하여 세종 29년(1447)에 간행한 책이며, "월인천강지곡"은 세종 31년(1449)에 지은 찬불가이다. "월인석보"는 조선 전기 2대에 걸쳐 임금이 편찬하고, 간행한 것으로, 석가모니의 일대기와 주요 설법을 한글로 번역하여 편찬한 최초의 책이라는 점에서 가치가 매우 높다.

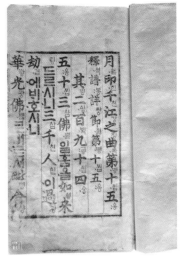

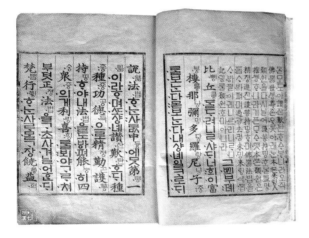

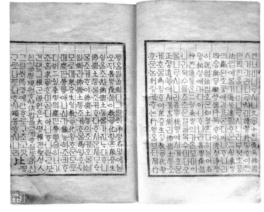

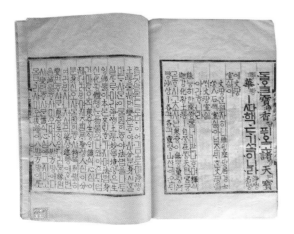

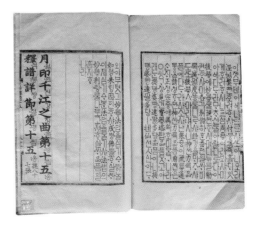

완주군편 (Wanju-gun)

완주 화암사 극락전 (完州 花巖寺 極樂殿)
Geungnakjeon Hall of Hwaamsa Temple, Wanju
(National Treasure No. 316)

지 정 일 2011.11.28
소 재 지 전라북도 완주군 화암사길 271 (경천면, 화암사)
시   대 조선시대 초기

　화암사는 불명산 시루봉 남쪽에 있는 절로 본사인 금산사에 딸린 절이다. 절을 지을 당시의 자세한 기록은 없으나 원효와 의상이 유학하고 돌아와 수도하였다는 기록으로 보아 신라 문무왕 이전에 지은 것으로 보인다. 극락정토를 상징하는 극락전은 1981년 해체·수리 때 발견한 기록에 따르면, 조선 선조 38년(1605)에 세운 것으로 되어 있다. 앞면 3칸·옆면 3칸 크기에 지붕은 옆면에서 볼 때 사람 인(人)자 모양을 한 맞배지붕으로 꾸며 소박하고 작은 규모를 보이고 있다. 지붕 처마를 받치기 위해 기둥 위부분 에 장식하여 짜은 구조가 기둥 위와 기둥 사이에도 있는 다포 양식이다. 건물 안쪽 가운데칸 뒤쪽에는 관세음보살상을 모셨으며, 그 위에 지붕 모형의 닫집을 만들어 용을 조각하였다. 화암사 극락전은 우리나라에 단 하나뿐인 하앙식(下昻式) 구조이다. 하앙식 구조란 바깥에서 처마 무게를 받치는 부재를 하나 더 설치하여 지렛대의 원리로 일반 구조보다 처마를 훨씬 길게 내밀 수 있게 한 구조이다. 중국이나 일본에서는 근세까지도 많이 볼 수 있는 구조이지만 우리나라에서는 유일한 것으로 목조 건축 연구에 귀중한 자료가 되고 있다.

Geungnakjeon Hall of Hwaamsa Temple, Wanju
(National Treasure No. 316)

Hwaamsa Temple is a temple located in the south of Sirubong Peak in Bulmyeongsan Mountain and is attached to Geumsansa Temple, the headquarters. There is no detailed record of the temple's construction, but it seems to have been built before King Munmu of Silla, considering the record that Wonhyo and Uisang returned from studying abroad and practiced asceticism. According to records discovered during the dismantling and repair of Geungnakjeon Hall, which symbolizes Geungnakjeongto, it was built in the 38th year of King Seonjo's reign (1605). The roof is 3 bays in front space and 3 bays in side space, and the roof is decorated with a gabled roof shaped like a human when viewed from the side, showing a simple and small scale. The structure woven by decorating the upper part of the pillar to support the eaves of the roof is a multi-faceted style that is also located between the pillars and the pillars. A statue of Guanyin Bodhisattva was enshrined in the back of the middle compartment of the building, and a roof-shaped closed house was built on it to sculpt a dragon. The Geungnakjeon Hall of Hwaamsa Temple is the only Haang style structure in Korea. Haang-style structure is a structure in which an additional member supporting the weight of the eaves is installed from the outside so that the eaves can be extended much longer than the general structure. It is a structure that can be seen a lot in China and Japan, but it is the only one in Korea. Wooden architecture. It is a valuable resource for the district.

입구에서 바라본 극락전

극락전 귀공포

극락전 다포양식

극락전

극락전 뒷쪽 용꼬리 처마

하앙식 처마

극락전 내부 닫집

　화암사의 본전으로 남향하여 있으며 높이 1m 내외의 높은 기단위에 건축된 정면 3칸, 측면 2칸의 맞배집이다. 전면은 추녀를 길게 빼내기 위하여 하앙구조(下昂構造)로 되어있어 특이하다. 불전내 에는 3층의 닫집이 있으며 아마타불이 모셔진 불단이 있다. 중창기의 내용에 의하여 1440년에 축조된 것으로 판단된다.

완주 위봉사 보광명전 (完州 威鳳寺 普光明殿)
Bogwangmyeongjeon Hall of Wibongsa Temple, Wanju
(Treasure No. 608)

지 정 일 (Designated date)   1977.08.22
소 재 지 (Location)   전북 완주군 소양면 위봉길 53, 위봉사 (대흥리)
시   대 (Era)   백제 무왕 5년(605)

　위봉사는 백제 무왕 5년(604)에 서암대사가 지었다는 설과 신라말에 최용각이라는 사람이 절터에서 세 마리 봉황새가 노는 것을 보고 위봉사(圍鳳寺)라 이름 지었다는 이야기도 있다. 고려 공민왕 8년(1358) 나옹화상이 절을 크게 넓혀 지었고 조선 세조 12년(1466) 석잠대사가 수리하였다고 한다. 위봉사 보광명전은 건축 수법으로 보아 17세기경에 지은 건물로 추정하며, 보광명전(普光明殿)이라 적힌 현판은 조선 순조 28년(1828)에 쓴 것이라고 한다. 규모는 앞면 3칸·옆면 3칸으로 지붕은 옆면에서 볼 때 여덟 팔(八)자 모양을 한 팔작지붕이다. 지붕 처마를 받치기 위해 기둥 위부분에 장식하여 짜은 구조가 기둥 위뿐만 아니라 기둥과 기둥 사이에도 있는 다포 양식이다. 건물 안쪽은 천장 속을 가리고 있는 우물 정(井)자 모양의 우물천장으로 꾸몄다. 불단 위쪽으로 운룡(雲龍)과 여의주 모양의 구슬을 장식한 닫집을 만들어 놓아 불상에 엄숙한 분위기를 자아내고 있다. 안쪽 뒷벽에 그린 백의관음보살상을 비롯한 여러 불화와 비교적 채색이 잘 보존된 금단청은 차분하고 아늑한 법당 안의 분위기를 느끼게 한다. 우수한 옛 채색기법과 조선시대 목조 불전건축 연구에 소중한 자료가 되는 문화재로 평가 받고 있다.

Bogwangmyeongjeon Hall of Wibongsa Temple, Wanju
(Treasure No. 608)

Bogwangmyeongjeon is a Buddhist worship hall honoring Sakyamuni, the historical Buddha who liver in ancient India. It is the main worship hall of Wibongsa Temple. It is unknown when this worship hall was first established. It was reconstructed in the early 17th century following damages sustained during the Japanese invasions of 1597-1598. It underwent several repairs in the late period of the Joseon dynasty (1392-1910), including in 1838, at which time the current wooden name plaque was made. The building was severely damaged during the Korean War (1950-1953) and was dis-mantled and renovated in 1977. The building was made with thick timber parts that were painted colorfully and decorated with mural paintings to create an imposing and majes-tic impression. The colorful painting inside the hall date to 1673, and are thus an important resource for studying Buddhist worship hall painting of that time. Inside the hall is the main altar atop which is a triad consisting of Sakyamuni at the center with Manjusri (Bodhisattva of Wisdom and Insight) and Samantabhadra (Bodhisattva of Great conduct) to each side. Above the altar is a wooden canopy with decorative sculptures such as a dragon and a wish-fulfilling jewel. The hall features several mural painting, such as one on the backside of the altar depicting Avalokitesvara (Bodhisattva of Great Compassion) in a white robe and six on the other walls of the hall depicting celestial maids presenting offerings to Buddha through music. The strong outlining and beautiful facial expressions show the outstanding quality of mural paintings of the late Joseon period.

완주 위봉사 보광전은 위봉사의 중심 전각이다. 이 건물이 처음 지어진 시기는 정확히 알 수 없으나 정유재란 때 피해를 입어 17세기 초에 다시 지었고, 조선 후기 에도 여러 차례 정비한 것으로 보인다. 현판은 현종 4년(1838)에 보수할 당시 제작한 것이며, 현재 모습의 건물은 한국 전쟁 이후 다시 지은 것이다. 보광명전의 크기는 정면 3칸, 측면 3칸이고, 지붕은 팔작 지붕이다. 중요 부분마다 굵은 목재를 써서 조각했으며 화사한 단청과 벽화로 치장하여 중후하고 웅장한 느낌을 준다. 현존 14년 (1673)에 조성된 내부 단청은 도료 배합 등 이 분야를 연구하는데 중요한 기준이 된다. 보광명전 불단에는 본존불인 석가여래를 중심으로 양옆에 문수보살과 보현보살상이 모셔져 있으며, 용과 여의주 등으로 장식한 닫집이 설치되어 있다. 또한 불단의 뒷벽과 좌우 벽체에는 흰 옷을 입은 관음보살을 그린 백의관음도(白衣觀音圖) 1점과 부처님께 음악으로 공양을 올리는 것 같은 모습을 그린 주악비천도 (奏樂飛天圖) 6점이 있는데, 힘이 넘치게 선을 그은 것과 인물을 아름답게 표현한 것에서 조선 후기 벽화의 특징을 엿볼 수 있다.

추줄산 마루턱에 자리잡은 위봉사는 백제 무왕 5년(604)에 서암대사가 지었다는 설이 전해지나 확실치 아니하고, 1359년(고려 공민왕 8) 나옹화상이 중건하여 대가람이 되었다. 조선 세조 12년 (1466) 석잠 대사가 수리하였다고 한다. 위봉사의 기록인 "극락전중수기(極樂殿中修記)의 내용에 의하면 신라말 최용각(崔龍角)이라는 서민이 산을 오르다 숲속에서 예사롭지 않은 빛을보고 가까이 가서 보니 봉황 세마리가 놀고 있기에 훗날 이곳에 절을 짓고 사명(寺名)을 봉황의 이름을 따서 "위봉사"라 하였다고 한다. 위봉사 보광명전은 건축 수법으로 보아 17세기경에 지은 건물로 추정하며 보광명전 (普光明殿)이라 적힌 현판은 조선 순조 28년(1828)에 쓴 것이라고 한다. 규모는 앞면 3칸·옆면 3칸으로 지붕은 옆면에서 볼 때 여덟 팔(八)자 모양을 한 팔작지붕이다. 지붕 처마를 받치기 위해 기둥 위부분에 장식하여 짜은 구조가 기둥 위뿐만 아니라 기둥과 기둥 사이에도 있는 다포 양식이다. 건물 안쪽은 천장 속을 가리고 있는 우물 정(井)자 모양의 우물천장으로 꾸몄다. 불단 위쪽으로 운룡(雲龍)과 여의주 모양의 구슬을 장식한 닫집을 만들어 놓아 불상에 엄숙한 분위기를 자아 내고 있다. 안쪽 뒷벽에 그린 백의관음 보살상을 비롯한 여러 불화와 비교적 채색이 잘 보존된 금단청은 차분하고 아늑한 법당 안의 분위기를 느끼게 한다. 우수한 옛 채색기법과 조선시대 목조 불전건축 연구에 소중한 자료가 되는 문화재로 평가 받고 있다.

보물

완주 화암사 우화루 (完州 花巖寺 雨花樓)
Uhwaru Pavilion of Hwaamsa Temple, Wanju (
Treasure No. 662)

지 정 일 (Designated date)   1980.06.11
소 재 지 (Location)   전북 완주군 경천면 화암사길 271 (가천리)
시   대 (Era)   조선시대 초기

　화암사는 불명산 시루봉 남쪽에 있는 절로 본사인 금산사에 딸린 절이다. 절을 지을 당시의 자세한 기록은 없으나 원효와 의상이 유학하고 돌아와 수도하였다는 기록으로 보아 신라 문무왕 이전에 지은 것으로 보인다. 1981년 해체·수리 때 발견한 기록으로 조선 숙종 37년 (1711)까지 여러번에 걸쳐 수리가 있었음을 알 수 있었다.우화루는 화암사 경내에 있는 극락전 정문과 같은 성격의 누이다. 지금 있는 건물은 조선 광해군 3년(1611)에 세운 것으로 그 뒤에도 여러 차례 수리한 건물이다.규모는 앞면 3칸·옆면 2칸이며 지붕은 옆면에서 볼 때 사람 인(人)자 모양을 한 맞배지붕으로 꾸몄다. 지붕 처마를 받치기 위해 장식하여 만든 공포는 기둥 위뿐만 아니라 기둥 사이에도 있는 다포 양식이다. 1층은 기둥을 세워서 바깥과 통하게 하고, 뒤쪽에는 2층 마룻바닥을 땅과 거의 같게 놓아 건물 앞쪽에서는 2층이지만 안쪽에서는 1층집으로 보이게 한 건물이다.

Uhwaru Pavilion of Hwaamsa Temple, Wanju
(Treasure No. 662)

This building was rebuilt on the 3rd year of King Gwanghae−gun's reign in 1611. It is facing the Geukrek−jeon hall across the yard. The tall pillars are placed side by side from under the stone−made embankment, and the floor is placed on it. Therefore, it looks like a two−storied building if seen from the entrance of the temple. From the Geukrakjeon on the back, it looks a single−story building because the floor is of the same height as that of the garden. The fromt of the Geurkjeon is wide open. but there are the windows blocking with the wood board, Clay wall is constructed on both sides. This Uhwaru building is used for big events held by the Temple.

우화루 맞배지붕

극락전 쪽에서
바라본 우화루

　이 건물은 조선 광해군 3년(1611)에 다시 지은 것으로 뜰을 사이에 두고 극락전과 마주하고 있다. 절 입구 쪽에서 보면 돌로 쌓은 축대 밑에서부터 높은 기둥을 나란히 세우고 그 위에 마루를 놓아 2층 누각처럼 보인다. 반면, 뒤에 있는 극락전 쪽에서 보면 마룻바닥이 뜨과 같은 높이에 있어 단층 건물로 보인다. 극락전 쪽은 전면이 환하게 트여 있지만, 맞은편은 널판지로 막고 창문을 내었으며, 양옆에는 흙벽을 쌓았다. 이 우화루는 절에 큰 행사가 있을 때 이용하는 건물이다.

우화루 내부 가구

우화루 내부 가구

우화루 내부 천정

불전사물 목어

　이 건물은 극락전의 정문과 같은 성격의 누문 형식인데 정면만 누문 형식으로 하고 후면은 단층 건물로 한 반루각식으로 되어 있다. 현재 건물은 조선 광해군 3년(1611)에 세워진 것으로 그 후에도 여러차례 수리 되었으나, 크게 변형되지는 않은 것 같다. 정면 지층의 기둥은 4칸이나 2층에서는 정면 3칸, 측면 2칸으로 되어 있다. 공포는 안과 밖이 모두 3출목형식의 다포집 양식이며, 공포 부재의 조각 솜씨 등으로 보아 조선초기 양식이 가미된 느낌이 든다. 내부는 남쪽 중앙에 고주 2개를 세워 대들보를 그 위에 얹고 한쪽으로 이어진 퇴량은 평주 위 공포에 얹게 하였다. 천정은 연등천정이며 대들보와 고주 위에서는 화반형식의 포작을 짜서 동자기둥의 기능을 하도록 하였다.

완주 송광사 대웅전 (完州 松廣寺 大雄殿)
Daeungjeon Hall of Songgwangsa Temple, Wanju
(Treasure No. 1243)

지 정 일 (Designated date)   1996.05.29
소 재 지 (Location)   전북 완주군 소양면 송광수만로 255-16, 송광사 (대흥리)
시   대 (Era)   조선 광해군 14년(1622)

　송광사는 통일신라 경문왕 7년(867)에 도의가 처음으로 세운 절이다. 그 뒤 폐허가 되어가던 것을 고려 중기의 고승 보조국사가 제자를 시켜서 그 자리에 절을 지으려고 했지만, 오랫동안 짓지 못하다가 광해군 14년(1622) 응호·승명·운정·덕림·득순·홍신 등이 지었다고 한다. 이후로도 인조 14년(1636)에 이르기까지 계속해서 절의 확장공사가 있었고 큰 절로 번창하였다. 대웅전은 절의 중심이 되는 건물로, 기록에 따르면 조선 인조 14년(1636)에 벽암국사가 다시 짓고, 철종 8년(1857)에 제봉선사가 한 번의 공사를 더하여 완성하였다고 한다. 앞면 5칸·옆면 3칸 규모에 지붕은 옆면에서 볼 때 여덟 팔(八)자 모양을 한 팔작지붕이다. 지붕 처마를 받치기 위해 장식하여 만든 공포는 기둥 위와 기둥 사이에도 있는 다포 양식으로 꾸몄다. ‘대웅전·의창군서’라고 쓰인 현판도 있는데, 의창군은 선조의 8번째 아들이며 광해군의 동생이다. 인조 14년(1636)에 세운 송광사개창비의 글도 의창군이 썼다. 현판은 이때에 쓴 것으로 보이는데 대웅전을 세운 시기를 아는데도 참고가 되고 있다. 다른 건물에 비하여 가운데 칸이 비교적 좁고, 문 위 벽면에 그림을 그려 넣은 것이 특징이다.건물 안쪽에는 석가여래를 중심으로 좌우에 아미타여래와 약사여래를 함께 모셔 놓았다.

Daeungjeon Hall of Songgwangsa Temple, Wanju
(Treasure No. 1243)

Daeungjeon Hall (the Great Buddha Hall) is the main sanctun of songgwangsa Temple. It is a single story structure that is characterized by ita traditional Korean hip–and–gable roof and its dimensions measuring five bays wide and three bays deep. This Buddhist monastery was originally built on the ruins of the 1592 japanese invasion of Korea through the benevolent power of the Buddha and the Bodhisattva. the Great Zen Master Seungmyeong prepared the site of the Buddhist sanctum in 1623 under the supervision on his dharma teacher, the Great Zen Master Byeokam Gakseong (1575–1660), and devotedly endeavored for 15 years on its construction. In 1638, the worship hall was completed at last as a two–story structure with seven bays across its facade and five bays on its side. after this, the situation deteriorated as the monastery's original grandeur could not be maintained. In 1857, the Great Zen Master Yongweol Jeon–gil downsized the monastery and reconstructed it to its present dimensions. At the time of the reconstruction of the Great Buddha Hall, the Great Zen Master Wanpa Wigyu declared, "Washed by the rain, blown by the wind, the Buddha Hall collapsed.As the days and months passed, the light of the Buddha statue changed and darkened. I could not bear to see such a terrible sight. I would rather wear out my feet so that they disappear or have my body be destroyed than quit this life without having built the Buddha Hall."It required the mobilization of 53 master craftsmen for 49 days to dismantle the original Great Buddha Hall. The rebuilding took seven months al–though its scale had been reduced to a one–story structure. The Great Zen Master Jeongil, who led the temple at that time, said, "Facing death ten– thousand times would not have deterred my resolve to finish this reconstruction.

대웅전 뒷쪽 보광명전

완주 송광사 대웅전은 송광사의 주불전으로 앞면 5칸, 옆면 3칸, 9포 팔작지붕으로 된 단층 건물이다. 승명 선사가 그 스승인 각성 선사의 지도 아래 1623년에 법당 터를 마련하고 15년 동안 간고의 노력을 기울여 1638년에 앞면 7칸, 옆면 5칸, 2층 규모의 불전을 세웠다. 그러나 이후 사세가 열약해져 원래의 웅장한 건물을 유지하지 못하고 1857년에 정일선사가 지금의 규모로 축소하여 다시 지었다. 개축할 당시 대웅전의 참담한 모습을 보고 위규 선사는, "비에 씻기고 바람에 갈리어 법당은 허물어지고, 날과 달이 감에 따라 불상은 빛이 변하여 검어졌다. 광경이 이렇게 처참함을 차마 볼 수 없다. 차라리 내발이 닳아 없어지고 이 몸이 다 부서질지라도 이 법당을 다시 일으켜 세우고 나서야 이 생을 그만 두겠다". 라고 썼다. 참담해진 기존의 대웅전을 해체하는 데에는 53명의 장인이 49일 동안 동원되었고, 현재의 단층 불전으로 다시 고쳐짓는 데에는 7개월이 걸렸다. 당시 작업을 주도한 정일 선사는 "만번 죽어도 마땅하다는 심정으로 공사를 마쳤다." 고 했다.

비천장고무

천도현정무

송광사 대웅전 내부의 천정에 숨은 그림 11점이 있습니다. 비천상이라는 그림입니다. 비천상 벽화는 그림이기에 세월의 흐름에 색이 퇴색되어 의미가 없어 보이지만 좀 자세하게 들여다 보면 불교 그림의 극치라고 말하는 사람도 있습니다. 벽화의 색상이 화려 하기도 하면서 해학도 담겨 있고 보는 이로 하여금 무섭게 느껴지는 그림도 있습니다. 천정에 그려진 벽화는 무서운 그림이 아니라 비천이라는 천상에 살면서 하늘을 날아 다니는 상상의 선녀의 벽화 입니다. 비천(飛天)은 하늘에 거주하는 유정을 뜻하는 불교 용어입니다. 이 비천들은 우리의 민간 풍습이 가미된 비천들로 곧 우리나라 불교문화 속의 비천 이란 뜻이 된다는 이야기입니다.

비천승무도

비천신도무

비천바라무

비천무당무

비천비상무

비천타고무

비천나발주악도

횡적주악도

비천당비파주악도

대웅전삼존불상

비천당비파주악도

대웅전 단청

완주 송광사 종루 (完州 松廣寺 鍾樓)
Bell Tower of Songgwangsa Temple, Wanju
(Treasure No. 1244)

지 정 일 (Designated date)   1996.05.29
소 재 지 (Location)   전북 완주군 소양면 송광수만로 255−16, 송광사 (대흥리)
시   대 (Era)   조선 세조 12년(1466)

　송광사는 통일신라 경문왕 7년(867)에 도의가 처음으로 세운 절이다. 그 뒤 폐허가 되어가
던 것을 고려 중기의 고승 보조국사가 제자를 시켜서 그 자리에 절을 지으려고 했지만, 오랫
동안 짓지 못하다가 광해군 14년(1622) 응호·승명·운정·덕림·득순·홍신 등이 지었다
고 한다. 이후로도 인조 14년(1636)에 이르기까지 계속해서 절의 확장공사가 있었고 큰 절
로 번창하였다. 종을 달아 놓은 종루는 십자각을 가리키는 말이다. 십자각은 열 십(十)자 모
양을 하는 2층형 누각이다. 종이 걸려 있는 중앙칸을 중심 으로 동·서·남·북에 각각 1칸
씩 덧붙여 이루는 모양인데, 지붕 역시 중앙 에서 모아지는 화려한 모습을 하고 있다. 가운데
칸에는 종을 두고 목어·북·운판은 돌출된 칸에 각각 보관되어 있다. 마루 밑의 기둥들 은
원형기둥과 사각기둥이 섞여 있으며, 위에 기둥들은 모두 원형기둥 을 세워 놓았다.
조선시대의 유일한 열 십(十)자형 2층 누각으로 그 가치가 크다.

보물

Bell Tower of Songgwangsa Temple, Wanju
(Treasure No. 1244)

The Bell Pavilion of Songgwangsa Temple is a two-story structure with a cross-shaped layout featuring a hip-and-gable roof with multi- layered interlocking brackets. It is the only example of such a wooden construction in Korea. On the whole, because the structural components are small and finely carved, it is counted as the most beautiful example of this type among traditional Korean wooden buildings. The downstairs part of the pavilion is exposed on all sides directly to the ground. Upstairs, the floor is enclosed by a railing. In the central part of the pavilion, a monastery bell is hung of the sake of those suffering in Hell. In the space in which protuberances jut out in all direction, a wooden fish is hung of the creatures of the water, a cloud-shaped gong for creatures that fly in the sky, a dharma drum for the creatures that live above the ground. Generally, these four dharma instruments are called the "Four Buddhist Objects," and every dawn, noon, evening, the bell is rung to enlighten through dharma all the crea-tures of the world. When this bell pavilion was constructed is not clearly known. According to a document written in 1725, it is listed as a building of Songgwangsa, having been entered as a "bell pavilion." In the documents Understanding of History written by Lee Ok in the second half of the 18th century also mentions an "old bell pavilion of Songgwangsa." As a result, one may surmise that this bell pavilion was constructed with the monastery rebuilding in the early 17th century, after the Japanese Invasion of Korea in 1592.

　　완주 송광사 종루는 십자형 평면 위에 다포 팔작지붕을 교차시켜 십자형으로 올린 2층 누각으로, 이러한 구조는 국내에서 유일한 예이다. 송광사 종루가 언제 건축되었는가는 분명하게 알 수 없으나 "법당초창상층화주덕림" (1725)에 송광사의 건축물로 종각이 언급되어 있고 이옥의 "사관"에도 "고루"가 있었다고 전하고 있는 점을 감안할 때, 임진왜란 이후 송광사를 중창할 때 세워진 것으로 추정된다. 종루의 아래층은 모든 면이 지면에 닿아 있고 위층은 마룻바닥에 난간을 두루고 있다. 누각 중앙에는 지옥에서 고통받는 중생들을 위해 범종을 달았고, 사방으로 돌출된 공간에는 수중 생명을 위한 목어, 하늘을 날아다니는 중생을 위한 운판, 땅 위에 살고 있는 중생을 위한 법고 등을 달았다.

범종, 목어, 운판, 법고 이 네 가지 법구를 가리켜 불전사물(佛前四物)이라고 하는데, 세상의 모든 중생을 교화 하려는 목적으로 하루 에 세번, 새벽, 정오, 저녁에 울린다.

고루 : 큰북을 달아 놓은 누각

불전사물(佛前四物)

완주 송광사 종루는 전체적으로 부재가 작고 섬세하게 조각되어 있어 한국 전통 목조 건축물 가운데 가장 아름다운 작품으로 꼽힌다.

　종루가 조선 세조때 처음 세웠으나 임진왜란때 불타 철종6년(1857)에 다시 세워졌다 한다. 건물의 평면이 십자(十字) 모양이다. 일반적으로 십자모양은 흔치 않으며 더욱이 종루로서는 이것이 국내 에서는 하나 뿐이다. 특히 처마 장식이 비길데 없이 화려하다. 종루에는 "불전사물" (佛前四物)인 범종, 목어, 법고(북), 운판(구름무늬 철판)을 매달았다 "불전사물"은 보통 아침, 저녁 예불 전에 울린다. 북은 땅 위에 사는 네 발 짐승을, 범종은 땅속 지옥에서 고통받는 모든 중생들을. 목어는 물속에 사는 생명체 를, 운판은 창공을 나는 날개달린 짐승을 위해 울리는 것이라고 한다. 이 각각의 울림을 듣고서 몸과 마음의 번뇌를 잊고 영원한 해탈의 마음을 내어 모든 중생이 자유와 한없는 평화와 깨달음의 세계로 나아가기를 바라는 마음이라고 한다.

완주 송광사 소조사천왕상 (完州 松廣寺 塑造四天王像)
Clay Four Guardian Kings of Songgwangsa Temple, Wanju
(Treasure No. 1255)

북방다문천왕－동방지국천왕

남방증장천왕－서방광목천왕

지 정 일 (Designated date)   1997.08.08
소 재 지 (Location)   전북 부안군 진서면 내소사로 243, 내소사 (석포리)
시   대 (Era)   조선 숙종26년(1700,康熙39)

　사천왕은 갑옷을 입고 위엄이 충만한 무인상을 하고, 동·서·남·북의 사천국(四天國)을 다스리는데, 우리나라에서는 통일신라 초기부터 나타나기 시작하여 조선시대에는 사찰입구에 사천왕문을 세워 모시고 있다. 대웅전을 향하여 오른쪽에는 동방 지국천왕(持國天王)과 북방 다문천왕(多聞天王)이, 왼쪽에는 남방 증장천왕(增長天王)과 서방 광목천왕(廣目天王)이 위치하고 있다. 송광사의 동방 지국 천왕상은 오른쪽 팔꿈치를 높이 쳐들어 칼을 잡고, 왼손은 엄지와 검지를 길게 펴서 칼끝을 잡으려는 자세를 취하고 있다. 왼쪽다리 옆의 악귀는 상의를 벗고 오른쪽 어깨로부터 굵은 끈을 왼쪽 옆구리에 걸쳤으며 바지를 입고 있다. 북방 다문천왕상은 양손으로 비파를 들고 있으며 지상에서 약간 들어올린 왼쪽다리를 악귀가 오른손으로 받쳐들고 있는 형상을 취하고 있다. 악귀는 상투 장식에 눈이 심하게 튀어 나오고 주먹코에 광대뼈가 튀어나와 입체감을 나타낸다. 남방 증장천왕상은 왼손에는 보주를 잡고 오른손으로 용을 움켜쥐고 있는데, 용은 입을 벌리고 천왕상의 얼굴을 향해 치솟고 있으며 꼬리는 팔뚝을 한번 휘감으며 올라가고 있다. 악귀는 꽃장식이 달린 모자를 쓰고 있는데, 발등의 근육과 발톱 까지 세밀하게 묘사하고 있다. 서방 광목천왕상은 오른손을 들어 깃발을 잡고 있는데 깃발은 뒤로 휘어 졌다. 왼팔은 거의 어깨까지 올려 손바닥 위에 보탑을 올려 놓았다. 다리 아래의 악귀는 측면을 향하고 있는 다른 악귀에 비해 정면을 향하고 있는 점이 다르다. 서방 광목천왕상 왼쪽 머리끝 뒷면에는 조선 인조 27년(1649)에 조성된 것을 알 수 있는 글이 있으며, 왼손에 얹어 놓은 보탑 밑면에는 정조 10년 (1786)에 새로이 보탑을 만들어 안치하였음을 알려 주는 기록이 있다. 따라서 이 사천왕상은 제작연대가 확실하고 병자호란 이후 국난극복의 강한 의지를 담고 있을 뿐만 아니라 사천왕상이 지녀야 할 분노상, 용맹상의 모습을 잘 표현하고 있어 돋보이는 작품이다.

보물

Clay Four Guardian Kings of Songgwangsa Temple, Wanju
(Treasure No. 1255)

Artisan Monk Yeoin and Geumsan sculpted the Four Guardian (i.e. Heavenly) King in clay, an artistic endeavor that began in 1639 and ended in 1649. In the aftermath of the Japanese Invasion of 1592 and the Manchurian Invasion 1636, which put the nation's very existence under threat, many Buddhist monasteries enshrined Four Heavenly Kings, affirming their faith in them in order to attain the power of the heavenly Kings to protect the suffering country. The Four Heavenly Kings, taking charge respectively of the Eastem World (Dhrtarastra holding a mandolin), the Western World (Virupaksa holding a dragon and a magic pearl), the Southern World (Virudhaka holding the sword of wisdom), the Northern World (Vaisra-vana holding a pagoda and the staff of dharma), decided on the four phases of life and the fortunes of the inhabitants of the world by thoroughly examining their good and evil actions and determining their karmic consequences. The Four Heavenly Kings of Songgwangsa reflect well the technique of making clay sculputres and the physical characteristics, balance, and form of Heavenly King sculptures, thus making them representative of Korea's Four Heavenly Kings statues. the size of the Heavenly King reach—es 4.25m. They have martial figures, and their faces resemble a compassionate Bodhisattva. The feet press down on a demon. These special characteristics of the Four Heavenly King are perfectly embodied in the Songgwangsa clay figures. When the statues were researched in 1994, many things were discovered inside them such as containers of votive objects, a list of donors, scrip—tures on printing woodblocks and filling papers of spaces inside of the sculptures.

북방다문천왕   동방지국천왕   남방증장천왕   서방광목천왕

완주 송광사 소조 사천왕상은 조각승 여인(呂仁)과 금산(金山) 등이 인조 14년(1636)부터 13년에 걸쳐 만들었다. 조선 후기에 임진왜란과 병자호란 등으로 나라가 위험에 빠지자 전국 여러 사찰에서는 국난을 극복하기 위해 사천왕 신앙의 가피를 널리 구하였다. 사천왕은 지혜의 보검을 든 지국천왕이 동방세계를, 불탑과 정법의 깃발을 든 광목천왕이 서방세계를, 용과 여의주를 든 증장천왕이 남방 세계를, 비파를 든 다문천왕이 북방세계를 관장하면서 그곳 중생들의 선악업보를 면밀하게 살펴 생로병사와 길흉화복을 정해준다. 사천왕상의 크기는 425㎝이며, 무인 같은 체형에 자비로운 보살의 용모와 형상을 하고 있다. 완주 송광사 소조 사천왕상은 검, 창, 용과 보주,깃발과 불탑을 손에 쥐고, 악귀를 발로 짓누르는 사천왕상의 전형적인 특징을 잘 담아내고 있다. 송광사의 소조 사천왕상은 소조상의 제작 기법과 사천왕상의 신체적인 특징, 균형감, 조형성 등에서 한국의 대표적인 사천왕상 으로 평가된다. 1994년 송광사 사천왕상을 조사할 때 사리 보석 약재 등을 넣어두는 후령통과 사천 왕상 조상에 참여한 시주자 명단, 다수의 고려 시대 목판본 경전, 충지등이 복장유물로 발견 되었다.

서방 광목천왕상 왼쪽 머리끝 뒷면에는 조선 인조 27년(1649)에 조성된 것을 알 수 있는 글이 있으며, 왼손에 얹어 놓은 보탑 밑면에는 정조 10년(1786)에 새로이 보탑을 만들어 안치하였음을 알려 주는 기록이 있다. 따라서 이 사천왕상은 제작연대가 확실하고 병자호란 이후 국난극복의 강한 의지를 담고 있을 뿐만 아니라 사천왕상이 지녀야 할 분노상, 용맹상의 모습을 잘 표현하고 있어 돋보이는 작품이다. 그리고 보면 사천왕은 무섭게 생겼지만 인간의 희로애락을 동서남북으로 나누어 함께 하였다고 생각을 해 봅니다. 사천왕상중 가장 오래되었으며 입체감이 뚜렷하고 전체적인 균형이 잘 잡혀 있다고 한다. 불교에서는 세계의 중앙에 수미산이 있고 사천왕이 그 중턱의 동,서, 남,북 4주 (四州)의 세계를 다스린다고 한다. 사천왕은 갑옷을 입고 위엄이 충만한 무인상을 하고, 동 · 서 · 남 · 북의 사천국(四天國)을 다스리는데, 우리나라에서는 통일신라 초기부터 나타나기 시작하여 조선시대 에는 사찰입구에 사천왕문을 세워 모시고 있다. 대웅전을 향하여 오른쪽에는 동방 지국천왕 (持國 天王)과 북방 다문 천왕 多聞天王)이, 왼쪽에는 남방 증장천왕(增長天王)과 서방 광목천왕(廣目天王)이 위치하고 있다. 지혜의 칼을 든 동방 "지국천왕"은 남쪽 세계를 관할하며 인간의 사랑과 여름을 주관한다고 한다. 동방 지국천왕상은 오른쪽 팔꿈치를 높이 쳐들어 칼을 잡고, 왼손은 엄지와 검지를 길게 펴서 칼끝을 잡으려는 자세를 취하고 있다. 왼쪽다리 옆의 악귀는 상의를 벗고 오른쪽 어깨로 부터 굵은 끈을 왼쪽 옆구리에 걸쳤으며 바지를 입고 있다. 비파를 든 북방 "다문천왕"은 동쪽세계를 관할하며 인간의 기쁨감정과 봄을 주관한다고 한다. 북방 다문천왕상은 양손으로 비파를 들고 있으며 지상에서 약간 들어올린 왼쪽다리를 악귀가 오른손으로 받쳐들고 있는 형상을 취하고 있다. 악귀는 상투 장식에 눈이 심하게 튀어 나오고 주먹코에 광대뼈가 튀어나와 입체감을 나타낸다.용과 여의주를 든 남방 "증장천왕"은 서쪽 세계를 관할하며 인간의 노여움과 가을을 주관한다고 한다. 남방 증장천왕상은 왼손에는 보주를 잡고 오른손으로 용을 움켜쥐고 있는데, 용은 입을 벌리고 천왕상의 얼굴을 향해 치솟고 있으며 꼬리는 팔뚝을 한번 휘감으며 올라가고 있다. 악귀는 꽃장식이 달린 모자를 쓰고 있는데, 발등의 근육과 발톱까지 세밀하게 묘사하고 있다. 탑과 큰 깃대를 든 서방 "광목천왕"은 인간의 즐거움과 겨울을 주관한다고 이야기 한다. 서방 광목천왕상은 오른손을 들어 깃발을 잡고 있는데 깃발은 뒤로 휘어졌다. 왼팔은 거의 어깨까지 올려 손바닥 위에 보탑을 올려 놓았다. 다리 아래의 악귀는 측면을 향하고 있는 다른 악귀에 비해 정면을 향하고 있는 점이 다르다.

　　북방다문천왕악귀　　　　동방지국천왕악귀　　　　남방증장천왕악귀　　　　서방광목천왕악귀

완주 송광사 소조석가여래삼불좌상 및 복장유물
(完州 松廣寺 塑造釋迦如來三佛坐像 및 腹藏遺物)
Clay Seated Sakyamuni Buddha Triad and Excavated Relics of
Songgwangsa Temple, Wanju (Treasure No. 1274)

지 정 일 (Designated date)   1997.08.08
소 재 지 (Location)   전북 완주군 소양면 대흥리 569번지 송광사
시   대 (Era)   조선 인조19년(1641)

　신라 경문왕 7년(862) 도의선사가 창건한 송광사에 모셔져 있는 이 삼불좌상은 본존불인 석가불을 중앙에 안치하고, 오른쪽에는 아미타불, 왼쪽에 약사불을 배치하고 있다. 무량사 소조아미타불상 (5.4m)과 함께 가장 거대한 소조불상(5m)으로, 신체 각 부분이 비교적 조화를 잘 이루고 있는 작품 이다. 장중하고 원만한 얼굴과 두껍게 처리한 옷은 당당한 불상양식에 걸맞는 표현기법을 보여준다. 작은 소라 모양의 머리칼 표현은 강한 인상을 나타내고 있는데 이는 조선 후기 양식이 나타나기 시작한 시대적 특징을 보여주는 것이다. 본존불에서는 삼불의 조성기와『묘법연화경』을 비롯한 불경류, 후령통(喉鈴筒) 등 다수의 복장품이 발견되었다.『조성기』에 의하면 숭정 14년(인조 5년, 1641) 6월 29일 임금과 왕비의 만수무강을 빌고 병자호란으로 청나라에 볼모로 잡혀가 있던 소현세자와 봉림대군의 조속한 환국을 기원하면서 만들었음을 알 수 있다. 또한 명나라와 청나라의 연호를 함께 사용하고 있어 임진왜란과 병자호란을 겪으면서 당시의 극심한 혼란기를 극복하기 위한 국난극복의 의지와 역사의식의 반영과 함께 당시의 문화적 역량을 최대한 발휘하였음을 보여주고 있다.따라서 이 불상은 만든 연대가 확실하고 역사 의식이 반영된 작품이라는 점에서 귀중한 자료로, 불상과 함께 복장유물 12종 중 불상조성기 3점과 후령통 3점이 보물로 지정되어 있다.

Clay Seated Sakyamuni Buddha Triad and Excavated Relics of Songgwangsa Temple, Wanju (Treasure No. 1274)

Enshrined in the Great Buddha Hall Songgwangsa are the seated Buddha triad, which were carved by 17 sculptors, including the artisan monks Cheongheon and Beomnyeong, from 1638 to 1641 using clay as the primary material. Sakyamuni Buddha is in the center with Bhaishajyaguru. the medicine Buddha of the Eastern World, on his left and Amitabha Buddha, who is of the Westem Pure Land, on his right. The triad Buddhas enshrined in this way, called the Buddhas of the Three Worlds, signify the presence of the Buddha in all the places where there exist human suffering and unhappiness from which the Buddha will liberate humanity by order and rule. The Triad Buddhas are the biggest (5.65 m) among all the clay Buddha statues in Korea. Moreover, carved with serene faces and the flowing trails of a Buddhist priest's robe, they can be called the rep−resentative clay statues of pre−modem Kores. Various items were discovered hidden inside the Buddha statue in the center, including a detailed record of the carving history of the three Buddha statue dating to 1641 and relics such as Buddhist scriptures and three cotainers of votive objects. The detailed record includes content about the Manchurian invasion (1637), which led to the humiliating peace treaty with the Qing dynasty. Crown prince Sohyeon (1612−1645), who was in Shenyang as a hostage, and Prince Bongmin (King Hyojong, 1619−1659)returned to their home country as soon as possible. The statue's composition record contains the prayers for happiness in the other world for the officers and men who perished fighting the Japanese during Japanese invasion of Korea in 1592 and the Manchurian invasion. Once, Crown prince Sohyeon returned for a moment and stayed at his home in Seoul. At that tine he heard a rumor that Songgwangsa was seeking donations of gold to re−paint the triad Buddha in the Great Buddha Hall. As a result, he ordered the military garrison in Shenyang to cultivate a farm, the profits of which were given to Songgwangsa, allowing it to re−paint the triad Buddha statues in gold.

송광사 대웅전에는 소조 석가여래 등 삼존불 좌상이 봉안되어 있는데 그 삼존불 복장에서 다수의 유물이 발견되었다. 삼존불 좌상은 청현(淸憲), 법령(法令) 등 조각승 17명이 4년여에 걸친 작업 끝에 인조 19년(1641)에 완성한 것으로, 흙을 주 소재로 사용하였다.

중앙에는 석가모니불상이 봉안되어 있고 불상을 마주보고 섰을 때 오른쪽에는 약사여래불상이, 왼쪽에는 아미타여래불상이 있다. 불교에서는 이와 같은 형식의 삼존불상을 삼세불이라고 하는데, 이는 중생의 고통과 불행이 있는 모든 곳에 부처가 상주하면서 정법으로 교화한다는 뜻을 담고 있다. 석가모니불상의 복장에서는 삼존불상이 만들어진 내력을 소상히 기록한 "불상조상기"(1641)와 불경, 후령통 등 다수의 유물이 발견되었다. "불상 조상기"에는 병자호란 이후 중국 심양에 볼모로 가있던 소현세자와 봉림대군이 돌아오기를 바라고 임진왜란과 병자호란 때 외적과 싸우다 전사항 이들의 명복을 빈다는 내용이 소상하게 담겨 있다. 특히 소현세자는 잠사 한양에 돌아왔을 때 송광사가 대웅전에 삼존좌상을 조상 하고 개금을 하기 위해 금을 널리 화주하고 있다는 소문을 듣고 심양에서 둔전을 개발하여 많은 이익금을 선뜻 내놓아 불사를 마무리할 수 있었다. 송광사 삼존불상은 565㎝로 한국의 소조상 가운데 가장 크며 용모와 형상이 훌륭하고 부드러운 법의 자락 등이 섬세하게 조각되어 있어 조선 시대의 대표적인 소조 불상으로 평가된다.

완주 안심사 금강계단 (完州 安心寺 金剛戒壇)
Ordination Platform of Ansimsa Temple, Wanju
(Treasure No. 1434)

지 정 일 (Designated date)   2005.06.13
소 재 지 (Location)   전북 완주군 운주면 안심길 372, 안심사 (완창리)
시   대 (Era)   17세기 중반이후

　완주 안심사 금강계단은 17세기 중반 이후 1759년 이전에 조성된 부처의 치아사리(齒牙
舍利)와 의습(衣襲)을 봉안한 불사리탑으로, 중앙의 불사리탑(높이 176㎝)이나 네 구의 신
장상(높이 110㎝~133㎝), 그리고 넓은 기단을 형성한 방단의 석조 조형물들은 그 조형 수
법이 매우 뛰어나다.특히 단층 계단 면석의 연화문과 격자 문양 등의 조각수법은 장식성과
섬세함이 부각되어 매우 우수한 조형미를 표현하고 있으며, 신장상의 조각 또한 갑옷과 신체
의 세부 표현에 있어 매우 세련되고 풍부한 양감을 표현하고 있다.완주 안심사 금강계단은
인근에 위치한 안심사사적비(전라북도 유형문화재 제110호)에 그 조성 기록이 남아 있으며,
전라북도 유형문화재 제109호(1984지정) "안심사계단 및 승탑군"에서 "안심사계단"
만 분리되어 보물로 승격되었다.

Ordination Platform of Ansimsa Temple, Wanju
(Treasure No. 1434)

This altar was erected in the mid-17 century presumably in 1798. The altar enshrines one set of Buddha's Sari tooth and 10 clothes. In the center of the stone altar, there are 176 cm-high round type of stupa and the four "Sinjangsang(Generals of divine ability with powerful spirit) with the height of 110 cm-133 cm. The plaster-cast sculptures erected on the large square type of platform demonstrate excellent craftsmanship of plastic arts to become a valuable material for artistic research. Noteworthy is its outstanding decoration and delicacy of plastic arts to see various patters of lotus flowers and lattice sculptured on the stone plane of a single stare case. the sculptural work of "Sinjangsang(Generals of divine ability) also displays a very a very refined and rich sense of volume in expression of their armor and body. This stone staircase is deeply related to the stone staircase of Daegu Yongyeonsa Temple in 1613, but the sculpting technique surpasses this, and is a valuable data necessary to understand Buddhist statues in the middle of the Joseon Dynasty and to grasp the genealogy of the stone staircase in Bulsa-ri, Korea.

금강계단

앙련과 안상문이 새겨진 계단 형태의 방형대

종형불사리탑
상부 보주형장식

종형불사리탑
하부 지대석

종형 불사리탑

신장상의 모습

　안심사 금강계단에는 부처님　치아사리(齒牙舍利)1과와 의습(依襲)　10벌이 봉안하려고 17세기 중반인 1759년 쯤에 조성한 구조물이다. 석조 계단 중앙의 석종형 부도(높이 176cm)와 네 구의 신장상 (높이 110~133cm) 그리고 넓은 기단을 형성한 방단의 석고 조형물들은 그 조형 수법이 탁월하여 새로운 미술사적 연구 자료로 평가된다. 특히, 단층 계단 면석의 연화문과 격자문양 등의 조각은 장식성과 섬세함이 부각되어 매우 우수한 조형미를 표현하고 있으며, 신장상의 조각도 갑옷과 신체의　세부 표현에서 매우 세련되고 풍부한 양감을 표현하고 있다.　이 석조 계단은 시기적으로 1613년의 대구 용연사 석조 계단과 관련이 깊으나 조각기법은 이를 능가하며 조선 중기 불교 조각상을 이해하고 한국 불사리 석조계단의 계보를 파악하는데 필요한 귀중한 자료이다.

완주 정수사 목조아미타여래삼존좌상
(完州 淨水寺 木造阿彌陀如來三尊坐像)
Wooden Seated Amitabha Buddha Triad of Jeongsusa
Temple, Wanju (Treaaure No. 1853)

지 정 일 (Designated date)   2015.03.04
소 재 지 (Location)   전라북도 완주군 상관면 마치리 137 정수사
시   대 (Era)   조선시대

　완주 정수사 목조아미타여래삼존상은 1910년경 전주 위봉사에서 이안했다는 전언이 있으
나 발원문에는 "全羅道 全州府○○"로만 기록되어 정확하게 원 봉안처는 알 수 없고 전주
일대의 사찰에서 조성된 것으로만 추측될 뿐이다. 이 삼존불상은 순치 9년(1652)에 조각승
무염이 수조각승을 맡아 여섯 명의 보조조각승을 이끌고 완성한 작품이다. 무염이 수조각승
을 담당한 작품들은 1635년의 불갑사 목조석가여래삼불좌상을 포함해서 여러 지역에 다수
의 존상들이 전하고 있으나 정수사의 아미타삼존상은 조형적인 면에서나 장대한 규모면에서
무염의 대표작이라고 할 수 있다. 따라서 이 작품은 지금까지 알려진 무염 제작의 불상들 가
운데 매우 우수한 불상으로서 국가지정문화재 보물로 지정하여 보존·관리할 가치가 충분하
다고 판단된다.

Wooden Seated Amitabha Buddha Triad of Jeongsusa Temple, Wanju (Treaaure No. 1853)

This Buddhist triad consists of Amitabha (the Buddha of the Westem Paradise) in the center with Avalokitesvara (Bodhisattva of the Great of Compas-sion) and Mahasthamaprapta (Bodhisattva of Wisdom and Strength) to either side. It is believed that all beings who call the name of amitabha while reflecting on his meritorious virtues can be reborn in the Buddhist paradise of the West. According to a written vow found inside one of the statues, the triad was made in 1652 by the renowned 17th-century artist Muyeom and six other sculptor-monk. It is presumed to have been originally enshrined in a temple in jeonju and moved to jeongsusa Temple in 1910. Amitabha sits with his legs crossed. His right arm is bent at the elbow with the palm facing outwards, and the left hand is placed on the knee with the thumb and middle finger touching. This hand gesture symbolizes Amitabha giving a lecture to all beings. The two bodhisattvas, which are similar in shape and size, wear splendid jeweled headdresses and hold lotus stems. This triad demonstrates a high level of execution, and, as the creation period and the subject of this triad is known, it is an important resource in the study of mid-17th-century Buddhist sculpture.

정수사 극락전

아미타여래 삼존좌상

　완주 정수사 목조 아미타여래　삼존 좌상은 아미타여래를 중심으로 양옆에 관음보살과 대지보살이 있는 전형적인 양식이다. 아미타여래는 죽은 이를 서방 극락세계로 인도하여 그의 영혼을 구제하는 부처이다. 불상 안에서 발견된 발원문에 따르면, 이 불상은 17세기에 활동한 대표적인 조각승인 무염 (無染)과 6명의 조각승이 함께 효종 3년(1652)에 조성하였다고 한다. 원래 전주의 어느 절에 봉안하려고 만든 것이나 순종 4년(1910)에 이곳으로 옮겼다는 이야기가 전해 지기도한다. 아미타여래는 결가부좌한 자세로 앉아 오른손은 들고 왼손은 무릎에 얹어 엄지와 가운데 손가락을 맞대고 있다. 아미타여래의 손 모양은 아미타여래가 중생에게 설법하는 모습을 나타낸다. 양옆의 협시보살들은 크기와 모습이 거의 같은데, 둘 다 화려하게 장식된 보관을 쓰고 있으며 두 손에는 연꽃 가지를 들고 있다. 정수사 목조 아미타여래 삼존 좌상은 조형미가 뛰어나고 만든 시기와 만든 사람이명확하여 17세기 중엽의 불교 조각사 연구에 중요한 자료로 평가된다.

완주 송광사 목조석가여래삼존좌상 및 소조십육나한상 일괄
(完州 松廣寺 木造釋迦如來三尊坐像 및 塑造十六羅漢像 一括)
Wooden Seated Buddha Triad and Sojo sixteen Arhats in
Songgwangsa Temple, Wanju (Treaaure No. 2126)

문화재청자료

지 정 일 (Designated date)　　　2021.06.23
소 재 지 (Location)　　　전라북도 완주군 소양면 송광수만로 255-16(송광사)
시 　 대 (Era)　　　조선시대 1656년(효종 7년)

　　완주 송광사 목조석가여래삼존좌상 및 소조십육나한상 일괄은 1656년(효종 7) 만들어진 불상으로, 당시 제작된 나한상 중 수량과 규모면에서 가장 큰 작품이다. 참여한 조각승도 이에 걸맞게 30명 이상 참여하였고 이는 1622년 왕실 사찰인 자수사(慈壽寺) · 인수사(仁壽寺) 불상 조성에 참여한 장인 인원수(조각승 13명, 야장(冶匠) 4명)를 능가하는 인원이 참여한 것이라는 점에서 주목된다. 제작방식도 당시 유행한 목조와 소조, 채색 기법 등을 두루 활용하여 작가의 재치와 개성이 잘 드러나 있고 작품성도 뛰어나다. 특히 나한상과 동자상을 일체형으로 제작한 작자의 창의성이 돋보이며, 이외 영산회상에 용녀헌주상의 등장은 유례가 드문 것으로, 이는 모든 중생의 성불(成佛)이라는 불교의 대명제를 실천적으로 보여주는 실질적 사례로써 불교사적으로도 의미가 크다. 이 일군의 불상은 제작에 있어 수조각승 무염(無染)의 통솔 아래 조각승들이 1~4명씩 분담해 제작한 것이 특징이다. 참여 조각승들의 면면을 살펴보면 무염 · 승일파, 현진 · 청헌파, 수연파의 조각승들이 참여한 것으로, 이는 자수사 · 인수사 불사와 마찬가지로 17세기 대표적 승려 벽암(碧巖) 각성(覺性, 1575~1660)의 요청에 의한 것으로 그 만큼 이 나한전 불사의 중요성을 가늠케 한다.

Wooden Seated Buddha Triad and Sojo sixteen Arhats in
Songgwangsa Temple, Wanju (Treaaure No. 2126)

The Wooden Seated Buddha Triad and Sojosibnahansang of Songgwangsa
Temple in Wanju were made in 1656 (the 7th year of King Hyojong's
reign), and were the largest works in terms of quantity and scale among
the Nahansang statues produced at that time. 27 districts (Buddhist statue
3, Nahan 16, Jeseokcheon 2, Yongnyeo 1, Dongnyeo 1, Lion 2, General
2), and 7 originals. At the time of production, the Buddha statues of this
group were produced by one to four sculptures under the leadership of
Sujakseungmuyeom. Participating sculptures inherited 17th-century
sculptures such as Muyeom, eungilpa, Hyunjin, Cheongheonpa, and
Suyeonpa, and were at the request of Byeokam Gakseong, a Buddhist monk
representing the Buddhist world at the time. It is noteworthy that more than
30 sculptural monks participated in the creation of the statues of Jasusa
Temple and Insusa Temple, which are royal temples in 1622, surpassing
13 sculptural monks and four field leaders. The production method also
utilizes the wood, sojo, and coloring techniques that were popular at the
time, revealing the artist's wit and personality and excellent workability.
In particular, the creativity of the author who produced the statue of
Nahan and Dongja stands out, and the appearance of Yongnyeo Heonjusang
in Yeongsanhoe is unprecedented, which is also significant in Buddhist
history as a practical example of the Buddhist pronoun of all people. The
Buddha statue of Songgwangsa Temple in Wanju is a work that shows the
collaborative system between sculpture monks and Buddhist monks, such as
Gaegeum and Gaechae, along with sculptures, and is a material that shows
in detail how painters with different areas built a cooperative relationship.
In particular, Daneung, a sculpture identified through the source, is a person
recorded as a sculpture of Songgwangsa Temple and Wibongsa Temple in
Sacheonwangsang and Samjonsang of Bonghwangsa Temple in Gumi, and
is a direct data showing that he was based on Songgwangsa Temple before
expanding his field of activity to Gyeongbuk and Chungbuk. Therefore, the
Wooden Seated Buddha Triad and Sojosibnahansang in Songgwangsa Temple
in Wanju are evaluated as important materials in the late Joseon Dynasty
in that they can reveal the activity system, production attitude, and trend of
sculptors who were based on Songgwangsa Temple.

소조십육나한상

문화재청자료

완주 송광사 불상은 조각과 더불어 개금·개채 작업 등 조각승과 불화승 간의 협업 체계를 잘 보여 주는 작품으로, 영역이 다른 화원들이 어떻게 협업 관계를 구축했는지 구체적으로 살펴볼 수 있는 자료이다. 특히 발원문을 통해 확인된 조각승 단응(丹應)은 김천 직지사 사천왕상과 구미 봉황사 삼존상 등에서 송광사와 위봉사의 조각승으로 기록된 인물로서, 그가 경북 충북으로 활동영역을 확대하기 이전 송광사를 근거로 활동했음을 보여주는 직접적인 자료이다. 따라서 완주 송광사 목조석가 여래삼존좌상 및 소조십육나한상 일괄은 송광사를 본산으로 활약했던 조각승들의 활동 체계와 제작태도, 경향 등을 밝힐 수 있는 자료라는 점에서 조선 후기 불교조각사에 있어 중요한 의의를 갖는 작품으로 평가된다.

문화재청자료

임실군

임실군편 (Imsil-gun)

임실 진구사지 석등 (任實 珍丘寺址 石燈)
Stone Lantern at Jingusa Temple Site, Imsil
(Treasure No. 267)

지 정 일	1963.01.21
소 재 지	전북 임실군 신평면 용암리 734번지
시 대	통일신라시대

　우리나라에서 손꼽힐 정도로 큰 석등으로 가운데받침돌을 제외한 각 부분 모두 신라시대 석등의 기본형태인 8각을 이루고 있다. 석등의 전체 높이는 5.18m이다. 석등은 불을 밝혀두는 화사석(火舍石)을 중심으로 아래에는 3단의 받침을 두고 위로는 지붕돌을 올리고 있다. 아래받침돌에는 옆면에 안상(眼象)을 새기고, 윗면에는 커다란 꽃장식을 두었으며 그 위에는 구름을 조각하였다. 가운데기둥은 장고 모양이며, 연꽃을 새긴 마디가 있다. 윗받침돌에도 연꽃이 새겨져 있으며, 그 위에 있는 화사석(火舍石)에는 각 면마다 창을 내었다. 지붕돌의 경사는 급한 편이며, 여덟 곳의 귀퉁이 마다 큼직한 꽃장식이 달려 있다. 꼭대기에는 머리장식으로 노반(露盤:머리장식받침)과 복발(覆鉢:엎어놓은 그릇 모양의 장식)이 놓여 있다. 이 석등은 통일신라시대에 만들어진 것으로 여겨지며, 여덟 면에 모두 창을 낸 예를 남원 실상사 석등(보물 제35호)이나 담양 개선사지 석등(보물 제111호)에서도 볼 수 있어 호남지방 석등의 특색을 보여 주고 있다.

Stone Lantern at Jingusa Temple Site, Imsil
(Treasure No. 267)

This stone lantern is presumed to have been made between the 8th and 9th centuries. It is on of the largest stone lanterns in Korea, measuring 5.18 m in height. Though its top part is partially missing, this stone lantern remains in its complete original form and is decorated with various exquisite patterns. Initially, it was unknown which temple had been located at this site. However, through a series of excavations conducted from 1922 to 2001, roof tiles with the inscription of the temple's name "Jingusa" were found from this site. Jingusa Temple was founded in the 7th century and continued to influence the surrounding area for several hundred years. In 1407, it was designated by the royal court as one of the 88 regional temples for praying for the good of the country.

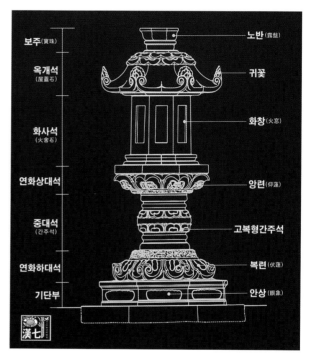

    임실 진구사지 석등은 통일신라시대인 8~9세기에 제작된 것으로 1992년부터 2001년까지 진행한 발굴조사에서 '진구사' 명문(銘文, 쇠붙이나 돌 또는 그릇 따위에 새겨 넣은 글) 기와가 출토되자 이전 명칭인 용암리사지 석등을 진구사지 석등으로 바꾸었다. 진구사는 7세기경 고구려계 적멸(寂滅)과 의융(義融)이 창건한 이래 통일신라시대에는 열반종 사찰이었다가 고려시대에는 조계종 사찰에서 천태종 사찰로 바뀌었고, 조선 전기인 태종 7년(1407년)에는 88개의 자복사(資福寺, 국가의 복을 기원하는 절)중 하나로 지정되었다. 8각 지대석 위에 놓인 하대는 8각인데 8면에 모두 면상을 새기고 위 아래로 굽을 돌렸으며 그 위의 연화대석에는 복엽의 복연이 조각되었는데 귀꽃도 조각되어 있다. 간주석은 중앙에 고복형의 양각대가 있고 위 아래로 대칭되게 연화문을 조각 하였다. 상대 밑부분의 측면에는 잎에 화문을 장식한 앙련을 조각했다. 화사석은 8면에 모두 장방형 화창을 내었고 옥개석은 하면에 3단의 괴임을 각출했으며 추녀의 전각은 반전을 보이고 전각마다 큼직한 귀꽃이 있다. 상륜부는 노반과 앙화석만이 남아 있다.

석등의 팔각 받침대에는 연꽃무늬와 구름무늬, 안상(眼象, 눈의 모양, 또는 눈처럼 생긴 모양)을 새기고, 그 위에 올린 연화대석(蓮花臺石, 돌로 만든 연꽃 문양의 조명시설)에는 팔각으로 연화문을 새겼다. 석등의 끝에는 큼직한 귀꽃(석등 이나 돌탑 따위의 귀마루 끝에 새긴 꽃 모양의 장식)을 달아 장식하였다. 석등은 북 모양의 간주석 (竿柱石, 석등의 기둥)을 사이에 두고 상대석의 앙련(仰蓮, 연꽃이 위로 향한 것처럼 그린 모양, 또는 그런 무늬)과 대칭을 이루고 있다. 또한 화사석(火舍石, 등불을 밝히도록 된 석등의 중간 부분) 위로 옥개석(屋蓋石, 석탑이나 석등 따위의 위에 지붕처럼 덮는 돌)을 두었으며, 옥개석 추녀끝에 큼직한 귀꽃을 세웠다. 석등은 전체적으로 웅장하면서도 경쾌한 모습이 섬세한 문양과 어우러져 조화를 이루고 있다.

화사석과 옥계석 귀꽃 노반

고복형 간주석

연화상대석 양련

기단석 팔각받침대 복련

장수향교 대성전 (長水鄉校 大成殿)
Daeseongjeon Shrine of Jangsuhyanggyo Local Confucian
School (Treasure No. 272)

지 정 일 (Designated date)   1963.01.21
소 재 지 (Location)   전북 장수군 장수읍 향교길 31-14 (장수리)
시   대 (Era)   조선 태종 7년(1407)

　장수향교는 조선 태종 7년(1407)에 덕행이 훌륭한 사람들을 모셔 제사 지내고 지방민의
교육을 위해 나라에서 세운 지방교육기관이다. 지금의 자리로 옮긴 것은 숙종 12년(1686)
때의 일이다.대성전은 공자를 비롯하여 여러 성현께 제사지내기 위한 공간으로 앞면 3칸·
옆면 3칸 크기이다. 지붕은 옆면에서 볼 때 사람 인(人)자 모양을 한 맞배지붕이며, 건물의
크기는 별로 크지 않고 앞면 가운데에는 여닫이문을 달았다. 오른쪽과 왼쪽 칸에도 같은 형
식의 문짝 1개씩을 달았는데 그 옆에는 우물 정(井)자 모양의 창을 달았다. 지붕 처마를 받
치고 있는 장식구조의 겉모양을 화려하게 꾸몄는데, 이러한 장식은 조선 중기 이후 건축의
특징적인 요소이다.장수 향교는 임진왜란 때에도 잘 보존되어 조선 전기 향교의 형태를 잘
알 수 있다. 이곳에서 보관하고 있는 서적은 지방 향토사 연구에 귀중한 자료가 되고 있으며,
특히 대성전은 조선시대 향교 건축의 대표 건물 중 하나이다.

Daeseongjeon Shrine of Jangsuhyanggyo Local Confucian School (Treasure No. 272)

Daeseongjeon is a shrine located within a local Confucian school housing the spirit tablets of Confucian sages and men of virtue. Local Confucian schools, called hyanggyo in Korean, are public education institutions established nationwide in the Goryeo(918-1392) and Joseon(1392-1910) periods to function as local shrines for Confucius and other sages and to promote Confucian education and nurture elites in local districts. Jangsuhyanggyo Local Confucian School was first established in 1407. Most of the local Confucian schools throughout the country were destroyed during the Japanese invasions of 1592-1598. However, this school survived thanks to the courageous efforts of a servant named Jeong Gyeong-son. In front of the maim gate of this school, a stele honoring Jeong is housed in a pavilion. This building in the oldest local Confucian school building in Korea. Originally, it was built in Seonchang-ri, but was moved to the current location in 1686.

장수향교 홍살문

장수향교 대성전 외삼문

외삼문을 통해 본 대성전

장수향교 명륜당

　장수향교는 조선 초기에 유학을 보급하려는 국가 정책에 따라 건립되었다. 원래 태종 7년 (1407)에 　선창리(당곡)에 처음 지었으나 지금의 장소로 건물을 옮겼다.장수향교 대성전은 장수향교에서 가장 중요한 건물이다. 장수향교는 조선 전기 향교 건축물의 건축양식 그대로 간직하고 있을 뿐만 아니라, 역사적, 학술적으로도 중요한 가치가 있다. 대성전에는 공자를 비롯한 중국과 우리나라 유학자들의 위패가 모셔져 있다. 대부분 향교는 임진왜란과 정유재란 때 소실되었지만, 장수향교는 향교를 지키던 노비 정경손이 필사적으로 지켜냄으로써 우리나라에서 가장 오래된 향교 건물로 남아 있게 되었다. 향교는 고려와 조선시대에 향촌을 교화하고 인재를 양성할 목적으로 지방에 세운 국립 학교이다.

이곳에서는 훌륭한 유학자들의 위패를 모시고 봄과 가을마다 이들을 추모하는 제사를 지낸다. 또한 유교 경전을 읽고 해석하는 방법과 시문을 짓는 방법을 가르쳤다. 정면 3칸 측면 4칸 맞배지붕으로 조선조 세종(世宗) 24년(1442)에 현 위치에 세워진 것으로 우리나라 향교(鄕校) 가운데 가장 오래된 것의 하나이다. 대성전은 낮은 석축 기단위에 세웠는데 주초석은 화강암을 다듬어 원형 2단주로 만들어 그 위에 두리기둥을 세웠다. 대성전의 좌우에는 양합각에 방풍판을 달았으며, 처마는 정면은 겹처마이고 후면은 홑처마로 처리하였다. 공포는 기둥 위에만 설치하였는데 그 구성은 다포집 계통 의 포작형식이며, 2출목의 구성으로 되어 있다. 쇠서에는 연꽃무늬를 새기고 그 상부는 봉두(鳳頭)로 처리하였으며, 공포와 공포사이에는 화반 2개씩을 올려 놓았다.

성석린 고신왕지 (成石璘 告身王旨)
Royal Edict of Appointment Issued to Seong Seok-rin
(Treasure No. 746)

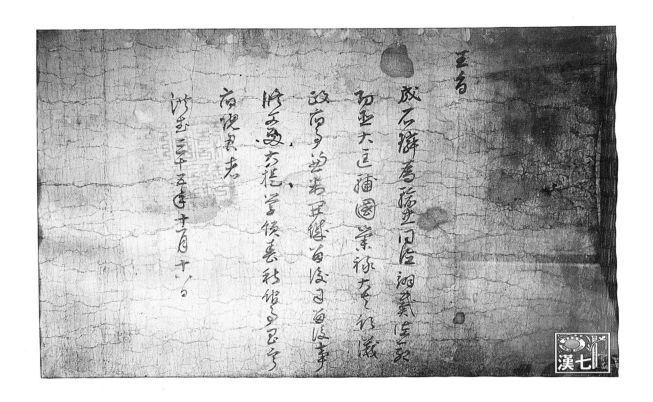

지 정 일   1983.05.07
소 재 지   전라북도 진안군
시   대   조선 태종 2년(1402)

　　성석린 고신왕지(成石璘 告身王旨)는 고려 후기부터 조선 전기까지 문신을 지낸 성석린 (1338~1423)에게 내려진 왕지이다. 성석린은 공민왕 6년(1357)에 과거에 급제하여, 국 자학유, 사관 등을 거쳐 조선시대에는 성균관사성, 제학, 영의정 등의 벼슬을 했다. 태조 이 성계의 옛 친구로 태조와 태종 이방원을 화해시키는데 큰 역할을 한 인물이다. 이 왕지는 태 종 2년(1402) 11월 17일 성석린을 영의정부사겸판개성유후사사(領議政府使兼判開城留 後司事)로 임명하면서 내린 사령장 이다. 성석린은 태종 1년(1401) 제 2차 왕자의 난(방간 의 난)을 평정하고 태종을 왕위에 오르게 한 공로로 익대좌명공신 3등에 녹훈되어 창녕부원 군(昌寧府院君)에 봉해졌으며, 태종 2년 10월에는 영의정부사로 임명되었다.이 왕지에 쓰 인 관직명을 보면 고려말 조선초에 관직이 함께 같이 쓰이고 있으며, 그 위에는 발급한 년월 일과 ‘조선국왕지인’ 이라는 옥새(임금의 도장)가 찍혀있다. 판체는 초서체이며, 종이질은 장지(壯紙:우리나라에서 만든 두껍고 질긴 큰 종이)이고, 가로 61.1㎝, 세로 32㎝ 정도의 크 기이다.

Royal Edict of Appointment Issued to Seong Seok-rin
(Treasure No. 746)

This royal edict was conferred by King Tacjong(r. 1400−1418) to Scong Seok−rin(1338−1423), a civil official of the early Joseon period. Before ascending to the throne, King Taejong was involved in the murder of his own brothers for the crown, His father, King Taejo, the founder of the Joseon Dynasty (1392−1910), was so distressed by the incident that he retired to his hometown in Hamheung with the intention of never coming back. In order to restore his relationship with his father, King Taejong sent Seong Seok−rin, who was an old friend of King Taejo, to Hamheung. Seong successfully persuaded the former king and brought him back to the capital. In recognition of his efforts and appointed him as the Chief State Councilor and a meritorious subject by conferring this royal edict.

왕지(王旨) 국가보물(國家寶物)746호

어서각이란
태종(2년1402)이 자신을 왕위에 오르게 한 공신 성석린에게 내린 보물 제746호 '성석린고신왕지'를 보관하는 건물이다

이 왕지는, 조선초기의 문신이며 정치가인 성석린(成石璘 1338~1423)에게 태종이 내려준 문서이다. 왕자의 난을 일으키고 왕위를 차지한 태종에게 불만을 품고 태조 이성계가 함흥으로 가서 돌이오지 않자, 성석린이 옛 친구로서 태조를 설득해 서울로 모셔와 태종과 화해하도록 주선하였다. 그 공을 높이 여겨 태종2년(1402) 성석린을 익대좌명공신(翊戴佐命功臣), 영의정부사(領議政府事), 창녕부원군(昌寧府院君)으로 봉하고, 태종이 친히 그 내용을 적어 임명장을 하사 하였다. 성석린(成石璘)은 세조때 사육신의 한 사람이었던, 성삼문(成三問)의 종증조부이다. 성삼문은 세조의 왕위 찬탈에 반대하고 단종 복위 운동을 주도하다 발각되어 목숨을 잃었고, 성석린의 셋째 증손인 성계종(成繼宗)이 이곳 진안으로 피난하면서 이 왕지를 가져와 소중히 간직해 왔다고 한다.

보물

금당사 괘불탱 (金塘寺 掛佛幀)
Hanging Painting of Geumdangsa Temple
(Treasure No. 1266)

지 정 일 (Designated date)　　1997.08.08
소 재 지 (Location)　　전라북도 진안군 마이산남로 217 (마령면, 금당사)
시 　　대 (Era)　　조선 숙종18년(1692,康熙31)

　화면 가득 화려하게 장엄된 여래를 단독으로 그린 괘불인데, 괘불이란 절에서 큰 법회나 의식을 행할 때 법당 앞 뜰에 걸어 놓고 예배를 드리는 대형 불교그림을 말한다. 이 괘불은 길이 8.70m, 폭 4.74m의 관음보살 입상으로 광배의 끝부분은 화려한 색을 이용하여 불꽃무늬를 표현하였고, 불꽃무늬 안에는 좌우에 각각 작은 불상을 10구씩 두었다. 이목구비는 작게 표현되었고, 신체에 비해 얼굴이 크게 그려졌다. 연꽃 가지를 들고 있으며, 화려한 장식과 문양의 옷 모습이 화면을 압도한다. 채색은 주홍색을 주로 사용 하였으며 녹색과 분홍색, 흰색을 이용하여 은은한 분위기를 표현하였다.숙종 18년(1692)에 화가 명원(明遠) 등 4인이 그린 이 괘불은 전체적으로 화려하고 은은한 무늬와 색상이 17세기 후반 불화의 모습을 잘 표현하여 통도사괘불탱화 및 무량사미륵불괘불탱화 등과 함께 장엄형 괘불탱화의 최고 걸작품으로 인정받고 있다.

Hanging Painting of Geumdangsa Temple
(Treasure No. 1266)

This hanging painting, painted in 1692 by monk painters Myeongwon, Cheoheon, Wicheong, and Chiheon, depicts a standing Avalokitesvara Bodhisattva of great compassion.Such hanging paintings were displayed outdoors on special occasions such as the Buddha's birthday, outdoor rites, and the funerals of eminent monks. In particular, this painting is said to have been used in rituals for rain. In this painting, the bodhisattva is holding a lotus flower in his hands, and his crown is decorated with 14 images of transformed bodhisattvas, A poair of phoenixes are painted on each side of the bodhisattva. The scroll of this painting, measuring 8.7 m in height and 4.74 m in width, was made by connecting thirteen pieces of hemp cloth. The splendid colors and patterns and the dominant and dignified appearance of the bodhisattva show the typical characteristics of Buddhist paintings made in the late Joseon period.

괘불탱이 봉안되어 있는 건물

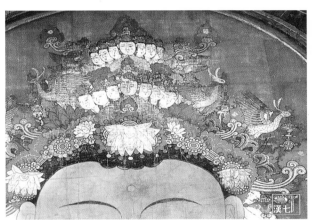

머리에는 수많은 부처의 얼굴이 있는 보관을 쓰고 있으며, 그 좌우에는 봉황이 그려져 있다.

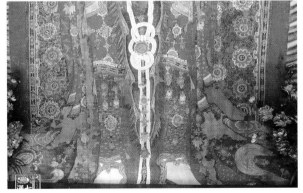

이 탱화는 야외에서 불교의식을 행할 때 법당 마당에 높이 걸어 놓고 예배를 올리는 불화이다. 조선 숙종 18년(1692)에 명원(明遠), 처헌(處軒), 위청(偉淸), 치헌(致軒)이라는 화승(畵僧)이 제작하였다. 삼베 열세 폭을 이어붙인 높이 8.7m, 폭 4.7m의 큰 화폭에 꽃을 들고 있는 부처를 단독으로 그렸다. 머리에 쓴 보관에는 중앙의 위 아래로 7구씩 총 14구의 화신(化身) 보살을 표현하였고, 좌우로 한쌍씩 총 두쌍의 봉황 장식을 그렸다. 전체적으로 화려하고 은은한 무늬와 색상, 당당하면서도 중후한 부처의 모습 등이 조선후기 불화의 특징을 잘 보여주는 걸작으로 손꼽힌다. 가뭄이 계속될 때 이 괘불탱을 걸어 놓고 기우제를 지내면 비가 내렸다고 전해온다.

진안 수선루 (鎭安 睡仙樓)
Suseonru Pavilion, Jinan (Treasure No. 2055)

지 정 일 (Designated date)　　2019.12.30
소 재 지 (Location)　　　　　전라북도 진안군 마령면 강정리 산 57
시 　 대 (Era)　　　　　　　조선시대

　「진안 수선루」는 1686년(숙종 12년) 건립되고 1888년(고종 25년)과 1892년(고종 29년) 중수된 정자로, 자연암반으로 형성된 동굴에 위치하여 비정형적인 틈 사이에 건물이 끼워져 있음. 또한 상부로 휜 창방(기둥머리를 좌우로 연결하는 부재)의 사용, 방 내부의 연등천장 구성, 바위 틈새를 적절하게 출입구로 활용한 점, 진입의 과정에서 경험하는 어두움과 밝음의 극적 대비 등은 정형의 건물이 대부분을 차지하는 당시의 시대에 파격적으로 시도되었던 건축 형식을 보여줌.수선루의 평면형태는 상·하층 모두 정면 2칸, 측면 1칸으로 규모도 비슷하지만 상하로 연속되는 부분은 중앙의 1칸뿐이며, 하층의 우측 출입 칸 상부공간을 상층의 마루 칸과 자연스럽게 연결시켜 외부공간을 내부공간화 시킨 것은 특출한 공간구성이라고 할 수 있음.또한, 수선루는 누정건축으로서 자연과의 조화를 추구하고 지형을 이용하여 암굴에 건축하였으며 지붕의 전면은 기와로 하고 후면은 돌너와로 마감하여 지역의 건축적 특성을 보여주고 있음.

Suseonru Pavilion, Jinan (Treasure No. 2055)

This two-story Pavilion was built in 1686 by four brothers of the Yeonan Song Clan, namely Song Jin-yu, Song Myeong-yu, Song Cheol-yu, and Song Seo-yu. The name Suseonru means "a place where immortals nap and hang out with each other." The pavilion was named as such by a local magistrate because he thought the four Song brothers resembled a group of immortals when they gathered here to enjoy their time even in the 80s. The pavilion is unique in that it was built in a chasm between natural rocks. It was repaired in 1884 and 1888. Jinan Suseonru Pavilion can be represented as a class of traditional pavilion architecture, such as harmony with nature and unique appearance and characteristics that deviate from the function and shape of typical pavilion. These cultural historical values alone are sufficiently valuable as state-designated cultural property treasures.

이 누정 건축은 산 중턱 바위굴 속에 자리잡고 있는데 뒤로는 산이 병풍처럼 두르고 앞에는 섬진강 상류천이 굽이돌아 흐르고 있으며 앞산과 들판이 펼쳐져 수려한 경관을 자랑한다. 따라서, 진안 수선루는 자연과의 조화로움, 전형적인 누정의 기능과 형태에서 벗어나 있는 독특한 외관 및 특색 등 전통적인 누정 건축의 한 부류로 대표할 수 있을 정도임. 이러한 양식 사적 가치만으로도 충분히 국가지정 문화재 보물로서의 가치가 있음.

수선루는 조선 숙종때인 1686년에 연안 송씨 4형제인 송진유, 송명유, 송철유, 송서유가 아버지와 아버지의 친구들이 이곳에서 바둑도 두고 시도 읊으며 신선같이 늙지 않기를 기원하면서 건립한 2층 누정(누각과 정자)이다. 수선루라는 이름은 목사 최계옹이 "이들 4형제가 80세가 되어서도 이곳에서 풍류를 즐기는 모습이 마치 옛날 중국의 4신선의 기상과 같다." 고 하여 붙였다고 한다. 수선루는 조선 고종때인 1884년과 1888년에 송석노와 송병선이 수리하여 오늘에 이르고 있다.

수선루 내 외부 모습

강진 무위사 감역교지 (康津 無爲寺 減役敎旨)

지 정 일 (Designated date)　　2021.12.22
소 재 지 (Location)　　전라북도 진안군 마이산남로 217 (마령면, 금당사)
시　　　대 (Era)　　조선 세조 3년 (1457년)

　　<강진 무위사 감역교지>는 1457년(세조 3) 음력 8월 10일 국왕이 강진 무위사의 잡역을 면제하도록 명령을 내린 국가의 공식적인 교지 문서이다. 세조 연간 불교시책의 일환으로, 1457년 불교 관련 조목을 제정해 예조(禮曹)에 하교하였고, 같은 해 7~8월 동안 주요 사찰에 잡역을 면제 또는 축소 하는 내용의 교지를 발급하였다. 당시 발급된 감역교지로 원문서가 전해지는 것은 무위사 교지를 포함해 예천 <용문사 감역교지>, <능성 쌍봉사 감역교지>, <천안 광덕사 감역교지>가 있으며 이 3건은 모두 보물로 지정되어 있다. <강진 무위사 감역교지>는 절첩본 형태로 개장하였으며 보존 상태가 양호하다. 특히 세조의 서명인 어압(御押)과 시명지보(施命之寶)의 어보가 명확하게 남아있는 조선 초기 고문서로서, 국가문서 양식 연구를 위한 자료이다. 아울러 조선 세조 때 사찰 정책과 인식을 살필 수 있으며, 더 나아가 조선시대 경제사 및 불교사 등 관련 연구 자료이다. 강진 무위사에 발급된 감역교지로서는 유일한 자료로서 희소성과 역사성이 있다.

Treasure Gangjin Muwisa Gamyeokgyoji Temple

<Gangjin Muwisa Gamyeok Gyoji> is the official teaching document of the state in 1457 (3rd year of King Sejo), when the king ordered the exemption of the work of Gangjin Muwisa on the 10th day of the lunar calendar. As part of Sejo's annual Buddhist policy, Buddhism—related articles were enacted in 1457 and school was dismissed from Yejo (禮曹).The original documents were transmitted to Gamyeokgyoji, issued at that time, including Muwisa Gyoji, Yecheon <Yongmunsa Gamyeokgyoji>, <Neungseong Ssangbong Gamyeokgyoji>, and <Cheonan Gwangdeoksa Gamyeokgyoji>, all three of which are designated as treasures. <Gangjin Muwisa Gamyeokgyoji> was opened in a folded form and is in good condition. In particular, it is an ancient document of the early Joseon Dynasty that clearly shows the eobo of 'Eoap (御押)' and 'Simyungjibo (施命之寶)', the signature of King Sejo. In addition, it is possible to examine temple policies and perceptions during the reign of King Sejo of the Joseon Dynasty, and furthermore, it is a study material related to the economic history and Buddhist history of the Joseon Dynasty. It is the only source of Gamyeokgyoji issued to Muwisa Temple in Gangjin, and it has rarity and historicity.

세조의 서명인 어압(御押)과 시명지보(施命之寶)

문화재를 보는데 도움이되는

부록편 (Supplement)

치미(鴟尾)

백제 최대의 가람 미륵사

문화재사진작가

이한칠 漢七

불상의 명칭

약사불(藥師佛)

광배(光背)

부처님의 몸에서 나오는 '진리의 빛'을 형상화한 것이다. 머리광배(頭光)와 몸광배(身光)로 나뉘며 이 둘을 포함하여 거신광(擧身光)이라 한다.

화불(化佛)

중생을 구제하기 위하여 여러 모습으로 바꾸어 나타나는 부처이다.

육계(肉髻)

원래 인도 사람들이 머리카락을 올려 묶던 상투에서 유래한 것으로, 부처의 크고 높은 지혜를 상징한다.

나발(螺髮)

경전에서 말하는 부처의 머리카락은 청유리색이고 오른쪽으로 말렸다고 한다. 나발은 소라 모양으로 말린 부처의 머리카락을 표현한 것이다.

백호(白毫)

부처의 양 눈썹 사이에 있는 희고 부드러운 털로 빛을 내어 무량세계(無量世界)를 비춘다고 한다. 일반적으로 불상에서는 둥근 돌기로 새기거나 보석을 끼워 넣었다.

삼도(三道)

불상의 목에 새겨진 세 개의 주름을 말한다. 삼도는 생사를윤회(輪回)하는 인과(因果)를 나타내며, 번뇌도(煩惱道), 업도(業道), 고도(苦道)를 의미한다. 불상 뿐만 아니라 보살상에도 표현된다.

손갖춤(手印)

불,보살이 자신이 깨달은 것을 밖으로 표현하기 위해 짓는 손 모양이다. 인도어로 무드라(mudra)라고 한다.

법의(法衣)

부처가 입은 옷을 통칭 한다. 내의(內衣)와 치마, 겉옷인 대의(大衣)로 이루어져 있다.

Daum이미지

부처

부처(佛陀)는 붓다(Buddha)의 음역으로 '깨달은 자(覺者)'를 의미한다. 부처를 부르는 말은 여러가지가 있는데, 그중에서 여래(如來)라는 말은 '진리의 체현자' '열반에 다다른자'를 뜻한다.

석가모니불(釋迦牟尼佛)

석가모니불은 2,600여 년 전 인도에서 왕자로 태어나 출가하여, 진리 탐구와 수행을 통해 보드가야의 보리수 밑에서 큰 깨달음(正覺, 解脫)을 얻은 실존 인물인 석가모니를 형상화한 것이다.

비로자나불(毘盧遮那佛)

부처가 설법한 진리가 태양 빛처럼 우주에 가득 비치는 것을 형상화한 것이 비로자나불이다. 화엄(華嚴) 신앙의 비로자나불은 진리 그 자체를 뜻하는 법신불(法身佛) 이기 때문에 형상화하기 어려운 것이었으나, 7세기 무렵 중국에서 불상으로 만들어 졌으며 우리나라에서는 9세기에 널리 유행 하였다.

아미타불(阿彌陀佛)

아미타불은 모든 중생(衆生)을 구제하여 극락정토(極樂淨土)로 이끄는 부처이다. 무한한 진리의 빛을 상징하며 무량광불 (無量光佛)로 불렀으며, 도교(道敎)의 불로장생(不老長生) 신앙과 결부되어 무량수불(無量壽佛)로도 불렸다.

약사불(藥師佛)

약사불은 모든 육체의 질병 뿐만 아니라 무지(無知)의 병까지도 고쳐주는 부처로서 대의왕불(大醫王佛)이라고도 불린다. 이 부처는 둥근 약단지를 들고 있어 쉽게 알 수 있다.

Daum이미지

보살

보살(菩薩)은 보디사트바(Bodhisattva)의 음역으로, 그 뜻은 '깨달음을 구하는 사람'이다.
본래는 깨달음에 이르기 전의 석가모니를 가르키는 말이었으나, 차츰 위로는 부처를 따르고
아래로는 모든 사람을 이끌어 깨달음을 얻기 위해 힘쓰는 존재를 의미하게 되었다.

미륵보살(彌勒菩薩)
석가모니에게 미레에 성불
하리라는 약속을 받았으며,
석가모니가 죽은 뒤 56억
7,000만년이 지남 뒤 이
세상에 내려와 모든 중생을
제도 한다고 한다.

관음보살(觀音菩薩)
관음보살은
관세음보살이라고도 하는데,
부처의 자비심을 상징한다.
이 보살은 중생의 바람에
따라 여러 모습으로 나타나
구제하여 준다고 한다.

문수보살(文殊菩薩)
지혜를 상징하는 보살로,
석가모니의 교화를 돕기 위해
나타나는 보살이다.
보현보살과 함께 석가모니불
옆에 있는 보살이다.

보현보살(普賢菩薩)
자비나 이치(理致)를
상징하는 보살이다.
중생의 수명을 늘려 주는
덕도 가지고 있다고 한다.

대세지보살(大勢至菩薩)
'지혜의 빛'으로 모든 중생의
어리석음을 없애 주는 힘을
지닌 보살이다. 관음보살과
함께 아미타불의 옆에서
보좌하는 보살이다.

지장보살(地藏菩薩)
지옥에서 고통 받는 중생
들을 구제하기 위하여
영원히 부처가 되지않는
보살이다. 지장보살은 여느
보살상과 달리 민머리의
스님 모습이 거나 머리에
두건을 쓴 모습으로
표현된다.

보살상의 명칭

관음보살(觀音菩薩)

보관(寶冠)
보살이 쓰는 관으로, 화불(化佛 : 중생을 구하기
위하여 여러 모습으로 바꾸어 나타난다는 부처)
등이 새겨져 있다.

영락(瓔珞)
목이나 팔에 두르는 장신구이다.

천의(天衣)
보살이나 천인(天人)이 걸치는 숄 형태의 옷을
가리킨다.

지물(持物)
부처나 보살이 손에 든 물건을 말한다.
약사불을 제외하고 대부분의 보살, 신장, 나한들은
지물을 들고 있다. 지물은 연꽃,바퀴(法輪), 구슬
(如意珠), 불경(佛經), 무기(武器) 등 다양한데,
관음보살의경우 정병(淨甁)을 들고 있는 것이
보통이다.

군의(裙衣)
보살이 입는 치마로, 고대 인도 남성이 입던
치마에서 유래한 것이다.

Daum이미지

梵鐘(범종)의 부분명칭

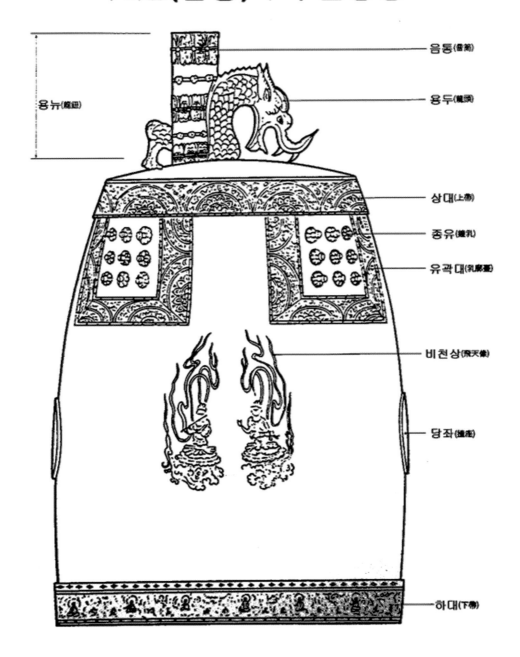

음동(音简)

용뉴(龍鈕)

용두(龍頭)

상대(上帯)

종유(鐘乳)

유곽대(乳廓帯)

비천상(飛天像)

당좌(鐘座)

하대(下帯)

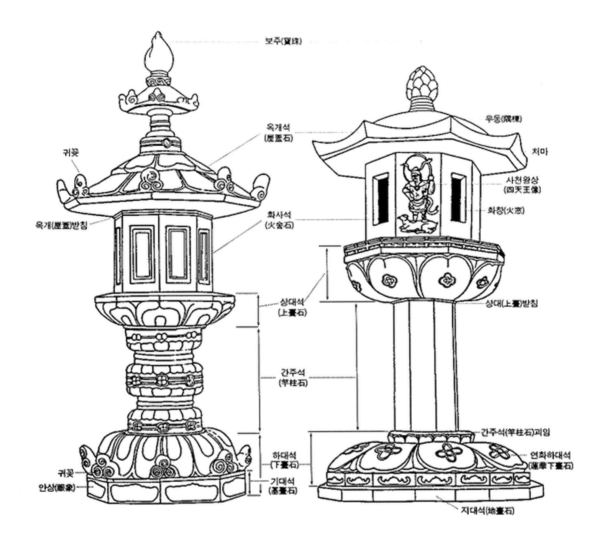

보주(寶珠)

옥개석
(屋蓋石)

귀꽃

옥개(屋蓋)받침

화사석
(火舍石)

상대석
(上臺石)

간주석
(竿柱石)

하대석
(下臺石)

귀꽃

안상(眼象)

기대석
(基臺石)

우동(隅棟)

치마

사천왕상
(四天王像)

화창(火窓)

상대(上臺)받침

간주석(竿柱石)괴임

연화하대석
(蓮華下臺石)

지대석(地臺石)

석 등 (石燈)

불교경전(佛敎經典)에 의하면 옛날부터 동제(銅製)·철제(鐵製)·와제(瓦製)·목제(木製) 등 다양한 종류의 등기(燈器)가 있었으며, 연료는 기름을 주로 사용 하였다. 이것으로 등기는 불교에서 기원(起源)하였음을 알 수 있으며 사찰(寺刹)에서 행하는 모든 예불의식(禮佛儀式) 가운데 가장 중요시 하는 도구로 일찍부터 제작되었다.

Daum이미지

부도(浮屠)

고승(高僧)의 사리(舍利)나 유골(遺骨)을 안치하는 묘탑(墓塔)

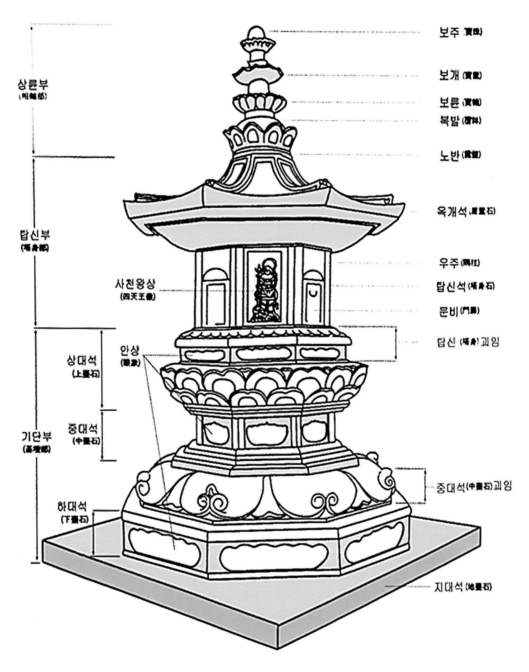

상륜부 (相輪部)

탑신부 (塔身部)

기단부 (基壇部)

상대석 (上臺石)

중대석 (中臺石)

하대석 (下臺石)

사천왕상 (四天王像)

안상 (眼象)

보주 (寶珠)

보개 (寶蓋)

보륜 (寶輪)

복발 (覆鉢)

노반 (露盤)

옥개석 (屋蓋石)

우주 (隅柱)

탑신석 (塔身石)

문비 (門扉)

탑신 (塔身)괴임

중대석 (中臺石)괴임

지대석 (地臺石)

불상의 손갓춤 설명

불상의 손갓춤(手印)은 부처나 보살이 깨달은 진리나 중생(衆生)
구제의 소원을 밖으로 표시하기 위하여 짓는 손 모양을 의미한
다.

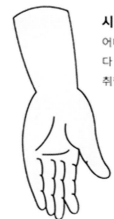

시무외인 여원인(施無畏印 與願印)

어떠한 두려움도 없애주고 어떤 소원도
다 들어 준다는 뜻으로 모든 부처가
취할 수 있다.

지권인(智拳印)

비로자나불이 짓는 손갓춤으로 이치와
지혜 중생과 부처, 미옥함과
깨달음은 본래 하나라는 뜻이다.

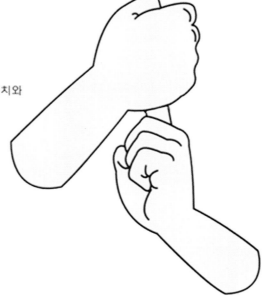

항마촉지인(降魔觸地印)
석가모니불이 온갖 번뇌를 물리치고 도를 깨닫는 순간에
짓던 손갖춤이다.

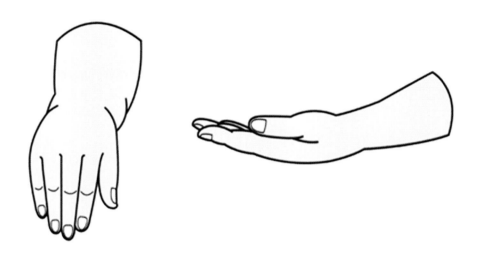

선정인(禪定印)
참선할 때 짓는 손갖춤으로 모든 부처가 취할 수 있다

지붕모양

맞배지붕

십자형지붕

정자형지붕

팔작지붕

모임지붕

우진각지붕

Daum이미지

한국 전통 건축물 공포 양식

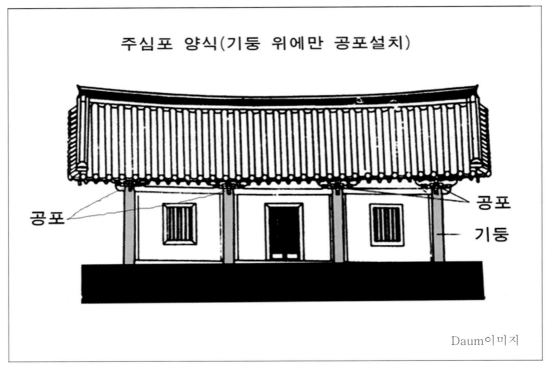

주심포 양식(기둥 위에만 공포설치)

공포

공포

기둥

Daum이미지

한국 전통 건축물 공포 양식

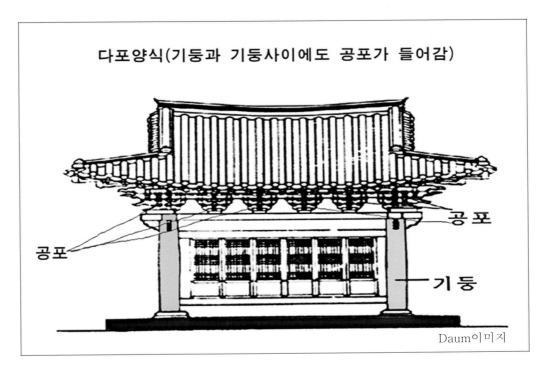

다포양식(기둥과 기둥사이에도 공포가 들어감)

공포

공포

기둥

Daum이미지

모양에 따른 기둥의 종류

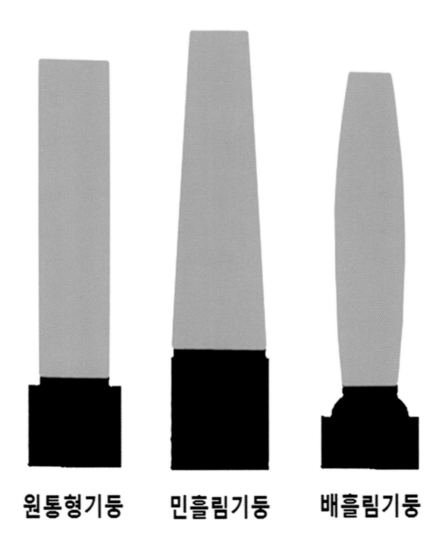

원통형기둥　　　민흘림기둥　　　배흘림기둥

두리기둥의 종류

저자 약력

학력/경력

한양사이버대학교 공간디자인학부 디자인학사
'97 무주,전주 동계 유니버시아드대회 기록사진집 제작위원 역임
전라북도 사진대전 운영위원 역임
사진작가협회 전국사진공모전 심사위원장 및 심시위원 역임
한국사진작가협회 회원
한국사진작가협회 학술평론분과위원 역임
대한민국 사진대전 추천작가
전라북도 사진대전 초대작가
전주지방법원 작품소장(2점)
한국영상동인회 본부 부회장 역임
문화체육관광부 대한민국 정책기자단(2021~현)
한국영상동인회 전북지부장(현)
사진작가협회 전라북도지회 부지회장(현)

수상

2022년　2022 꽃심전주 사진 공모전 대상 수상
2022년　전라북도 사진대전 초대작가상 수상
2021년　(사)한국과학저술인협회 공로상 수상
2020년　(사)한국사진작가협회 전국우수회원작품수상
2018년　모악산 진달래화전축제 전국 UCC 동영상대회 대상수상
2015년　전주 MBC창사 50주년 사진전 입상
2013년　서울메트로 전국미술대전 입상
2012년　대한민국사진대전 8회 입상
2012년　문화재청 문화유산 전국사진공모전 동상
2012년　정읍관광 전국사진공모전 동상수상
2011년　정읍관광 전국사진공모전 가작수상
2011년　제5회 농촌경관 사진 콘테스트 최우수상 수상
2011년　제6회 군산관광 전국사진공모전 금상수상
2011년　제6회 대한민국 해양사진대전 동상수상
2009년　천년전주 전통문화 111경 사진공모전 은상수상
2009년　제3회 군산관광 사진공모전 가작수상
2008년　성곡미술관 사진전 "대중과 소통"전 장려상 수상
2008년　제9회 전북관광 사진공모전 가작수상
2003년　제32회 전라북도 사진대전 특선 3회
1999년　제6회 대전MBC 전국 산과강 사진대전 입상
1998년　제5회 국제신문 전국사진공모전 입상
1997년　제16회 대한민국 사진전람회 입상
1989년　제21회 전라북도 미술대전 입상
1988년　제3회 부산국제사진전 입상
1988년　제6회 한국방송공사 한국사진대전 입상

전시/개인/단체

2022년 전북 천년사랑 사진전시회 전라북도 교육문화회관.전주(개인전)
2021년 전북 천년의 숨결 속으로.. 사진전시회. 전북예술회관.전주(개인전)
2021년 제53회 전북사진대전 초대출품전시
2021년 제40회 한국영상동인회 회원작품전출품. 포항
2021년 제27회 전라북도회원전시회
2021년 덕진공원 연꽃 촬영회 전시
2020년 제52회 전북사진대전 초대출품전시
2020년 제57회 사진작가협회 전국회원작품전 출품
2020년 전주 포토피플 사진전 전북교육문화회관
2019년 제51회 전북사진대전 초대출품전시
2019년 제39회 한국영상동인회 사진전. 포항문화예술회관
2019년 천년의 숨결 초대전시(국보 제1호~100호) 삼례문화예술촌(개인전)
2019년 천년의 숨결 전시(국보 제1호~100호) 전북교육문화회관(개인전)
2018년 제50회 전라북도사진대전 초대출품전시. 전북예술회관
2018년 제57회 전라예술제 사진전 익산배산체육공원
2018년 제38회 한국영상동인회 사진전 울산문화예술회관
2017년 제23회 전라예술제 사진전 정읍사예술회관
2017년 제49회 전라북도사진대전 초대출품전시 전북예술회관
2017년 제37회 한국영상동인회 사진전 울산문화예술회관
2017년 호남의 금강 대둔산 사진전. 대둔산미술관
2016년 제22회 전라북도회원 사진전 전북예술회관
2016년 제48회 전라북도사진대전 초대출품전시 전북예술회관
2016년 제36회 한국영상동인회 사진전 울산문화예술회관
2015년 제47회 전라북도사진대전 초대출품전시 전북예술회관
2015년 제21회 전라북도회원 사진전 완주군 삼례문화예술촌
2015년 제35회 한국영상동인회 사진전 인천문화예술회관
2014년 제20회 전라북도회원 사진전 진안군 진안군청
2014년 제46회 전라북도사진대전 초대출품전시 전북예술회관
2014년 제34회 한국영상동인회 사진전 인천문화예술회관
1997년 동계U대회 사진전 전주

Qualification

한국사 지도사1급
문화복지사1급
고사성어 지도사1급
스마트교육 지도사1급
인성 지도사1급
노인심리 상담사1급

출판

2019년 대한민국 국보집 "천년의 숨결" (대한민국 국보 제1호~100호)
2022년 전북 국보,보물집 "전북 천년사랑"(전북 14개 시,군의 국보,보물 114점)

천년의 숨결

전북 천년사랑

인쇄   2022년 06월 07일
발행   2022년 06월 17일

지은이   이한칠
발행인   원종환
펴낸곳   대한출판
주소   서울시 용산구 원효로 68 영천빌딩 3층
전화   02-754-9193
팩스   02-754-9873
이메일   cm9193@hanmail.net
출판등록   제302-1994-000048호
인쇄/제본   대한출판

본 도서는 (재)전라북도문화관광재단 2022년 지역문화예술육성지원사업에 선정되어 일부보조금을
지원 받은 사업입니다.

ISBN 979-11-85447-15-5 93910
값 50,000원

이 도서는 국립중앙도서관 국가자료공동목록시스템(http://www.nl.go.kr/
kolisnet)에서 이용하시실 수 있습니다.

Printed in KOREA